第 2 版前言

海上救助是保障海上人命安全的最后一道防线,历来受到国家和海上从业人员的高度重视。本书以本人 2017 年出版的《海上搜寻与救助》为基础,通过对国际海事组织(IMO)《国际航空和海上搜寻救助手册》及有关规范、指南的系统总结和深度提炼,并尽可能吸收国内外海上搜救的最新资料和本人在海上突发事件应急领域的研究成果撰写而成。

本书以海上人命救助为目标,构建了海上搜寻与救助知识体系,系统介绍了海上搜寻与救助基本知识、海上搜寻救助系统建设、海上搜寻救助系统管理规范与标准、海上搜寻理论、海上人命救助技术与方法。

本书可作为海事管理专业本科教材、海上交通安全方向研究生教材,也可作为海上相关专业教学参考书以及海上搜救应急机构专业培训教材。

本书第 1 版于 2017 年正式出版,受到读者欢迎,2022 年获得"大连海事大学航海学院 2022 年一流学科著作出版项目资助"。再版修订内容如下:(1)2021 年新修订的《中华人民共和国海上交通安全法》中关于海上搜救的法律变化;(2)国家海上救助飞行队规模和管理体制的变化;(3)新增了国家海上搜救资源来源及特征,人员落水风压计算,常规搜寻半径和救助作业船(艇)使用量值估算,结束搜寻的标准和程序,以及船舶火灾、船舶翻扣、邮轮大规模人员遇险等典型险情救助基本方法等。

感谢大连海事大学吴兆麟教授和国际海上人命救助联盟(IMRF)亚太交流合作中心副主任、交通运输部东海救助局章荣军副局长在本书写作过程中给予的大力支持和帮助;感谢我的研究生王丰隆同学在本书修订过程中为我收集查找国外最新文献资料及参与现场调研工作。

海上搜寻与救助的理论与技术大多来源于海上搜救工作实践,因此必将随着处置海上事故险情经验的不断积累而发生变化,加之本人学术水平有限,书中不妥之处在所难免,敬请读者批评指正。

朱玉柱

2022 年 11 月 15 日

大连海事大学航海学院2022年
一流学科著作出版项目资助

朱玉柱 / 著

海上搜寻与救助

SEARCH AND RESCUE AT SEA

（第2版）

大连海事大学出版社
DALIAN MARITIME UNIVERSITY PRESS

图书在版编目(CIP)数据

海上搜寻与救助 / 朱玉柱著. —2 版. —大连：
大连海事大学出版社，2023.4
ISBN 978-7-5632-4368-6

Ⅰ.①海…　Ⅱ.①朱…　Ⅲ.①海难救助—海上搜索
Ⅳ.①U676.8

中国国家版本馆 CIP 数据核字(2023)第 036581 号

大连海事大学出版社出版

地址：大连市黄浦路523号　邮编：116026　电话：0411-84729665(营销部)　84729480(总编室)
http://press.dlmu.edu.cn　E-mail：dmupress@dlmu.edu.cn

大连天骄彩色印刷有限公司印装　　　　　　　**大连海事大学出版社发行**

2017 年 8 月第 1 版　　2023 年 4 月第 2 版　　2023 年 4 月第 1 次印刷
幅面尺寸：170 mm×230 mm　　　　　　　　　　　印张：20
字数：378 千　　　　　　　　　　　　　　　　　印数：1～1000 册

出版人：刘明凯

责任编辑：苏炳魁　　　　　　　　　　　　　　责任校对：刘宝龙
封面设计：解瑶瑶　　　　　　　　　　　　　　版式设计：解瑶瑶

ISBN 978-7-5632-4368-6　　审图号：GS(2023)908 号　　定价：50.00 元

第 1 版前言

海上搜寻与救助是保障海上人命安全的最后一道防线,也是海上安全管理的重要内容,历来受到国家和海上从业人员的高度重视。本书以作者编写的《海上搜寻与救助》课程讲义为基础,通过对国际海事组织(IMO)《国际航空和海上搜寻救助手册》的系统总结和深度提炼,吸纳多年来在海事管理专业教学以及从事海上突发事件应急领域科学研究所取得的成果,同时吸收国内外海上搜救工作实践的成功经验撰写而成。

本书以海上人命救助为目标构建了海上搜寻与救助知识体系,系统介绍了海上搜寻与救助基本知识、海上搜寻与救助系统建设与管理规范、海上搜寻技术理论和海上人命救助技术方法。

本书可作为海事管理专业本科教材、海上交通安全管理方向研究生教材,也可作为海上相关专业教学与培训参考书以及海上搜救机构和救捞系统专业培训教材。

本书在写作过程中得到了大连海事大学吴兆麟教授和国际海上人命救助联盟(IMRF)亚太交流合作中心副主任、交通运输部东海救助局副局长章荣军的大力支持和帮助,在此一并表示衷心的感谢!

由于海上搜寻与救助的理论与技术大多来源于海上搜救工作实践,因此必定随着海上搜救系统的逐步完善、海上搜救技术和装备的不断研发及处置海上事故险情经验的不断积累而发生变化,加之作者知识水平和经验有限,书中的缺点和错误在所难免,敬请广大读者批评指正。

朱玉柱

2017 年 6 月 10 日

目　录

第一章　概　述

第一节　海上救助起源

一、有组织的水上救助

有水上活动就有救助行动,但有组织的救助行动直到公元后才兴起。

根据史料记载,公元 62 年,古罗马帝国时期的奥斯提亚港遭受强劲西南大风来袭,约有 200 多艘锚泊船遇难。在遭受如此巨大损失之后,当地港口成立了潜水公会,专门从事船舶和货物的打捞,还经常用划桨艇为遇险船舶拖航,有时也对遇险船舶和船员实施救助。因此,尽管是出于商业而非人道主义目的,奥斯提亚港可能是这一时期最早成立专门海上救助机构的港口。

随着西方国家海上航运的迅速发展,大型海难事故不断发生,促使很多国家逐渐建立了海上救助组织。

荷兰于 1767 年成立了"救助落水者协会"。1824 年,荷兰北部和南部救助艇协会以及南部海难救助协会相继成立。

1774 年,英国"救助落水者人道主义社团"(英国皇家救助协会前身)成立。1824 年,英国"皇家国立保障海难遇险者协会"成立。在随后的几年中,协会不断完善,并改名为"英国皇家救助艇协会"。

1785 年,美国救助社团的前身"马萨诸塞州人道主义社团联合会"成立,并于1807 年成为美国的第一个救助社团所属的救助站。到 1854 年,纽约州和新泽西州沿岸共有 55 个政府救助站,基本上每隔 5 n mile 就有一个,全国沿岸还有 82 个其他救助站。

1896 年,日本成立了大日本救助会社,到 1899 年建立了 17 个配有救助艇和抛绳装置的救助站,艇员由志愿者组成。

这些早期的救助机构多数情况下并不直接参与人命救助或海难预防工作,主要参与的活动是:

(1)为沿岸人命救助提供各种资源。

(2)向公众传授溺水人员的抢救方法。

(3)发明救助器材。

(4)通过颁发奖金来推动救生设施的完善和英雄壮举行为的普及。

随着时间的推移和救助机构的不断壮大,世界各国的海上救助活动逐渐由上述救助活动过渡到全面的海上救助工作上来。

我国有组织的救助活动起源于长江流域,早于欧洲各国。

1702年成立的镇江市西津古渡"救生会"是国际上公认的、成立最早的专业人命救助机构,由当地民间十八义士创办,如图1-1所示为救生会旧址。

图1-1　救生会旧址

救生会在临江楼上设有瞭望哨,如发现江上翻船、有人溺水,立即派出红船前去救助。这些红船是抗风能力较强、有基本救生器具的船舶,船身涂成红色。红色的救助小船颜色醒目、容易识别,并且寓意吉祥。当时的救生红船,船头桅杆上挂有虎头牌,一路上鸣锣开道,江上所有船只都得避让,所有的关口都得打开,给红船让道,让红船在最短的时间内赶到遇险地点,实施救生事宜,如图1-2所示为水上救助用救生红船。

救生会创建之初,不领官费,自行捐办,会中支款例不报销。救生会的日常事务由善士(类似现在的搜救志愿者)轮月当值,如当月的经费支销不敷,由值月人捐助。

1901年,长江上游地区已经有红船44艘,是中国内河救助力量最为昌盛的时期,其后逐步减少,到1940年,只剩重庆的一艘救助船。

清朝嘉庆年间,上海县城大东门外杨家渡已存在救生局。救生局由上海地方

图 1-2　水上救助用救生红船

慈善机构创办,每月领取地方政府补贴规银 300 两,有船首部漆成红色的专用救生船在黄浦江上巡逻。1873 年 8 月,清政府在中国沿海一带设"济命局",即后来的"中外救生船总会"。

　　成立了海上救助机构的国家,表明该国的海上人命救助行为已经摆脱了单纯地方利益的局限而发展成为全国性的整体需求;从零散的、随机的和被动的应急行为转变为有计划的、全面的、积极的应对行为;为构建现代海上救助体系打下坚实的基础。

　　受国家历史传统、地理条件和人口因素影响,各国救助机构的运行存在差别,主要体现在人力资源、资金来源和管理方式三个方面:

　　(1)人力资源的模式有纯粹志愿性质的,也有全职聘用的。

　　(2)资金来源方面有全部由私人捐助无须国家拨款的,也有由国家部分或全额拨款的。

　　(3)管理方式有公共性质的,也有个人性质的。管理方式受制于资金来源,公共性质资金由国家出资,但必须接受国家控制。个人性质的(非政府性的)资金来源于志愿者捐助,其运作独立于政府控制之外,以保持自己的工作程序和诸如志愿者聘用等许多其他工作的自由性及灵活性。

二、飞机参与的海上救助

　　1903 年 12 月 13 日,美国救助总署北卡罗来纳"斩魔山"救助站的 3 名冲浪艇员参加莱特兄弟发明的飞机试飞,开启了海空救助的首次合作。1917 年,美国参加第一次世界大战,海岸警卫队飞行员在美国和欧洲沿海拯救了数百人。同一时期,英国皇家海军航空署的飞机也多次投入了惊险的海上营救。

　　1925 年,飞机的可靠性得到进一步改善,美国海岸警卫队购置了第一架飞机,并在马萨诸塞州的格罗斯特和新泽西州的五月岬建立了第一批海岸警卫队机场，飞机在海岸警卫队中开始永久性发挥作用。1928年，美国各地又建立了一些航空站，并购置了一批通用飞机制造厂建造的PJ-15s水上飞机。该飞机机身有点像小艇(当时称飞行救助艇)，安装了两台位置很高的大型发动机，这是世界上首批专为人命救助而设计的飞机，其航程较远，即使在高海况下也能降落，能承受海浪冲击。这批飞机直到1941年才退役，合计救起了数百名海上遇险者。

1945年11月29日，首次使用直升机实施海上救助。当天纽约长岛彭菲尔德礁周围海面出现强劲大风，风速达60 kn，一艘大型燃油驳船随浪漂泊，2名船员在驳船上被困，依靠救助艇救助困难极大。这时，正在进行阶段试飞的西科斯基R-5直升机总试飞员发现了遇险船员，并努力将直升机稳定在燃油驳船上方，绞车手向驳船上放下吊索，将2名船员救上飞机并转移到岸上。这场有史以来首次直升机海上救助，取得了圆满成功。这种新的救助技术拉开了海上救助新纪元的帷幕，此后直升机救助便被越来越普遍地采用。

三、救助艇参与的海上救助

救助艇是专门为海上人命救助而建造的艇。与船舶所载的小艇或救生艇不同，救助艇更适合高海况搜寻和搭救遇险人员，按照当时人们的设想，救助艇应该"不会在海中倾覆，而且在满载人员、全艇浸水情况下也能保持正浮"。

1789年，英国的亨利·格雷特黑建造了世界上第一艘名副其实的专用救助艇(Lifeboat)，即为后人所知的"起源"号，该艇于1789年秋下水，1790年1月30日开始服役。此后，救助艇在浮力、稳性、排水和扶正等方面的设计逐步得到改善。

根据史料记载，最早的专用救助艇施救行为发生在1790年的2月，当时"起源"号救助艇配备20多名艇员，顶着冬季大风在英国泰恩河口"赫德暗沙"救助一艘被撞的无名单桅小帆船。该艇在极为恶劣的海况中往返3次，将被撞后而搁浅的难船上的遇险船员全部平安救下，而救助艇艇身完好，艇内无积水。

四、遇险通信

在早期航海的日子里，船舶遇险时展示的是视觉求救信号，例如，使用信号旗、在甲板上用油桶点火或鸣枪。随着时代的进步，发明了更好的求救信号，诸如火箭信号和红火号。但如果这种视觉求救信号超出人们视线范围，遇险船就只能寄希望于有船舶从附近经过并看到它们。早期的岸上救助者，也用同样的手段向遇险船表示已经着手营救，并通知救助艇员集合。

1901年，意大利发明家古格列尔莫·马可尼首次试验跨大西洋的无线电通信获得成功。后来在加拿大政府的补贴下，古格列尔莫·马可尼在加拿大新斯科舍

(Nova Scotia)的格雷斯湾建立了一个永久性的电报站。1907年,电报站得以普遍推广,船舶可以在海上与岸上电报站(岸台)或其他船舶建立远距离通信。随着越来越多的船舶和岸台购买这种新发明的无线电技术,遇险信号监听台(站)也迅速建立起来,并开始在固定的频率上保持无线电守听,全世界很多无线电台(站)就是当今海岸电台的前身。

第二次世界大战后,随着无线电技术的迅速发展,船—岸通信逐渐开始广泛使用无线电话,但电报仍然是远洋通信的主要手段,海岸电台开始发布航行警告、气象预报,并提供船—岸通信和遇险信号监听等服务。

第二节　海上灾难与救助

人类从事水上活动的历史可以追溯到7 000年前。在数千年的历史进程中,从最初简单的捕鱼、渡河,到后来的海上运输、海洋开发、水上娱乐甚至海上战争等,人类在水上的活动范围逐渐从内陆的江、河、湖泊扩大到广阔的海洋,从满足简单的日常生活扩大到发展经济和保卫国家,人类从水上获得的利益越来越大。但是,人类在享受水上活动带来的巨大利益的同时,也承受着不时发生的水上灾难所带来的痛苦和伤害。

一、海上灾难的特点

与人们熟知的陆上灾难相比,水上灾难具有如下特点:

1. 陆上活动中常见的自然环境往往会引发水上灾难

大风浪导致船舶剧烈摇晃、浸水、翻沉和船舶设施损毁。大雾使船舶驾驶员无法及时、准确了解周围环境,导致船舶可能发生碰撞,还容易使船舶偏离航线,发生搁浅、触礁等事故。海冰导致船舶无法保持航向、船体破损、船机失去功效和船上作业困难等。

2. 陆上可以简单规避的风险在水上往往难以克服

受水上航行环境限制,船舶一旦遇险,很难迅速找到遮蔽水域等适宜救助作业的安全场所。远离陆地无法及时利用岸基和沿岸布置的救援力量。即使有救援力量在现场,也会受到风浪、水深、救助人员的特殊技能和救助器材的专业性要求等诸多不利条件的限制,难以开展有效的救助行动。另外,几乎每次救助行动都要进行搜寻,受海上风、流、潮汐等影响,在救助力量赶到遇险现场之前,船舶将发生漂移而离开初始位置,目标搜寻范围大,搜寻时间长。如果发生船舶失踪或人员落水等,由于初始位置不确定,搜寻困难更大。

3. 水、陆遭受同样的事故灾难时,水上灾难损失巨大

由于救助的不及时或不全面,救助投入成本高,水上灾难造成的损失往往大于陆上灾难,而且大多无法挽回。

4. 一定的涉外性

船舶不管在哪个国家管辖水域发生遇险,沿岸国同样有对其进行救助的义务,处理这类险情关乎国家的国际形象,其中涉及的权益更加复杂。

二、海上灾难的后果

海上灾难的后果是多方面的,主要归结为以下几点:

1. 人命损失

人命损失包括人员死亡和失踪。由于受水上逃生条件和救生能力的限制,多数海难都伴随着人员伤亡,这也是海难后果的主要特征之一。根据船舶险情不同,船上人命损失的大小也不同。客船事故,普通船舶发生沉没、翻扣、爆炸等事故,往往造成较严重的人命损失。

2. 环境污染

环境污染主要是油类或有毒有害化学品泄漏造成的水域环境污染。1989 年,"埃克森・瓦尔迪兹"号(Exxon Valdez)油船在美国阿拉斯加威廉姆海湾搁浅,造成 3 万吨原油溢出,海岸线污染长度达 8 000 多千米,数量达 30 多万只海鸟和近 5 000 只海豹死亡,鲑鱼资源近于灭绝。1999 年 3 月 24 日,中国"闽油供 2"号在珠江口与他船相撞,溢出重油数量近 600 吨,面积为 1.4 万公顷的水产养殖场受到严重污染,面积为 35 万公顷的红树林面临死亡。

3. 财产损失

财产损失主要是指船舶损坏和货物损失。由于海上险情绝大多数由海上事故引发,加上为了确保人命安全而采取的弃船、抛货和船舶与救助船舶或与设施间的有害接触等特别措施,几乎每一次海上险情都存在不同程度的财产损失。

4. 生产损失

在特殊水域发生的灾难还可能使人类对该水域的继续使用受到限制甚至丧失,威胁本地的经济安全。例如,船舶在航道发生沉没,将影响通航或造成封航;船舶在码头泊位沉没,将使该码头及附近水域失去使用功能。

5. 社会影响

尽管人们普遍认为水上作业有风险,但对水上灾难的后果还是难以接受,特别是出现大规模人员伤亡时,会对该行业的安全状态表示怀疑,对国家的水上应急保障能力产生不满,严重时甚至会产生社会安全事件。

三、救助的益处

及时有效的救助工作,可以带来许多方面的益处。

1. 避免或减少人命伤亡

尽管人们在海上安全预防上完成了许多艰苦的工作,也取得了明显的效果,但是,海上事故或险情还是不能完全避免。海上救助是海上安全的最后一道防线,通过利用各种搜救技术和使用各种救助设备,使遇险人员脱离险境,从而有效避免或最大限度地减少人命伤亡。

2. 保护水上生态环境

当船舶和其他水上设施遭遇事故灾难时,不但会危及其上的人命安全,而且油类、货物和其他有害物品也可能倾注海洋中,造成海洋环境污染。在海上人命救助过程中,一方面,通过堵漏、脱浅、拖带、过驳货物等手段救助船舶、设施来保障或维持人命安全,客观上也保护了海洋环境;另一方面,即使是单纯的人命救助,其应急处置措施也会对保护环境发挥重要作用。

3. 避免或减少财产损失

财产救助通常是人命救助的自然延伸,主要是保护船舶和货物财产免受损失。除飞机救援外,海面救助力量和海上打捞力量,无论在装备功能上还是参与救捞的人员技术上,都具有很大的通用性。救助一艘船舶可能是救助船上人员生命的最好办法,即救助和打捞一般可以同时进行,实现人命和财产的共同救助。

4. 为水上交通运输业、旅游业、水上娱乐业等相关产业提供更安全、更有保障的环境

水上开展的一切活动,如海上航行、施工、作业等活动同样面临各种风险,需要救助保护。由于参与这类活动的人群普遍缺乏自救能力,只有在良好的外部救援环境的支持下,才能得以安全持续地进行。

5. 救助行动的良好表现可以赢得积极的公众形象,产生良好的社会效益

水上救助通常被视为国家应急体系的一部分,是政府公共服务能力的体现。海上救助更是影响国家国际形象的重要因素。成功的救助将大大提升国家形象;反之,将会对当事国带来负面影响。

6. 有利于推动各领域合作

由于救助是相对没有争议的人道主义行为,所以,它为开展国际上的地区之间、国与国之间,本国的地方、行业和组织之间各个层次上的交流与合作都提供了机遇,也可以以救助合作作为积累共识,谋求、推进和拓展其他领域合作的示范平台。

第三节　海上人命救助义务

海上人命救助义务是指海上人命救助主体在法律上、道义上的应尽责任,保证遇险人员不论位置、国籍或周围环境如何,都能得到及时的救助。

水上救助是水上活动的衍生品。随着现代科学技术的广泛应用,船舶建造水平、船用设备的可靠性及海上通信手段的科学性逐步提高,船舶的航行安全有了充分的保障。但是,由于船舶的航行安全除了受船舶条件约束外,还受到自然条件、交通条件、船员的适任性和船岸管理水平等诸多因素的影响,船舶遇险或发生海难事故仍然难以避免,而且水上活动具有高风险的特点没有改变。因此,提高船舶、船员的脱险能力以及及时有效地开展搜寻与救助行动,从而避免或减少海上人命伤亡、环境污染和财产损失,一直是国际海事组织(International Maritime Organization,简称IMO)和各国海上安全主管部门的一项主要工作。

一、船舶对海上人命救助的义务

船舶对来自海上的遇险信号做出响应既是基于人道主义考虑和长期形成的国际惯例,也是法律所规定的一项义务。规范海上人命救助的法律和法规起初都是建立在国家的基础之上。19世纪后半叶,全世界举行了多次国际海上安全大会,但重点只是交流救助技术而不是建立一个国际性的标准。从20世纪初开始,逐渐制定了一些相关的、专门的国际公约。

1. 1910年救助公约

1910年,世界上几个主要航运国家在布鲁塞尔签署了《1910年统一海上救助若干法律规则的公约》(简称《1910年救助公约》),也是最早涉及海上救助义务的一个国际公约。该公约第11条规定:

"每位船长都必须,只要不会对本船、船员及旅客造成严重危险,就应向在海上发现的处于危险中的任何人提供救助,即使是敌人也是如此。"

1989年4月,国际海事组织对该公约做了全面修改,现称《1989年国际救助公约》,并延续了这一义务。公约第10条规定:"只要不至于对其船舶及船上人员造成严重危险,每个船长都有义务援救在海上有丧生危险的任何人员"。

2. 1974年SOLAS公约

《1974年SOLAS公约》第五章第10条规定:

(1)当船长在海上由任何方面接到遇险中的船舶、航空器/艇或救生艇筏的信号时,应以全速前往救援遇险人员,如有可能,应通知他们正在前往救援中。如果该船船长不能前往援助,或因情况特殊,认为前往援助为不合理或不必要,他必须将未能前往援助遇险人员的理由记入航海日志。

（2）遇险船的船长在尽可能与应召救援的各船船长协商后,有权召请其中被认为最能给予援助的一艘船或数艘船;被召请的一艘船或数艘船的船长有义务履行应召,继续全速前进以援助遇险人员。

3. 联合国海洋法公约

《联合国海洋法公约》第 98 条规定:"每个国家应责成悬挂该国旗帜航行的船舶的船长,在不严重危及其船舶、船员或乘客安全的情况下,如

（1）救助在海上遇到的任何有生命危险的人。

（2）如果得悉有遇险者需要救助的情形,在可以合理地期待其采取救助行动时,应全速前往救助。

（3）在碰撞后,对另一条船舶及其旅客给予救助,并在可能情况下,将自己船舶的名称、船籍港和将停泊的最近港口通知另一条船舶。"

除国际公约外,许多国家的国内法也明确规定了海上人命救助的义务。

最早的国内法规见于 1681 年法国《海事条例》中,该条例规定了法国国民对遭遇海难者应尽力救助;否则依法承担刑事责任。

我国有关船舶对海上人命救助义务的法律是:

（1）《中华人民共和国海商法》第 174 条规定:"船长在不严重危及本船和船上人员安全的情况下,有义务尽力救助海上人命。"

（2）《中华人民共和国海上交通安全法》第 66 条规定:"海上遇险人员依法享有获得生命救助的权利。生命救助优先于环境和财产救助。"第 75 条规定:"船舶、海上设施、航空器收到求救信号或者发现有人遭遇生命危险的,在不严重危及自身安全的情况下,应当尽力救助遇险人员。"第 73 条规定:"发生碰撞事故的船舶、海上设施,应当互通名称、国籍和登记港,在不严重危及自身安全的情况下尽力救助对方人员,不得擅自离开事故现场水域或者逃逸。"

（3）《中华人民共和国内河交通安全管理条例》第 47 条规定:"船员、浮动设施上的工作人员或者其他人员发现其他船舶、浮动设施遇险,或者收到求救信号后,必须尽力救助遇险人员,并将有关情况及时向遇险地海事管理机构报告。"

类似的要求还出现在其他的公约和法规中,这些规定重复出现并相互呼应,逐渐形成并加强了这一法律义务。

除上述船舶在海难救助中应尽的一些基本义务外,船舶还应尽以下义务:

（1）保持正规瞭望。

（2）保持在无线电报、无线电话遇险频率上的值班守听。

（3）保证遇险呼叫的绝对优先权。

二、岸基对海上人命救助的义务

有关海上人命救助义务的规定不仅针对海上船舶,而且也针对沿海国家及岸上有关机构。

1. 1958年日内瓦公海公约

《1958年日内瓦公海公约》第12条第2款规定:"每个沿海国应促进建立和维护与海上安全有关的足够和有效的搜救设施,如情况需要,与邻国就这一目的进行相互的区域性合作。"

2. 联合国海洋法公约

《联合国海洋法公约》第98条规定:"每个沿海国应促进有关海上及其上空安全的足够应用和有效的搜寻和救助服务的建立、经营和维持,并应在情况需要时为此目的通过相互的区域性安排与邻国合作。"

3. 1974年SOLAS公约

《1974年SOLAS公约》第五章第15条规定:"各缔约国政府应承担义务,安排必要的沿岸值守并救助其沿岸海上的遇险者。这些安排包括海上安全设施的建立、管理和维护,而这些设施在考虑到海上交通的密度和航海危险后认为是实际的和必要的,并尽可能采取足够的措施找到并救助这些遇险者。""各缔约国政府应提供其现有救助设施及计划的信息以供交换。"

4. 1979年国际海上搜寻与救助公约

1979年4月,国际海事组织(IMO)(原政府间海事协商组织)在德国汉堡召开了国际海上搜救大会,制定并通过了《1979年国际海上搜寻与救助公约》和相应的决议。1985年6月22日,该公约正式生效。我国于1985年6月核准了签署的该公约,1985年7月24日对我国正式生效。1998年5月18日,IMO海上安全委员会(SMC)以SMC70(69)号决议通过了该公约的1998年修正案。按照该公约默认接受程序,该修正案于1999年7月1日被视为接受,于2000年1月1日对我国生效。

《1979年国际海上搜寻与救助公约》是世界上第一个专门为搜救目的而制定的国际公约,该公约全面规范了与搜救有关的诸多事项,是各国海上搜救工作的主要国际法律依据。

(1)各当事国能够单独地或与其他国家合作,开展搜救服务,"确保对海上遇险的任何人员提供援助。在收到任何人在海上遇险或可能遇险的信息时,当事国的负责当局应采取紧急步骤,确保提供必要的援助"。

(2)各当事国能够单独地或与其他国家合作,确定搜救服务的基本要素:法律框架;指定负责机构;组织现有资源;建设通信设施;协调和运行;改进服务(国内和国际间的合作关系和培训)。

(3)各当事国须为搜救服务的全面开展、协调好并进行必要的改进,制定适当的国家程序。

(4)建立负责一个或多个搜救区域及保证有效通信的救助协调中心或提供搜救协调的其他机构。

(5)各当事国须了解所有能参与搜救行动的设施,并可将适当的设施指定为搜救单位,每一个搜救单位都必须配备与其任务相适应的设备。

(6)按照搜救准备、接警、评估、初步行动、紧急处置、现场协调、中断和终止的程序开展搜救行动。

(7)建立船舶报告制度,协调商船参与搜救行动。

(8)与相关国家协商进行搜救责任区的划分和开展国际合作。

实际上,早在 1960 年,SOLAS 公约大会上通过的要求 IMO 采取适当的行动改进海上搜寻与救助的一系列建议案中,对此就提出了明确的要求,例如:

(1)在岸台值班上,要求各缔约国建立海岸无线电台,并在无线电报和无线电话遇险频率及在救生艇所使用的频率上保持不间断的守听。

(2)在海上救助合作事宜上,要求 IMO 与国际民航组织(ICAO)、国际电信联盟(ITU)、世界气象组织(WMO)就有关计划和提供搜救设施的事务进行合作研究。

(3)IMO、ICAO、ITU 和 WMO 应考虑在遇险事件中涉及的飞机与船舶间建立最佳通信联系。

(4)建议案还要求各缔约国政府鼓励所有船舶参加为搜救目的而建立的商船船位报告制度。

(5)免收为此而发生的通信费用以及鼓励船舶安装无线电应急示位标(EPIRB)等。

在国内法规上:

(1)《中华人民共和国海上交通安全法》第 76 条第一款规定:"海上搜救中心接到险情报告后,应当立即进行核实,及时组织、协调、指挥政府有关部门、专业搜救队伍、社会有关单位等各方力量参加搜救,并指定现场指挥。"

(2)《中华人民共和国内河交通安全管理条例》第 48 条规定:"海事机构收到船舶、浮动设施的遇险求救信号或者报告后,必须立即组织力量救助遇险人员,同时向遇险地县级以上地方人民政府和上级海事机构报告。"

(3)在我国交通部、全国海上安全指挥部(现称"中华人民共和国海上搜救中心")于 1984 年 8 月 26 日以通知(84 交海字 2022 号)的形式发布的《船舶遇险及安全通信工作的若干规定》中,根据国际电信联盟(ITU)和国际海事组织(IMO)的有关规定并结合我国的实际情况,也针对海岸电台、通信主管部门、海上安全指挥部和港务监督就船舶遇险与安全通信工作设定了一系列义务。鉴于海上遇险通信工作的重要性,此后交通部、全国海上安全指挥部又在上述规定的基础上,于 1987 年 8 月 27 日发布了《船舶遇险紧急通信处置细则》[(87)交海字 617 号],作为对上述规定的细化和补充,更加明确了有关部门和人员的义务和职责。

上述公约、法律和规定从不同层面就与海上人命搜救义务有关事项提出要求。这些要求为各沿岸国家建立搜救组织、建立岸基设施和救助队伍、开展搜救合作、岸台的连续职守等工作提供了工作方向和目标,因此也为及时有效地开展海上搜救工作提供了保证。

第二章　海上搜寻救助系统

第一节　海上搜寻与救助的概念

一、海上搜寻与海上救助

海上搜寻与救助(Search and Rescue at Sea,简称SAR)是指外来力量在得知海上遇险信息后所采取的搜寻和救援行动,它由海上搜寻和海上救助两部分组成。外来力量是指本船以外的任何形式和种类的海上救助力量,船舶开展的自救行为一般不属于海上搜寻与救助的范畴。

海上搜寻:由海上安全主管部门(通常是海上搜救中心或搜救分中心)进行协调,利用现有的人员和设施以确定遇险人员位置的行动。

海上救助:由任何可以利用的救助力量(SAR Resources)找回遇险人员,向其提供初步的医护或其他必需品,并将其转移到安全地点的行动。

由于海上搜寻与海上救助在工作时间和工作内容上的连续性,所以,通常将这两项工作一并称为海上搜寻与救助、海上搜寻救助或简称海上搜救。

搜寻救助服务:使用公共和私有资源,包括航空器、船舶和其他空中或海上运载工具及装置,履行遇险监测、通信、协调和搜救的职责,包括提供医疗咨询、初步的医疗援助和医疗转移。显然,搜救服务不但包括海上应急阶段的各项行为,还包括应急前的预警、协调等与救助行动密切相关的行为。

二、船舶自救、互救和救助

船舶在海上遭遇险情时,可能会出现船舶自救、船舶互救和船舶救助等不同的救助方式,含义也各不相同。

1. 船舶自救

船舶自救是指船舶遇险后,依靠本船的人员、设备和物资等资源自主开展的应急行为。船舶遇险后,首先要启动本船应急反应计划实施自救。当自救无效时,才能通过报警来实施海上搜救。船舶自救是十分必要的,一方面,通过自救恢复船舶的安全状态;另一方面,通过自救来减小和暂缓险情扩大,延长等待救援时间,为海上搜救创造有利条件。

2.船舶互救

船舶互救是指海上船舶之间开展的救助行动,其主要特征是使用私有资源,而非政府、军队所属的公共资源。也有学者认为除使用私有资源外,从开展救助行动的过程上看,船舶互救还应该是无须经过搜救中心协调而主动开展的搜救行动。

3.船舶救助

船舶救助是指在使用资源上包括私有资源和公共资源,在这一过程中要经搜救机构协调后进行的救援行动。

船舶自救、互救和救助也有相同之处:

(1)救助的目的都是保证海上人命安全。

(2)救助的技术和方法大体相同。

三、船舶海上遇险

船舶海上遇险是指船舶、船员或海上设施在海上航行、锚泊或作业时,遭遇严重而紧迫的危险。

"严重而紧迫的危险"是从危险的后果和接近这种后果所需的时间两个因素综合考虑而言的,是指危险已经发生或必将发生,并足以影响船舶、财产和人命安全,需立即采取措施以控制、减轻和消除。

从安全的角度上看,船舶遇险实际上是船舶的一种不安全状态,而且这种状态处于紧急阶段。

为科学地组织搜救行动,目前,国际上将船舶面临的紧急阶段细分为"不明阶段"、"告警阶段"和"遇险阶段",因此,船舶遇险也是船舶的最不安全状态。

四、船舶遇险形式与事故

船舶遇险形式也称船舶险情,是船舶遇险后的外部特征状态,通常以海上事故种类、对船舶和人员产生的危害形式和引起灾难的自然环境三种形式来体现:

(1)以事故种类体现的,如船舶碰撞、触礁、搁浅等。

(2)以危害形式体现的,如人员落水、倾覆、漏水、失火、爆炸、沉没、船体破裂、重要属具灭失等。

(3)以自然环境体现的,如风灾、风暴潮袭击、冰灾等。

虽然险情可以用事故来表达,但船舶事故与船舶险情具有明显的区别:

(1)船舶事故一般是指船舶在航行、停泊或作业时发生的影响安全性的事件。险情是指船舶遭遇严重而迫切的危险,需要立即救助。

（2）有些事故没有险情,不需要救助;有些事故有险情,需要救助。

（3）有些险情是事故造成的,事故是险情发生的原因,险情是事故的结果之一;有些险情不是事故造成的。

（4）海上救助的对象是险情而不是事故。

另外,用自然环境表达的险情可能包含了各种灾害性后果,在开展搜救行动时,需要进一步核实具体的事故种类或危害形式。

需要指出的是,船舶在海上航行可能会出现突遇恶劣天气、船舶破舱、船舶倾斜、机器故障、设备损坏、燃料不足、通信中断、人员伤病等紧急情况,从而对船舶安全造成一定影响,如果不是即刻严重影响船舶的安全,即可以通过临时维修和其他应急措施及时加以弥补或消除时,不能称其为船舶遇险。但是,如果上述船舶紧急情况不能有效排除,即使船舶没有即刻的危险,随着紧急情况的扩大或周围环境的逐渐恶劣,船舶实际上还是处于危险之中,此时也应视其为遇险。

正确判断船舶遇险状态,对及时报警、提高搜救成功率和合理使用搜救资源具有重要意义。

第二节　海上搜寻救助系统结构

一、系统的构成与功能

海上搜寻救助系统是指实现海上搜救功能的组织结构。它主要由搜救协调机构、遇险通信和搜救力量三部分(子系统)构成,如图 2-1 所示为海上搜寻与救助系统组成图。三个子系统在搜救服务上承担不同的功能。

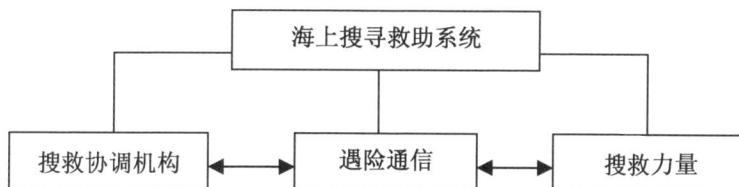

图 2-1　海上搜寻与救助系统组成图

搜救协调机构是一种运行机构,负责组织搜救行动,并对搜救行动的执行进行协调和指挥。《1979 年国际海上搜寻与救助公约》生效后,该机构具体称为海上救助协调中心(Maritime Rescue Coordination Centre——MRCC,简称 RCC)。

遇险通信(系统)实现遇险报警和搜救行动信息交流,包括所有有关遇险人员、海上遇险船舶或航空器要求的救援(包括医疗援助)信息传递、搜救通信和现场通信。

搜救力量是能够对海上遇险目标进行搜救行动的单位,包括拥有专门设备和专业人员的搜救单元(Search and Rescue Unit,简称 SRU),也包括可以执行搜救行动的其他资源。

当海上发生险情后,各子系统必须共同工作,才能提供全面的搜救服务:

(1)报警源迅速向 RCC 提供险情信息。

(2)RCC 及时协调搜救力量到达搜救区。

(3)RCC 与遇险人员、RCC 与救助力量、救助力量与遇险人员之间保持遇险通信联系。

(4)根据海上险情的变化,RCC 与救助力量决定采取进一步的搜救行动。

在搜救系统中,RCC 是搜救系统的核心,在搜救服务过程中起支配作用;搜救力量执行 RCC 的指令,在海上开展搜寻与救助行动,并不断地反馈进展情况;遇险通信使船岸之间、船舶之间搜救信息联络通畅,贯穿整个搜救行动的始终。搜救系统运行的目的就是使施救人员成功找到遇险人员,并把遇险人员转移到安全的地方。搜救系统的所有要素和组成部分必须为达成此目的而共同努力。显然,缺少任何一个子系统,都不能开展有效的搜救行动。

二、建立一个有效的搜救系统的基本要求

1. 搜救服务的立法

每一个国家都应有适当的法律和相关规定,作为建立搜救协调机构及其资源、政策和程序的法律基础。法规也可用来促进航空器、船舶和其他载运工具合理设计、建造、保养和操作。

2. 对所有可用资源使用的规定

几乎每个国家都能通过使用所有可利用的资源来尽可能满足经济合理的搜救需求,而不单单依靠专业资源,因此,搜救机构的主要资源通常是由国内各个主管部门提供的各种工作设施,这些设施由其各自的主管部门管理。虽然在搜救行动中这些搜救设施由搜救机构支配和协调,但能够直接控制使用的设施很有限,需要对可用资源的值守、存放、更新、调用、保险等事宜事先做出明确的规定或安排。

3. 确定与搜救协调机构相对应的地理责任区

在搜救系统中,要划定明确的地理区域作为该搜救协调机构的搜救责任区。区域特征反映了搜救需求,应与其搜救能力相适应,避免出现力所不及(也应避免资源尤其是专业资源大量闲置)的局面,才能科学有效地处置责任区内出现的险情。所考虑的主要因素既适用于国家之间,也适用于国内各地区之间的责任水域划分。一般应包括:

（1）责任区的大小和形状。

（2）空中和水上交通的密度和模式。

（3）搜救资源的可用性、分布情况、适用状况。

（4）通信网络的可靠性等。

4. 为管理和运作系统所需要的人员配备

搜救机构的主要职责是组织、协调和指挥搜救行动,对协调能力和搜救技术的运用能力要求较高。人员配备包括根据工作需要在搜救机构内设置工作岗位,总体考虑行政管理与支持职能和操作职能。人员配备的目标是使合格的人才担任机构中的各种职务。

5. 足够有效的通信能力

足够有效的通信能力主要是指船岸间的通信能力。在搜救系统中,良好的通信能力是必不可少的。从海上遇险报警开始到搜救行动结束,遇险人员、搜救人员、救助机构、搜救设施之间的信息接收、转发、任务协调、现场指挥等工作,始终要在可靠的通信支持下开展搜救行动。正是基于此,有关国际公约对沿岸国的搜救能力建设都是从设立海岸电台并保持不间断值守开始的。

6. 工作计划和相关文件

长远规划:明确搜救责任区内搜救工作目标、指标以及拟采取的行动,以贯彻国家法律、法规和其他规范性要求。

搜救计划:描述将如何提供、组织和支持搜救服务。

相关文件:搜救行动是在紧急情况下开展的工作。为了在尽可能短的时间内处置各种险情,需要事先就各种事项做出安排,至少需要制定两类文件:

（1）应急支持性文件——如制定搜救应急预案,包括制定搜寻计划、救助计划;与掌握搜救资源的主管部门签署协议,保证这些资源随时可用,如建立搜救医疗联动机制、建立通信协作机制和建立搜救成员单位等。

（2）应急保障性文件——如制定搜救培训计划、应急演习计划和其他有关计划等。

第三节 海上搜救协调机构

一、海上搜救协调机构的建立

海上搜救协调机构是指在一个搜救区域内负责促进有效组织搜救服务和协调执行搜救行动的单位,也称海上搜救机构、救助协调中心或简称 RCC。

搜救责任区(Search and Rescue Region,简称 SRR)是对应于 RCC 的划定范围区域,RCC 在该区域内提供搜救服务。每个搜救责任区有各自独特的交通运输、地形、水文气象和自然方面的特征,这些因素影响搜救机构的构成与搜救服务的选择。

《1979 年国际海上搜寻与救助公约》要求国家(搜救救助提供者)为每个搜救 SRR 设立一个 RCC。救助协调中心必须具有一定的基本能力才能列入国际民用航空组织(ICAO)地区空中导航计划(RANP)或国际海事组织全球搜救计划(IMO GLOBAL SAR PLAN)中。

救助协调中心应设在 SRR 内能有效执行其职能的地方,通常设在通信、国防、空中和海上服务机构(中国海上搜救中心设在交通运输部,其他搜救中心大都设在海事局)。这样,只要工作人员符合搜救要求,除履行搜救职责外,还可履行其他职责。

二、搜救机构的层级

搜救机构的层级是指搜救系统在纵向上的组织结构或管理权限上的等级秩序。根据需要,救助协调机构可以在多个层级上建立。层级越高,提供搜救服务的水域范围越大,可以协调使用的资源也就越多。各级搜救协调机构的能力应该与所划定的搜救责任区相适应,特别是搜救资源,应该满足搜救责任区内常见险情应急的需求。

在国家层级上建立救助协调中心是指只建立以国家名义管理的救助协调机构,称为国家海上搜救中心。当搜救事件发生时,由于没有下一个层级的搜救中心,因此,直接由国家海上搜救中心组织、协调和指挥。一般在国家搜救责任区狭小、方便协调各地区搜救资源的情况下采取这种模式。

如果一个国家的搜救责任区大,有必要对该区域进行再划分,并建立该区域的救助协调中心,称为地方海上搜救中心。

当地方救助协调中心的搜救责任区包含几个行政区域,可能导致不能对其搜救责任区内某一地区的搜救设施进行直接、有效的控制时,也可以建立带有搜救分区（SRS-Search and Rescue Sub-Region）的救助分中心（Rescue Sub-Centre，简称RSC）。一般有以下几种情况：

（1）一个省级搜救责任区分布在几个地级市所辖水域。

（2）搜救责任区包括几个国家或一个国家的多个陆上部门。

（3）在搜救责任区的某一个区域，通信设施不足以在 RCC 和搜救力量之间建立紧密的联系。

（4）由于政治或行政管理的原因，当地的设施只能受命于当地指定的机构。

（5）搜救行动由当地控制则效率会更高。

在几个层次上建立搜救机构，称为几级搜救协调体制。既建立国家搜救中心，又建立地方搜救中心，称为二级搜救协调体制。如果地方又设立了救助分中心，称为三级搜救协调体制。

我国是三级搜救协调体制，即中国海上搜救中心、沿海各省级海上搜救中心和地级市海上搜救中心（分中心）。

国际上普遍以政府名义和行政层级设置各级搜救协调机构，并由该级政府进行管理，以保证能够有效地利用本地的搜救资源。

为保证充分利用本国各部门的搜救资源，解决管辖权交叉问题，提高国家海上搜救工作的协调性和应急反应效率，以及制定国家搜救政策和国家搜救战略规划，一般还要建立由与搜救有关的国家所属各部委组成的国家搜寻救助协调委员会，有时也称"部际联席会议"。

除了以政府名义和行政层级方式建立搜救协调机构外，为更好地利用特殊的搜救资源使海上搜救服务更有效率，有时也以行业名义建立搜救协调机构，特别是海上施工作业频繁的行业，如设置水产渔业搜救中心、海上石油搜救中心、港区水域搜救中心等。

如图 2-2 所示为海上搜救协调机构框图。

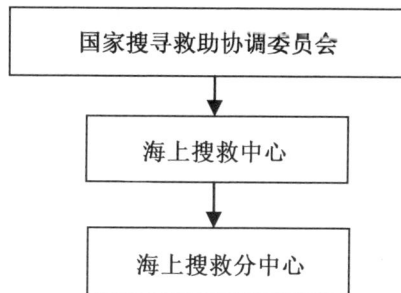

图 2-2　海上搜救协调机构框图

需要特别指出的是：

(1)以行业名义建立的搜救机构主要实施对本行业的险情救助,其权限是只能协调和组织本行业所属的搜救资源。

(2)以港口水域名义建立的搜救机构比以政府名义建立的搜救机构的协调能力要低,但在对本港水域内的搜救资源的协调使用能力上更有优势。

(3)以行业和港口水域建立的搜救机构所从事的协调工作,都可以看作国家搜救工作的初期反应,并不影响或妨碍当地政府搜救中心对其开展搜救协调工作。

三、搜救协调机构的职责

(一)国家搜寻救助协调委员会职责

国家搜寻救助协调委员会由管理和使用国家搜救资源的单位,如交通运输、电信、水文、气象、卫生、民政、海关、公安等部门和军队组成。其主要职责是:

(1)定期举行会议,协调搜救行政管理及行动。

(2)制定政策、计划,解决管理权交叉问题,分配和协调搜救责任,制定实施搜救要求及标准,就共同关注的搜救问题制定联合解决方案。

(3)有效使用所有可用的搜救资源。

(4)开发通用的设备和设施。

(5)提高搜救服务整体功能和效率,包括利用国际合作改进搜救服务。

(二)搜救中心职责

搜救职责分为运行职能和管理职能两类。

运行职能在应急状态下进行,主要包括搜救组织、搜救协调、搜救指挥三项,具有临时性。管理职能是为保证运行职能的有效履行而设定的,涉及的工作内容很多,具有常态性。

1. 搜救组织

搜救组织也称启动搜救行动,是指搜救中心接到海上遇险信息,并对险情分析判断后,召请、通知搜救单位开展搜救行动的行为。

2. 搜救协调

搜救协调是指搜救中心与搜救单位协商搜救力量派遣、出动时机、人员和设施规模、承担的搜救任务种类等的行为。由于搜救力量分散在国家政府、军队和社会有关单位中,加上参与搜救以不严重威胁搜救人员生命安全为前提,以及受船舶航行标准和搜救作业难度、水文气象条件等限制,在搜救力量决定参与搜救行动之前,搜救中心无权命令,只能以协商的方式组织搜救力量。

3. 搜救指挥

搜救指挥是指搜救中心指导、命令参与搜救的单位实施搜救计划的行为。

4. 管理职能

管理职能负责维护搜救中心处于连续的待命状态。它主要包括制订搜救工作计划,安排搜救设施,组织搜救协调训练、演习,以及完善搜救制度等。

搜救工作计划是开展搜救工作的基础,用以规范搜救工作程序、指定 RCC 内工作人员的职责、设施的使用安排、通信安排、训练计划及资料的获取和发放方法等。

搜救工作安排是针对海上搜救有关部门或部门之间工作方法所做的规定,主要涉及:

(1)在搜救区域内实施的搜救工作的方式。

(2)与邻近 RCC 联合行动的实施及紧急事件的通报方法。

(3)设施的联合使用方法;搜救工作的协调程序。

(4)任何有关为迅速到达作业区域或者为避免、克服因气象干扰、通信故障等困难的应急反应计划。

(5)规定搜救区域地理位置的表述方法。

(6)与有关合作单位就搜救设施的相互支援和协调签订协议。

海上遇险具有突发性的特点,因此,保持搜救中心处于连续的待命状态十分必要,通常要求搜救中心配备具有英语工作能力和训练有素的人员 24 小时值守。

(三)搜救分中心职责

搜救分中心可以具备与搜救中心同样的能力。行政管理越复杂,或者通信条件越差,委派给搜救分中心的职权就越大。在这种情况下,搜救分中心对人员、装备和场所的需求与搜救中心一样。

搜救中心可以把部分职责授权给一个搜救分中心,如通信、制订搜救计划和安排搜救设施等。在一般情况下,搜救分中心的职责和能力比搜救中心相应较小,在人员、装备和场所方面的需求通常也较小。

四、搜救协调机构的人员

一般搜救协调机构的人员包括搜救中心负责人、搜救中心工作人员、搜救任务协调员,如图 2-3 所示为搜救任务组织图。

搜救中心负责人制订应急预案、工作计划和任务安排,同时监督搜救中心的日常运转,保证当海上险情发生时,能迅速地采取搜救行动。

搜救中心工作人员由有搜救工作经验和经过专业训练的人员组成。配备的人员数量视本地区船舶交通密度、气象条件和不同季节对安全保障的需要而定,并始终处于工作准备状态。

搜救任务协调员(SMC)是一个临时性职务,根据责任区域内遇险事件的性

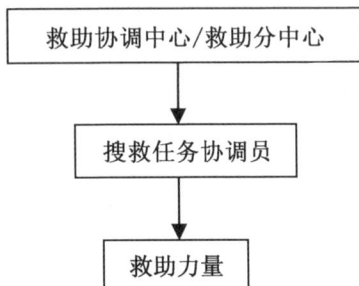

图 2-3　搜救任务组织图

质、等级、范围、发展趋势及协调工作的难易程度由 RCC 主任本人或其他指定的值班官员承担,并由足够的人员来协助。搜救任务协调员的数量取决于搜救责任区域的大小和环境、险情,预计事件发生的频率,救助协调中心以外可能需要协调的行动等。

搜救任务协调员负责制订每一次搜救事件的搜救计划,并负责各搜救单位往来于现场的协调,具体职责一般包括:

(1)获取或评估所有紧急情况下的信息。

(2)确认失踪或遇险船舶、航空器及潜水器所配备的应急设备类型。

(3)时刻掌握当时的环境条件。

(4)必要时,确定遇险船舶、航空器及潜水器的动态和位置,告诫在可能的搜救责任区内的船舶进行救助、瞭望和在相应的频道上值守。

(5)标绘搜救区域,决定使用的设施和方法。

(6)视情况,制订搜寻行动计划和救助行动计划。

(7)必要时,与邻近的救助协调中心协调行动。

(8)安排搜救人员的任务部署和搜救行动报告。

(9)评估所有的报告并在必要时修正搜寻行动计划。

(10)安排航空器补给,延长搜救时间,安排搜救人员食宿。

(11)安排运送维持幸存人员生命的补给物品。

(12)按时间顺序做好准确、最新的记录。

(13)发布进展报告。

(14)向搜救中心负责人建议放弃或中止搜寻。

(15)当不再需要救援时,解除搜救设施的搜救任务。

(16)通知事故调查当局。

(17)可能时,通知航空器的登记国。

(18)准备一份最终报告。

如表 2-1 所示为搜救系统人员配备一览表。

表 2-1　搜救系统人员配备一览表

搜救要求	职能范围	职位
建立国家或地区性搜救系统作为全球搜救系统的一部分	进行立法； 安排使用资源； 提供资源； 建立搜救区和救助协调中心； 配备和培训人员； 确保充足的通信设施； 制订计划和协议	搜救协调人和管理人员，在国家管理机构中的行政管理人员和保障人员
接收遇险报警	监听报警设施； 确认遇险报警； 将遇险报警传送给救助协调中心	在岸基和救助协调中心的通信值班人员
协调搜救服务	传送和确认遇险报警； 协调反应； 计划搜寻； 报警和派遣搜救设施，指定现场协调人，准备搜救计划，提供医疗咨询； 事后将每次行动进行总结	得到搜救协调中心工作人员支持的搜救协调人
实施搜救行动	现场协调； 搜救； 医疗转移	搜救力量上的人员
支持搜救服务	培训； 通信； 供给； 设施维修	后勤保障管理人员

五、搜救协调机构设施和设备

搜救中心的装备取决于预期对搜救中心的要求以及其他的职能范围，一般包括通信、信息、标绘设备、出版物和用品五类。

1. 通信

公共通信系统，如电话、电传等；国际海事卫星系统（Inmarsat）；与 COSPAS/SARSAT 连接的搜救网；公布的专线电话；未公布的保密电话等。设施和设备的功能应该具有可靠性和通用性,技术上更应该具有先进性,如包括电话在内的所有语音设备,都应附带有多频道的录音功能。

2. 信息

标有搜救区域及资源分布情况的大比例尺壁挂海图;标有当前搜救设施状况的资源位置版图,如展示负有搜救职责的飞机、船舶和单位的详细情况,包括位置、类型、速度、续航能力、可使用的无线电通信频率、不同时期的准备状态、船员情况及通知下达方式等;搜救设备、电话号码和其他有用信息的电脑文件等。

3. 标绘设备

海图、航空地图和图表;作图用直尺、三角板、圆规、铅笔。

4. 出版物和用品

(1)与搜救有关的图书资料,例如,国际海事组织(IMO)、国际民航组织(ICAO)、本国和邻国搜救主管机关出版的搜救出版物。

(2)国家有关的文件,如航空导航规则和航海通告。

(3)国际信号规则等通信图书。

(4)海上紧急事件应急措施手册。

(5)航海天文历、潮汐资料、航标表、确定漂移值的图和表。

(6)船舶登记资料及地名索引和本区域内有关单位的电话号码簿。

(7)搜救区域的工作计划和搜救单位在处理当地紧急事件时应遵循的程序性文件,搜救协议或协议有关细节的文件,SMC 在工作过程中采取行动的顺序,搜救区域内通信工具以及 RCC 所用的各种通信方式的图解。

(8)一切可应召的搜救设施和力量的详细情况清单,包括能提供援助的范围、主要人员的名字及在不同时间与之联系的方法。

(9)有关本搜救区域和邻近搜救区域的文件资料等。

第四节　遇险通信系统

一、概述

遇险通信是指遇险人员、搜救人员、搜救中心、搜救分中心、搜救单位或设施等之间通过各种方式传递信息,如图2-4所示为一般的搜救系统通信。

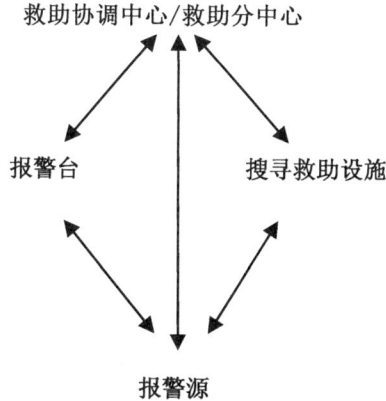

救助协调中心/救助分中心

报警台　　　　搜寻救助设施

报警源

图2-4　一般的搜救系统通信

遇险通信系统的主要功能是遇险报警、协调和定位。

(1)遇险报警:接收来自遇险人员所用设备的报警。

(2)协调:与遇险人员交流信息,使参加搜救任务的搜救任务协调员、现场协调人和搜救设施开展工作。

(3)定位:遇险者帮助搜救单元做出反应和实施救援。遇险通信系统主体上分为移动设备和岸基基础设施。

通信内容上分为报警和搜救通信,包括所有有关遇险人员、航空器或海上遇险船舶的援助(包括医疗援助)的信息,也包括搜救通信和现场通信。

对遇险通信系统的基本要求是具有优先权、可靠性、通用性:

(1)优先权:与搜救有关的信息应该始终在其他所有通信之前处理。遇险呼叫绝对优先于其他通信,任何收到遇险呼叫者,必须停止发送所有可能干扰该遇险呼叫的通信,并在该遇险呼叫频道上守听。

(2)可靠性:由于搜救时间的紧急性,遇险人员和搜救单位或人员所使用的设备或系统,无论何时使用,始终处于良好状态。

(3)通用性:通信设备不仅工作良好,还必须在任何时候供所有的相关各方使用。

二、移动设备

遇险人员、航空器或船舶需要救助时,首先需要使用移动通信设备进行遇险通信。这些移动通信系统或设备包括以下方面。

1. 海上无线电业务

船舶与海岸电台之间以及船舶之间的无线电业务可以在中频、高频、甚高频上进行。中频频率为300~3 000 kHz,其中,包括频率为500 kHz的无线电报、频率为2 182 kHz的无线电话。高频无线电话频率为4 124 kHz和6 215 kHz。甚高频频率为156.8 MHz的VHF 16频道用于海上遇险和安全通信;频率为156.3 MHz的甚高频VHF 06频道用于现场通信。

2. 航空移动通信系统

VHF调幅频率为121.5 MHz,用于遇险呼叫;频率数值为3 023 kHz、4 125 kHz、5 680 kHz的频道用于现场和搜救协调通信,或作为船舶与航空器之间进行联系的手段。

3. 全球海上遇险与安全系统(Global Maritime Distress and Safety System,简称GMDSS)

船舶必须强制配备一定数量的通信设备,其中主要是GMDSS的船站(SES-Ship Earth Station)。

4. 无线电应急示位标(EPIRB)和应急示位发信机(ELT)

5. 卫星通信系统

搜救卫星(COSPAS/SARSAT)和国际海事卫星(Inmarsat)。

6. 国际海事卫星安全信息网(SafetyNet)

7. 救生和应急无线电设备

8. 移动电话通信

三、岸基通信设施

岸基通信设施[也称报警台(Alerting post)]是报告紧急情况的人员与搜救中心或救助分中心之间的任何通信设施。搜救中心直接或通过这些通信设施获得实际的或潜在的遇险情况,成功实现船岸衔接,是国家履行海上人命救助义务的基本依靠。其主要包括:

(1)海岸电台(Coast Radio Station,简称CRS)。

(2)搜救卫星(COSPAS/SARSAT)系统的地面用户终端(Local User Terminal,简称LUT)和任务控制中心(Mission Control Centre,简称MCC)。

　　（3）国际海事卫星系统（Inmarsat）的陆地地球站（Land Earth Station，简称LES），也称国际海事卫星地面站。

　　（4）船舶交通管理系统（Vessl Traffic Services，简称 VTS）。

　　（5）空中交通服务（Air Traffic Services，简称 ATS）。

　　（6）公共安全机构；陆地上的公共安全应急中心。

　　（7）船舶、航空器或其他可以接收或转发报警的人员或设施。

第五节　海上搜救力量

一、救助职能

　　海上搜救力量应该能够快速到达遇险现场，具备下列一项或多项职能。

　　1. 搜寻遇险目标

　　搜寻是搜救单位用极大的注意力寻找遇险目标的行动，就是利用现有人员和设备寻找失踪或遇险的船舶、航空器、其他空中或海上载运工具、幸存者或有关的搜寻目标或证据。每次的救助行动都要首先进行搜寻以确定救助目标的具体位置，然后才能开展相应的救助作业。与救助技术相比，在夜间、能见度不良或其他恶劣气象海况条件下，搜寻技术成为救助成功的关键。

　　2. 救助幸存者

　　使遇险者脱离险境，挽救生命。搜救系统的建立是要确保在任何人遇险时，不管他们的国籍或环境如何、无论在哪里，都能得到救助。这是在传统的人道主义基础上所公认的国际惯例，同时也是国际法所确定的。

　　3. 紧急援助

　　紧急援助是指搜救力量对处于严重局面或潜在的严重局面，或处于将导致搜救事故的危险之中的航空器、船舶、潜水器进行的援助，如果搜救设施不采取该行动，可能导致遇险搜救。

　　严重局面包括海上碰撞事故、船舶丧失推进能力、船舶搁浅、船体进水、燃料不足、人员伤病、弃船等待等。

　　紧急救援采取的一般措施有拦截和护航服务、播发海上安全信息、在搜救责任区以外开展搜救行动等。

　　4. 其他

　　将幸存者运送到安全的地方，向幸存者提供食品、药品或其他基本的必需品，向现场运送补给品和救生设备。

二、搜救力量分类

从搜救力量组成和专业性来看,分为指定的搜救单元、专业搜救单元、其他搜救单元三类。

1. 指定的搜救单元

搜救单元是指一个包括训练有素的人员并配备适于迅速、有效地实施搜救装备的单位。搜救单元的搜救服务范围广泛,涉及搜救的各个环节上的工作。由政府以协议、合同、计划等方式明确指定的、纳入本地搜救系统的海上搜救力量(我国称之为搜救成员单位)。其主要来源是政府各主管部门和企业提供的各种工作设施和人员,这些设施和人员平时为各自的行业服务,一旦发生海上搜救事件,搜救中心召集这些力量开展救援行动。被指定的搜救单元大都分配承担其所熟悉的工作,具有实际工作经验,由这些部门提供专业人员、专门设备和专项服务,会大大提高搜救工作效率。

政府部门一般包括交通、农林、卫生、气象、海洋、民航、安全、公安、海运与渔业、军事等部门。

企业主要包括打捞、海运、海洋、石油、潜水单位等。

2. 专业搜救单元

专业搜救单元是指经过特殊训练、配备专用设备、专门承担搜救任务的队伍,如海岸警卫队、专业海上救助单位(如我国的救助局、打捞局、救助飞行队、潜水单位)、水上打捞单位、消防单位以及其他应急救援单位。

3. 其他搜救单元

其他搜救单元包括过往商船、渔船、游艇、小型船只、志愿者组织等。

三、搜救装备分类

搜救装备从适于工作的场所上分为:

(1)空中搜救装备,如救助飞机(包括固定翼飞机和直升机)、无人机等。

(2)水上搜救装备,如救助船、救助拖船、救助艇、救生艇、救生筏等。

(3)水下搜救装备,主要是指潜水设备,还包括水下监测、扫测设备等。

搜救装备从功能上分为救生和救助设备、信号设备、医疗救助设备和其他设备,如表2-2所示为搜救装备功能及设备分类表。

表 2-2 搜救装备功能及设备分类表

装备功能	设备分类
救生和救助设备	救生艇、气胀式救生筏、救生衣、救生圈、救生裤、便携式 VHF 电话、抛绳器、浮式救生绳、撇缆、无火花艇钩、短柄斧、救生篮、担架、引航员梯、攀网、具有测向(DF)功能的无线电设备、消防设备、便携式喷射泵、望远镜、照相机、水瓢、桨
信号设备	信号灯、探照灯、手电筒、发射彩码闪光信号的信号枪、浮式 VHF/UHF 示位信标、浮灯、烟雾发生器、火焰和烟雾浮、染色标记设备、扬声器
医疗救助设备	担架、毯子、医用物品或药品、衣服、食品、遮蔽物
其他设备	起吊装置、绳索、安全索、强力泛光灯

第三章　海上搜寻救助系统管理

第一节　海上搜救责任区划分

一、目的

海上搜救责任区(Search and Rescue Regions,简称 SRR)是指与一个救助协调中心相关联的并在其中提供搜救服务的划定明确范围的区域。

在国际上,设立搜救责任区的目的是对于世界上每一个区域的遇险情况,明确规定谁对协调反应负主要责任,并且能够及时地将遇险报警送到合适的救助协调中心,为世界范围内的任何水域的搜救服务提供保证。

对于国内水域,当紧急事件发生后,由于海上遇险信息可能同时被多方获悉,因此,为了明确对紧急事件负责的搜救机构,也应事先划定搜救区,由所在海区的海上搜救机构,根据事件的遇险性质、紧急程度、气象条件等因素开展救援行动。

除了根据险情发生的地理位置确定负责的搜救机构,合理划分搜救责任区会使搜救的组织和协调效率更高,救助力量的分布更趋于合理,防止由于力量不足而造成遇险事件得不到及时的救助,同时,也避免由于救助力量过于集中而浪费有限的资源。过多地考虑国家间的海域主权和国家内各地方之间的海域使用管理权而造成某些海域的险情得不到及时有效的救助,其实是对海上人命安全的忽视。

二、原则与技术要求

1. 国家间海上搜救责任区划分

《1979 年国际海上搜寻与救助公约》第 2 章"组织和协调"指出:

第 2.1.7 款"搜救区域的划定不涉及并不妨碍国家之间边界的划定"。

第 2.1.5 款"如果有关当事国在搜救区域的具体范围上不能达成协议,这些当事国须尽其最大努力在该区域内提供搜救服务的等效全面协调的相应安排上达成协议"。

从以上规定可以看出,划分搜救区域应遵循的原则是:

（1）搜救责任区的设立仅仅是为了保证在该地理区域内的搜救工作由某个国家来承担。

（2）搜救区的划分是个技术问题,而领海边界的划分是个法律问题。

（3）搜救责任区界限的划定,与任何国家的边界无关。

（4）搜救责任区界限不应成为对遇险人员提供救助的障碍。

（5）不能划分时应该有等效安排。

技术问题考虑的主要因素包括:

（1）责任区的大小和形状。

（2）空中和水上交通的密度和模式。

（3）搜救资源的可用性、分布情况适用状况和机动性。

（4）通信网络的可靠性。

（5）国家愿意承担该义务。

2. 国内水域搜救责任区划分

国内水域搜救责任区划分主要考虑技术问题。

（1）当地政府对水域的管理范围。应尽量保证这种划分与其管理的水域范围相同,这样,既可以提高当地政府建设搜救设施的积极性,也能保证在应急时通过行政手段有效调动当地的搜救资源。

（2）国家水上安全主管机关对水域的安全监管范围。在国内的某些重点水域,可能出现由国家管理的跨地区的水域(如我国长江),这些水域在地理位置上属于地方,在搜救管理上归属国家,可能存在搜救设施建设投资、国家资源和地方资源使用和连接水域搜救指挥权转移等问题。

（3）国土、海洋、渔业、公安、边防、海事、救捞等涉海部门的职责范围。这些部门的管理内容有的是行业管理,有的是事务管理,由于职责不同,涉及的水域辐射范围也不同。当规划搜救责任区时,应注意适应这种不同情况,为发挥好这些海上搜救应急的重要资源创造有利条件。

（4）海上搜救形势的变化。随着海洋资源的不断开发和利用,水域使用功能处于不断的变化中,如新建港口、重新划定环境保护区域和军事政治敏感区域、海上水产养殖以及油气和风电开发,导致海上搜救形势发生变化,如海上交通形势变化、事故多发区转移、险情特征改变等。当原来的搜救责任区划分不能适应时,应重新调整范围,避免搜救效率下降。

3. 海空联合搜救

搜救区域的划分应充分考虑与民航组织的合作,其中,设立相同的海上和航空搜救区域是船舶与飞机合作的主要内容。当采取这种划分方案时,除应考虑海上技术因素外,还要考虑航空飞行情报区、空中交通服务(ATS)等飞机管理特点,综合考虑是否有这种必要,如设置相同的海上搜救服务区域、联合办公、大致相同的应急程序等。

三、搜救区域范围

1. 国家间搜救区域范围

目前,大多数沿海国家已经划定了搜救区域并上报 IMO,同时,为了保证有关搜救信息的及时交流,IMO 第 25 届"海安会"决定将全世界的海洋划分成 13 个搜救协调区,每一个协调区由一个或几个国家充当信息收集国,如表 3-1 所示为全球海洋搜救协调区。

表 3-1　全球海洋搜救协调区

区号	区名	信息收集国
1	北大西洋	美国
2	北海	英国
3	波罗的海	瑞典
4	东南大西洋	—
5	西南大西洋	阿根廷和巴西
6	东北太平洋	美国
7	西北太平洋	中国和日本
8	东南太平洋	智利
9	西南太平洋	新西兰
10	印度洋	澳大利亚
11	加勒比海	—
12A	地中海	法国
12B	黑海	—
13	北极	挪威

注:— 为暂未确定。

除以国家为单位对全世界的海域进行划分外,海域内的每个国家内部对自己负责的海域做了更详细的划分。显然,随着海域使用的变化以及救助力量和救助技术的改变,这种划分有的已不尽合理,应及时做出调整。

各国海上搜救责任区信息公布在《国际海事组织搜寻救助计划》中。我国在该计划中,只公布了国家和沿海各省级搜救机构的名称、地址和联络方式等信息,

而没有明确搜救责任区。在实际工作中,按照我国《船舶遇险紧急通信处置细则》(87)交海字 617 号规定的搜救责任区是:

(1)渤海:全部;

(2)黄海:124°E 以西;

(3)东海:126°E 以西;

(4)南海:14°N 以北。

2. 国内水域的搜救责任区范围

根据《中华人民共和国海上交通安全法》《海上交通安全管辖海区分工》《海上交通安全管辖海区职责》以及《中华人民共和国搜寻援救民用航空器规定》的规定执行:

(1)各省级海上搜救中心的搜救责任区按照各直属海事局海事监管辖区划分。

(2)各省级搜救中心根据所在海区的地理位置、搜救能力、通信条件以及承担的责任,又可将搜救责任区分成若干分区,这些分区一般由各搜救分中心负责。

(3)空域划分为 7 个搜救区,分别对应相应的民航飞行情报区,包括:华北搜救区(北京飞行情报区)、东北搜救区(沈阳飞行情报区)、华东搜救区(上海飞行情报区)、中南搜救区(武汉飞行情报区、广州飞行情报区、三亚飞行情报区)、西南搜救区(昆明飞行情报区)、西北搜救区(兰州飞行情报区)、新疆搜救区(乌鲁木齐飞行情报区)。

第二节　应急基地建设

一、应急基地功能

应急基地是为所辖海域救助船舶提供船舶停靠、应急物资储备、后勤补给、人员培训并对救助船舶施救指挥管理的机构,主要有以下功能:

(1)应急基地是所辖海域的救助指挥中心,统一调度指挥所属救助船舶、飞机和其他设施开展救助和抢险行动。

(2)应急基地是救助船舶修整、待命、保养的基地,为救助船舶提供停靠码头,并具备一定的船舶修理能力,以保障对救助船舶的及时修复、检测、维护保养,使其处于良好的技术状态。

(3)应急基地为救捞工程储存、配备充足的救捞器材、物资装备、机具及生活给养。

(4)应急基地是救助系统的通信中心,随时保持与主管机关、相关单位、救助船舶、遇难船舶和施救现场间的联络。

（5）应急基地为救捞专业人员提供培训场地和设施以及必要的医疗保障。

（6）应急基地是救捞人员的生活场所。

二、应急基地选址

应急基地的选址主要考虑如下因素：

（1）事故多发区位置。靠近事故多发区设置应急基地，可以缩短救助力量到达现场的时间，明显提高搜救效率。

（2）气象恶劣区位置。海上事故与灾害性天气密切相关，靠近气象恶劣区意味着靠近了事故多发区，同时，也可以为预防海上事故的发生提供帮助。

（3）交通密集区（段）。该区域航道复杂，交通量大，不但事故隐患多，而且一旦发生事故，将会严重威胁他船的安全通航。

（4）大中型港口规模和数量。该区域除交通密集外，港口施工作业船以及游艇也多，人命安全和生产安全保障要求高。

（5）军事、政治、环境敏感区。该区域关系国家安全和海洋环境保护。

（6）靠近海岸线、海岛岸线和开敞水域。适于基地航道、码头建设，应急船舶出动便利。

（7）陆域交通。交通顺畅，方便应急设备物资供应和调用，尤其是能够运输重型、大型应急装备，具备陆域人员生活条件。

三、应急基地规模

应急基地规模是指为满足基地功能而建设的基本项目工程规模。

项目建设种类一般包括航道、码头、办公场所、仓库、维修车间、技能训练场地、职工宿舍等。

项目工程规模如航道通过能力、码头泊位数量和等级、陆域建筑物面积等。

基地的具体建设规模应与基地规划应急反应目标相适应：

（1）以履行搜救现场职责为目标的应急反应，分为执法和救助两项职责。分别按照满足日常巡航执法船（艇）需求和/或救助船（艇）数量、尺寸、吨位等需求建设。

（2）以保护港口生产安全和水域使用为目标的应急反应。按照港口船舶规模、货物种类等生产特点和水域通航特点需求建设，尤其是满足打捞、起浮、拖带等拖船及设施的需求。

（3）以人命救助为目标的应急反应。针对本辖区海上事故和险情特点，开展单纯人命救助时对救助船（艇）、救助飞机等技术的要求建设。

（4）以应对一定的险情级别为目标的应急反应。在分级反应中,按照本基地应对的险情等级对救助船舶、应急设施需求的建设。

四、应急基地数量

应急基地的数量受制于国家规定的应急反应时间标准。每个船舶应急基地的应急保障范围(服务半径)与船速之比,每个直升机救助基地的应急保障范围(飞行半径)与飞行速度之比,以及其到达搜救现场的时间应不低于时间标准;否则,应该考虑增加设置新基地。

国际上的通行标准是搜救单元应该在行动开始后 90 min 到达现场。

直升机活动半径通常是自基地起 300 n mile 距离,以此推算,飞行基地的间隔大致为 600 n mile。

五、应急基地等级

应急基地等级分为综合应急基地、普通应急基地和应急救助站(点)。

综合应急基地:地理位置特别重要、保障范围大、功能齐全的永久性基地。

普通应急基地:地理位置较为重要,港口保障作用明显。

应急救助站(点):满足区域站点布局需要,使用季节性强,具有临时补给功能。

六、海上救助待命点的布置

海上救助待命点是指救助船舶在海上救助值班的待命位置,是基地船舶的一种待命形式。

救助待命点的布置有下列要求,并可以根据海上实际交通状况、季节和事故险情特点进行调整:

（1）地理位置应分布在海上救助服务区域范围内。

（2）符合船舶海上值班技术条件。

（3）靠近事故多发区域、靠近交通密集区、靠近海上客运繁忙水域等重点水域。

（4）有足够的水域,附近无暗礁、沉船等障碍物,避开航道或船只来往频繁的地方。

（5）有良好的定位物标。

第三节　培训和演练

培训和演练是为了实现搜救系统的目标,向有关人员提供搜救基本知识和技能,使其具备承担一定职责能力的学习行为。

培训和演练的对象包括:搜救管理人员、搜救中心人员、专业救助单位人员和其他搜救力量组成人员,特别是搜救协调人员和专业救助单位的人员。

搜救管理人员的培训和演练侧重于认识和知识;搜救中心人员的培训和演练侧重于知识和实施;搜救力量组成人员的培训和演练重点为实施。

一、搜救培训

(一)培训形式

培训形式可分为实际工作培训、知识培训和认识培训三种。

1. 实际工作培训

针对那些必须保持一定专业水平以继续其当前工作的专业人员,确保其有效履行岗位职责的培训,包括搜救程序改变、技术和设备升级等知识更新培训。

2. 知识培训

知识培训主要针对刚进入搜救机构的专业人员,通过培训使学员了解和掌握搜救各环节的基础理论和搜救作业技术,并提供其职责上所需的信息。

3. 认识培训

认识培训针对不经常涉及搜救但与搜救保障有关联的人员,如高层管理人员、交通主管人员、财务主管人员等,通过培训使其了解搜救政策和搜救形势,引起对搜救工作的重视。

(二)培训方法

培训方法一般包括正规训练、见习训练和综合训练。

1. 正规训练

通过授课、实际示范、观看海上救助事件影片或录像,使学员了解搜救方案的制定和应用方法,掌握搜救技术和有效使用救助设备。

2. 见习训练

见习训练是指在实际工作中协助在职救助工作人员,观察救助过程,以积累实际工作经验。

3. 综合训练

综合训练要求学员实际参加搜救工作演习,理解搜救预案各环节的目的,熟悉搜救作业实施过程,掌握各项搜救操作技能的使用。

（三）培训内容

1. 搜救中心人员

对 RCC 工作人员的培训主要针对搜救组织结构、搜救程序和搜救技术。

（1）组织

①了解搜救组织的组成和隶属关系；

②了解与海上安全机构及通信机构、空中交通管制部门的关系；

③了解与搜救设施及邻近搜救部门所订立的合作协议的内容；

④了解现有搜救设施的能力和限制情况；

⑤了解法规方面的知识，如有关海上拖带和救助政策的法律知识。

（2）程序

①如何获得及评价信息和报告；

②设施的报警及搜救行动的开始；

③不同船舶报告系统之间的信息转换；

④确定搜寻区域；

⑤空中、海上搜救设施的搜寻技术和方式；

⑥搜寻信息的标识；

⑦救助程序；

⑧补给投放程序；

⑨迫降救援、接应及护航程序；

⑩向搜救人员下达指令和询问程序。

（3）管理

一般性行政职能。

（4）信息

①参观搜救设施及搜救物品仓库，参加演习，包括救生物品的包装及装载；

②利用各种渠道获得搜救区域的最新发展。

2. 专业救助单位人员

对海上救助单位人员的训练主要是指对救助船船员的训练。训练内容根据船员的职务分别进行。

（1）全体船员

海上搜救单位的船员是海上救助的主要实施者，他们除了具备一般的航海知识和技能外，还应进行在恶劣气象和海况条件下开展工作的适应性训练、操作和保养特种设备以及从海上、船舶、救生艇和其他浮动工具抢救遇险者训练和对遇险幸存者进行一般医疗急救和护理等训练。另外，船员还应进行飞机参与救助时要求的有关训练。

（2）船长和甲板部高级船员

船长和甲板部高级船员的训练,除了包括对普通船员的全部训练内容外,还应包括对搜救组织、通信程序和搜救程序的了解,以及特殊的船艺训练,例如:

①在近岸和海上困难情况下的航行方法;

②熟练使用救生船(艇)上的助航设备;

③估算救生艇漂移值;

④正确实施搜寻方式和准确计算会合点的方法;

⑤在不良气象条件下,从各种船(艇)上营救遇险者的方法。

（3）无线电报务员

除必须具备按照国际电信联盟(IUT)《无线电规则》第55条,关于使用装在每一搜救航空器/船舶上的专用设备所规定的资格外,还应学习或培训:

①搜救通信程序和地区通信计划;

②了解本搜救区域及邻近搜救区域内的现有通信设施;

③了解有关船舶/航空器通信的实际困难,以及克服这些困难的可能方法;

④了解该搜救责任区域内的可用操作频率等。

（4）瞭望人员

由于人在海面上瞭望的视程受当时的能见度、海况、太阳的位置以及搜寻目标的影响,与一般的驾驶台值班瞭望相比,搜寻海上遇险目标相对困难。因此,为保持良好的瞭望,应进行熟悉遇险信号、使用有效的搜寻方法、准确报告发现物以及识别船舶/航空器沉没迹象的培训。

（5）救生艇船员

救生艇船员接受一切被指派和可能承担的职责的训练。

（6）补给库(后勤保障)工作人员

海上搜救需要大量的设备和物品,补给库工作人员承担维修、检查、包装或重装救生筏、降落伞、救生用具和救生包件的工作,如将降落伞安装在容器、救生筏上;将容器和救生筏连结在一起;将用具装载并系妥在航空器的海面单位上,及时盘点和补充救生用品等。

3. 其他搜救力量组成人员

其他搜救力量组成人员包括通信、医疗以及商船船员等。通信和医疗培训一般按照其承担的海上搜救职责的要求进行;商船船员在搜救知识和技能方面的学习和训练按《1978年海员培训、发证和值班标准国际公约》(1978年STCW公约马尼拉修正案)的要求进行。

很明显,救助船船员的知识要求和培训要求不同于一般商船,这是由其特殊的工作环境和工作性质所决定的。总体来说,这部分船员除货运知识要求不高外,在其他要求上应该高于一般商船船员。

（四）我国的救助训练

我国专业救助单位人员培训按照《交通运输部救助打捞局救助训练与考核大纲》进行,重点培训救助技能、救助操船和救助设备。

1. 救助技能训练

（1）堵漏,消防救生。

（2）收、放救生艇。

（3）救生(助)艇海面搜寻救捞落水人员。

（4）接应救生艇(筏)。

（5）救捞落水人员。

（6）接收遇险人员的准备。

（7）夜间搜寻、救捞落水人员。

（8）运送、转移伤病员。

（9）接拖训练。

（10）配合直升机转运伤员。

2. 救助操船训练

（1）救生艇/高速救助艇大风浪中操作。

（2）救助船靠、离操作。

（3）救助船定点操纵。

（4）救助船定点抛锚。

（5）靠、离训练。

（6）傍拖及靠、离泊位。

（7）拖带航行。

（8）搜救训练。

3. 救助设备训练

（1）吊机。

（2）救生吊篮。

（3）气胀式救助平台。

（4）拖缆机、吊艇机。

（5）救助筏、救生网。

（6）燃料克星(一种灭火介质,行业内公认效果好)。

（7）消防炮操作。

（8）撇缆枪及撇缆。

二、海上搜救演习

海上搜救演习是指各级政府及其部门、企事业单位、社会团体等组织相关单位及人员,依据海上应急预案,模拟应对海上突发事件的活动。搜救演习的目的是:

(1)检验预案。通过开展应急演练,查找应急预案中存在的问题,进而完善应急预案,提高应急预案的实用性和可操作性。

(2)完善准备。通过开展应急演练,检查应对突发事件所需应急队伍、物资、装备、技术等方面的准备情况,发现不足及时予以调整补充,做好应急准备工作。

(3)锻炼队伍。通过开展应急演练,增强演练组织单位、参与单位和人员等对应急预案的熟悉程度,交流工作经验,提高其应急处置能力。

(4)磨合机制。通过开展应急演练,进一步明确相关单位和人员的职责任务,理顺工作关系,完善应急机制。

(5)科普宣教。通过开展应急演练,宣传和普及海上应急知识,提高公众海上风险防范意识和自救互救等灾害应对能力。

(一)演习的种类

演习分为桌面推演、单项演习、综合演习和电子演练四种。其他种类的演习如区域性演习、联合演习、模拟演习和实战演习等可视为这四种演习的具体应用。

1. 桌面推演

桌面推演是指参演人员利用海图、沙盘、流程图、计算机模拟、视频会议等辅助手段,选择特定的水域环境,并基于搜救服务区内可以利用的救助资源,根据预案规定针对事先假设的海上险情,通过情景再现、信息注入,交互式讨论,模拟应急状态下应急行动的演练活动。

桌面演练注重程序的讨论和推演,通常在室内完成,有一定程度的现实感。通过现场检验、讨论、评估、重新调整方案,最终达到促进相关人员掌握应急预案中所规定的职责和程序,提高指挥决策和协同配合能力的目的。

2. 单项演习

单项演习是指针对应急预案中某项应急响应功能开展的演练活动。

单项演习注重针对一个或少数几个参与单位(岗位)的特定应急响应功能或现场处置方案中一系列应急响应功能进行检验。

通信演习——根据事故情景,在应急救援相关部门或人员之间进行音频、视频信号或数据信息互通,确保实际发生紧急情况时的通信能力,并检查其实际值班情况。

协调演习——根据事先制订的搜救计划,针对各种事故情景进行模拟反应,涉及各层次的搜救组织和调动安排,但不包括调动设施。

医疗演习——针对预案中船—岸医疗指导、医疗转移、医疗救助工作开展的演练活动,检验船舶与岸基医疗单位通信、医疗单位启动海上医疗应急反应预案情况。

其他搜救涉及的单项事项的演习,如资源调动、公共信息传播等。

3.综合演习

综合演习也称实战演习或实地演习,是指涉及应急预案中多项或全部响应功能的演练活动,其注重对多个环节和功能进行检验,特别是对不同单位之间应急联动机制和联合应对海上灾害能力的检验。

综合演习通常选择海上具有代表性的某一特定水域,事先在现场设置一种或几种事故险情,布置参与演习单位的船(艇)和应急设施,基于演习时刻水文气象条件和险情特点,根据演习规定程序和救助方案开展真实的搜救行动。

海上综合演习在明确职责、熟悉程序、提高各搜救力量协作水平和处置技能、发现缺陷等方面起到十分重要的作用。但是,综合演习周期长、成本高、环境变化多,完善的事前布置和心理准备无法实现对应急行动在突发性、紧迫性、多样性等方面所应有的训练,造成演练效果与真正的救助效果存在一定差距。

4.电子演练

电子演练是一种新兴的演练形式,作为综合演习的补充手段,除险情虚拟化外,可以实现环境真实化、程序标准化。

电子演练通常以电子海图为平台,利用无线电通信技术和计算机模拟仿真技术,集成险情、搜救气象水文、自然环境、搜救资源和其他搜救工作所使用的信息,在可视化的桌面上,针对不同的虚拟事故险情,根据演练规定程序和救助方案开展设想的搜救行动。电子演练能够严格按照规定的演习内容开展,可重复地针对虚拟的各种险情进行搜救各环节的演练,具有演练多样化、规范化和可以客观评估的特点。

(二)演习方案编制

演习方案编制内容主要包括:

1.应急演练的目的及要求

应急演练的目的及要求也称必要性分析,如法规、预案规定的周期性演练,预案更新后的适应性演练,海上安全形势变化的针对性演练,搜救新技术/新设备检测性演练和提高应急响应熟练程度演练等。

2.应急演练事故情景设计

应急演练事故情景设计即为选择一个具体的险情。根据应急演练的目标要求,按照海事发生与演变的规律,事先假设海事发生过程,描述海事发生的时间、地点、状态特征、波及范围、水域环境、可能的后果以及随时间的演变进程等内容。该险情符合本水域的事故特征,达到模拟测试计划要素所要求的真实程度,并与本地资源能力相符合。

3. 应急演练规模及时间

应急演练规模及时间应取决于搜救机构的级别、对搜救机构的预期要求、上级机构介入的程度、距上一次演习的时间和总体的经济考虑(如人身保险、设备损耗及财产损失)。

4. 参演单位和人员主要任务及职责

根据演练目的确定参演单位种类和人员规模;根据演练内容确定参演单位和人员的任务职责。

5. 应急演练筹备工作内容

演练前期的准备工作主要包括建立临时的演练组织机构、演练策划与设计、演练文件编制、演练保障安排等。

在演练文件中,可根据需要,编制演练脚本,作为演练工作方案具体操作实施的文件。演练脚本一般采用表格形式,主要内容包括:模拟的事故情景;处置行动与执行人员;指令与对白、步骤及时间安排;视频背景与字幕;演练解说词等。

6. 应急演练主要步骤

通常对下述工作进行安排:组织各参演单位和人员熟悉演练任务和角色;组织预演;演练安全检查;应急演练的实施;安排演练记录;做好评估准备;宣布演练结束。其中,应急演练的实施是核心内容,应针对事故情景,根据预案中规定的处置步骤和方式开展具体的应急行动。

7. 应急演练技术支撑及保障条件

对人员保障、经费保障、物资和器材保障、水域保障、安全保障、通信保障和应提供的其他保障措施做出安排。由于演练可能出现意外情况,保障方案中应包括发生意外情况的应急方案。

8. 应急演练评估与总结

制定演练评估方案,包括收集演练信息、明确评估内容、建立评估标准、设定评估程序、制作评估用到的评估表格。

评估总结工作应注意收集齐全总结所需材料(如演练记录、演练评估报告、应急预案、现场总结等),确定报告撰写人员。

(三)演练评估

演练评估是指演练评估分析人员通过观察和记录演练活动,围绕演练目标和要求,对参与人员的表现、演练活动准备及其组织实施过程做出客观评价,并编写演练评估报告的过程。通过评估发现应急预案、应急组织、应急人员、应急机制、应急保障等方面存在的问题或不足,提出改进意见或建议并总结演练中好的做法和主要优点等。

1.评估依据

（1）有关法律、法规、标准及有关规定和要求。

（2）演练活动所涉及的相关应急预案和演练文件。

（3）演练单位的相关技术标准、操作规程或管理制度。

（4）相关海事应急救援典型案例资料。

2.评估组构成与职责

评估组由海上应急管理方面专家和相关领域专业技术人员或相关方代表组成。规模较大、演练情景和参演人员较多或实施程序复杂的演练，可设多级评估，并确定总体负责人及各小组负责人。

评估组负责对演练准备、组织与实施等进行全过程、全方位的跟踪评估。应在演练水域内的关键地点和各参演应急组织的关键岗位上观察。演练结束后，应及时向演练单位或演练领导小组及其他相关专业工作组提出评估意见、建议，并撰写演练评估报告。

3.评估内容与评估标准

根据演练总体目标和各参演机构的目标，以及具体演练情景事件、演练流程和保障方案，明确演练评估内容和标准或要求。

一般可事先制订好演练评估表格，如"演练准备情况评估表"可从演练策划与设计、演练文件编制、演练保障三个方面进行；"实施情况评估表"可包括预警与信息报告到现场控制与恢复等应急响应全过程（可根据目标取舍）涉及的事项。每个事项包括演练目标、评估方法、评估标准和相关记录项等。

4.评估方式

评估方式可采用与评估人员访谈、演练参加者汇报（自我评估）以及会议讨论等方式。

（1）评估人员访谈。评估人员在演练过程中，客观地记录演练人员完成每一项关键行动的时间及效果，填写评估表格。在演练结束后，评估人员还可以通过与参演人员交谈、向参演应急组织索取演练的文字材料等方式进一步搜集与演练相关的信息，以便准确评估演练效果。

（2）演练参加者汇报。演练参加者主要指的是参加演练的演练实施人员和观摩学习人员。评估人员可在演练结束后向参加者统一发放反馈表格，填写后交给评估人员评阅；也可以采用访谈的形式，对参加者提出一系列事先准备好的问题。评估人员对表格及交谈的内容进行整理，并结合现场记录一同进行汇总，以便做进一步的总结和分析。

（3）召开演练讲评会。演练讲评会应在演练结束后进行,所有参演部门均应参加。会议首先由演练评估人员代表对演练的基本情况进行总结;总结的内容既要肯定参演各方在演练过程中的表现,又要客观指出参演部门在演练过程中暴露的问题。在评估人员发言结束后,应安排其他与会人员做自我汇报,重点应围绕评估人员提出的问题展开讨论。演练讲评会需要安排专人做好会议纪要,以作为问题跟踪、整改的依据。

5.评估报告

演练评估报告内容一般包括:

（1）演练基本情况。演练的组织及承办单位、演练形式、演练模拟的事故名称、发生的时间和地点、事故过程的情景描述、主要应急行动等。

（2）演练评估过程。演练评估工作的组织实施过程和主要工作安排。

（3）演练情况分析。依据演练评估表格的评估结果,从演练的准备及组织实施情况、参与人员表现等方面具体分析良好的做法和存在的问题以及演练目标的实现、演练成本效益分析等。

（4）改进的意见和建议。对演练评估中发现的问题提出整改的意见和建议。

（5）评估结论。对演练组织实施情况综合评价,并给出明确的评价结论。

第四节　搜寻救助系统评估

一、国家和地区搜救系统评估

对国家和地区的搜救系统评估主要体现在对搜救服务提供者的责任、要求、能力三个方面进行评价。评估的主要目的是为系统的改进提供事实依据。其中:

（1）责任是指搜救服务范围,包括服务的水域和对象。

（2）要求是指搜救服务标准,如是否全面覆盖,是否全天候运行,是否合理利用了现有资源,是否合理把握救援者和遇险者的人身安全。

（3）能力是指搜救服务的质量和效果,即搜救任务完成情况。

《国际航空和海上搜寻救助手册》(International Aeronautical and Maritime Search and Rescue Manual)第一卷(组织管理)附录 H 提供了国家或地区自我评估调查表。

（1）发生搜救的事件数。

（2）系统反应的次数。

（3）搜救设施出动次数。

（4）获救人数。

（5）死亡人数。

（6）以其他方式援助的人数。

（7）损失财产的价值。

（8）获救/接受援助财产的价值。

（9）避免的财产损失。

（10）出动花费的时间。

除此之外，数据统计还涉及搜救设施的类型、救助对象的类型、搜救事件的地理分布、离岸距离、报警方式、对遇险人员或财产的定位方法、搜救事件的性质和原因等。

二、搜救行动评估

搜救行动评估是对涉及搜救行动相关情况做出的客观判定。主要针对以下内容进行调查评估。

1. 遇险主体情况及现场环境

（1）险情概况：时间、地点、经过、险情的类型。

（2）遇险方的救助要求、危险程度及可能引发的次生灾害。

（3）现场气象海况和其他客观条件及影响。

（4）遇险方报警的及时性、自救行动的有效性。

2. 预警预防机制

（1）预警预防机制的建立及运行情况。

（2）采取的相应预警行动及其效果。

（3）应急救助准备工作情况。

3. 海上突发事件的分级与上报

（1）险情级别判定情况。

（2）险情信息报告情况。

4. 应急响应和处置

（1）海上险情报警信息分析处置情况。

（2）搜救行动协调指挥人员就位情况。

（3）搜救方案制定情况，采取的搜救措施及手段。

（4）搜救联动机制的运行情况。

（5）救助力量派出情况。

（6）搜救现场协调员的指定情况。

（7）应急通信机制建立情况、实际运作情况。

(8)搜救方案的调整情况。

(9)搜救机构指令下达情况。

(10)搜救指挥机构对现场救助力量的指挥情况,现场向搜救指挥机构报告险情救助行动的进展情况。

(11)海上搜救行动的中止与终止决定情况。

(12)新闻发布情况。

5.后期处置及应急保障

(1)搜救行动的后期处置工作情况。

(2)承担应急保障相关职责的部门的工作开展情况。

6.搜救行动的投入成本,经济、社会效益

(1)使用的船(艇)飞机艘次情况及其他专用设备使用情况。

(2)获救船舶及财产情况和社会反响。

三、有效性和效率

搜救系统的有效性也受到外部因素的影响,如特别恶劣的自然条件、较大的自然灾害、导致大量人员获救或损失的个别事件。尽管如此,长期的统计还是能够反映系统的有效性的趋势。

防止人命损失的有效性 $EFF(L) = LS/(LS + LLA)$

防止财产损失的有效性 $EFF(P) = PLP/(PLP + PL)$

式中,LS——获救的人数;

LLA——报警后的死亡人数;

PLP——避免损失的财产价值(若搜救系统不实施财产救援,对可能造成的财产损失进行估算);

PL——损失的财产价值。

需要指出的是,在搜救系统获得报警告知之前,人员是不可能被系统救助的,故从人命救助有效性的计算中排除。告知后的人命损失量,反映出其他可能被救助人命的潜在数量。

研究表明,大约1/3的死亡发生在搜救系统告知之后至救助力量到达之前,或是由于伤、病情过重无法救治造成的。其余的人员损失可归咎于搜救系统的问题。

系统效率 = $EFF(L) \times 100\ 000/$ 直接搜救计划的费用

第五节　搜寻救助系统经济、社会效益评价

利用海上搜寻救助系统开展的搜救服务,不但可以减少海上人员伤亡、财产损失和海洋污染,产生直接经济效益,还可以为海上相关产业提供更安全、更有保障的环境,促使人类更多地利用海洋、产生潜在的经济效益和社会效益。

搜寻救助系统的经济效益是指搜救系统建设和运行成本支出与救助成果之间的比较。

搜寻救助系统的社会效益是指搜救活动对航运发展所起的积极作用或产生的有益效果以及为国家或地区带来的声誉和信任程度。

开展搜寻救助系统经济、社会效益评价的意义在于:

(1)使人们认识到搜寻救助系统的重要性,提高社会支持率。

(2)为搜寻救助系统的持续改进、资金进一步投入和获得社会帮助提供合理性依据。

(3)科学制定搜救应急规划,优化应急响应行为,实现合理的搜救应急投入和资源配置。

一、应急成本、响应效益及度量

(一)应急成本

应急成本是为开展应急管理工作而发生的各项费用的总和。应急管理包括事前、事中和事后三个阶段的管理,因此,应急成本也分为三个阶段支出,形成事前支持类成本、事中响应类成本和事后补偿类成本。

1. 事前支持类成本

事前支持类成本是指为预防应对险情的发生而投入的各种费用,包括常态下的安全管理、宣传、教育、培训、演练、意外伤害保险、应急设备装置采购费用,应急响应之前的监测、预警、预防准备等费用。

2. 事中响应类成本

事中响应类成本是指针对特定类型和级别的突发事件采取相应的响应措施需要付出的代价。响应的资源耗费主要是响应行为实施过程中所耗费的各种能源、资源、物资以及人力资源等。例如,在事故抢救中需要投入专业技术人员、机械设备设施、安全防护设备设施等大量的人、财、物;可能需要停止其他政府管理服务项目和企业生产任务,如果这些管理服务内容用于提供关键业务,则中断工作就会带来相应的损失,企业生产任务就会暂停或失去营运机会。

3. 事后补偿类成本

事后补偿类成本是指当地政府给予参与应急工作的企事业单位或个人的特别救济,以减轻经济损失和激励参与的积极性,包括补偿和奖励两个部分。

补偿类成本是政府向受损者的经济投入,政府扩大了应急成本,参与者减少了应急成本,因此,单从应急成本的总量上看,补偿类成本对应急行动的总成本没有影响,但在计算政府投入上仍然具有实际意义。

(二)响应效益

响应效益包含防止和减少突发事件及其造成或可能造成的损害,保障公众的生命财产安全,维护国家安全和社会稳定,促进经济社会全面、协调、可持续发展等方面。

根据不同的标准,响应效益也具体包括不同的类型。

1. 直接效益和间接效益

直接效益包括因单次响应行为而减少的突发事件损失(如人员伤亡、财产损失、环境破坏等)的总和。

间接效益是指应急响应所减少的突发事件损失以外的其他效益,如对社会心理、社会舆论、国家形象等的影响。

2. 短期效益和长期效益

短期效益包括响应行为实施后对受灾对象、受灾环境所带来的短期内的好处。短期效益一般来说比较清楚准确。

长期效益是指应急响应行为对政府、社会等中期和长期的积极影响。

3. 有形效益和无形效益

有形效益可以用货币定量,主要源于应急响应行为所直接带来的各种显性效益,如有效挽救生命、保障财产安全。

无形效益难以直接用货币来定量计算,但可以通过一些评估技术将其做近似的量化,它源于应急响应行为所直接带来的各种无形效益,如对人们的心理、国际影响和声誉、国家形象和利益、社会舆论和稳定等方面所带来的积极影响。

(三)度量

1. 度量的原则

经济+社会。由于应急管理是全社会关注的公益事业,经济影响和社会影响并存,因此,度量时既要计算经济效益,又要计算社会效益。

直接+间接。任何险情都发生在一定的自然环境和社会环境当中,当救助目标脱险后,除获救者本身直接受益外,自然环境和社会环境均得到保护,间接获得效益。

计算+估算。实物和显见的效益可以直接用货币计量,无形的和隐性的效益难以用货币反映,甚至较难数量化,只能进行估算。

实际+预期。实际效益以当时状态为依据,预期效益与未来生产和规划相结合。

2. 成本与效益量化特点

(1)成本容易量化

应急响应行为的成本很多属于可以衡量的硬项目,具有清晰、硬性、显性、真实、具体、准确等特征,因此,可进行比较准确的货币化测算。

(2)效益不易量化

响应效益在量化方面存在很大的困难。应急响应行为的效益很可能是不可衡量的软项目,具有模糊性、软性或隐含性特征,总体比较粗糙,因此,在量度上和操作方面存在很大的困难。如人的生命、健康,国际影响和声誉,国家形象和利益等指标在度量化和货币化方面存在很大的困难。

(3)新生突发事件成本与效益都不易量化

突发事件具有外部性和不确定性等特征。外部性也称外在效应或溢出效应;不确定性是指事物发展结果有多种可能性,它表达了行为与结果之间难以预测的关系。根据事件的外部性强、弱和不确定性高、低,可把突发事件分为四种类型,如表 3-2 所示为外部性/不确定性的突发事件分类。

表 3-2　外部性/不确定性的突发事件分类

不确定性／外部性		事件的不确定性	
		低	高
事件的外部性	强	扩散型常规事件 (示例:常见海上险情)	扩散型新型事件 (示例:新船种火灾爆炸)
	弱	固定型常规事件 (示例:传统自然灾害)	固定型新型事件 (示例:新型自然灾害)

①扩散型常规事件(如火灾引起爆炸、碰撞引起污染),这类突发事件具有较强的外部性,容易迅速扩散和转移到始发地之外的其他领域,但事件崭新程度较低,事态发生、发展和变化的过程比较确定,为决策者熟悉。

②扩散型新型事件(如 LNG 船舶各类事故),这类突发事件的外部性强,不确定性程度高,传播速度快,波及范围广,危害严重。

③固定型常规事件(如各种传统的自然灾害和技术事故),这类突发事件发生、发展及后果的确定性程度较低,崭新程度低,事件为决策者熟悉,同时事件的外部性较弱,影响的范围和后果都比较有限。

④固定型新型事件(如各种新型自然灾害),这类突发事件外部性比较弱,其影响范围和后果比较有限,但事件具有较高的不确定性,发展变化的过程不为决策者熟悉。

二、搜救投入成本

(一)事前支持类成本

事前支持类成本是指为预防应对海上险情前期投入的各种费用,一般包括:

1. 人工成本

人工成本是专门承担搜救管理职能人员的费用,主要指工资和福利。

2. 日常花费开支

按照本地海上搜救有关规定、预案等法规和规范性文件的要求,为有效应对海上突发事件列支的基本财政投入。如搜救中心日常办公用品、办公耗材;通信、网络费用;气象服务费;搜救中心会议费;教育、培训费用等。这些基本投入每年大体相同。

3. 搜救专用装备投入

搜救专用设备包括搜救指挥系统平台、移动通信车辆等。这些投入按使用周期折算成每一年的费用。

4. 其他专用设备、设施维持费用

海上搜救中心购置、更新与维护海上搜救设备/设施经费。

5. 应急物资费用

应急物资费用包括各种防污类、救生类、防护类的消耗、损耗和维护费用。

6. 海事/搜救兼用类设备投入

目前,我国的海上搜救中心设在各地海事局,海事监管辖区与搜救责任区范围相同,海事装备都对辖区内的海上搜救应急提供了支持和保障,特别是 VTS、VHF 等监管设备为搜救的决策和指挥发挥了不可替代的作用。

在计算上,按照每年救助行动次数、每次行动时间,合计成每年使用天数的百分比,对照这些设备每年的使用维护费计算。

每次搜救行动完成后,VTS 都要继续加强值班、拆除应急航标以恢复通航环境和交通秩序,加上 VHF 也因此而产生额外费用。所以,实际费用要超过上述额度。

7. 搜救演习投入

海上搜救中心计划开展海上综合搜救演习、通信演练和桌面推演等,各种演习有多个部门、多种应急船舶和设备投入使用,发生较大的费用。该费用由演习后评估报告中的经济费用项确定。

（二）事中响应类成本

事中响应类成本是指海上险情处置过程中产生的实际支出。这类成本一般有：

1. 船舶燃油费用

参与救助的船舶分为港作船舶、过往商船、渔船和专业救助船舶，船舶燃油费用以船舶单位油耗、实际参与时间和燃油价格计算。

2. 救助飞机燃油费用

救助飞机燃油费用一般以飞机实际参与次数计算。

3. 出海人员补贴

出海人员补贴以本单位海上作业补贴标准计算。

4. 指挥人员与技术人员补贴

指挥人员与技术人员补贴包括搜救部门和各相关部门人员加班、专家咨询等费用。

5. 航标应急费用

航标应急费用包括海上救助现场的应急航标设置与撤除、现场通信、海底残留物扫测等实际费用。

6. 通信及其他费用

通信及其他费用包括险情发生后开展搜救组织、协调和指挥等应急通信费用。

（三）事后补偿类成本

事后补偿类成本是指当地政府给予参与海上救助的单位或个人的特别救济，以减轻经济损失和激励其参与海上救助的积极性，包括搜救奖励和搜救补偿两个部分。

1. 搜救奖励

搜救奖励范围和额度根据国家和本地有关奖励办法执行。如我国财政部、交通部《海（水）上搜救奖励专项资金管理暂行办法》（财建[2007]465号）规定，参与特大事故搜救的奖励标准最高不超过4万元/次，参与重大事故搜救的奖励标准最高不超过3万元/次。

2. 搜救补偿

搜救补偿额度根据参与救助的设施种类和持续时间计算，同时考虑延误船期、燃油涨价、材料消耗以及人员工资的支出等。

上述支出按当年实际发生额计算。

三、经济、社会效益

经济、社会效益也称作应急响应的效益，包含防止和减少海上险情及其造成或

海上搜寻与救助(第2版)

可能造成的损害,保障海上人命财产安全,维护港口生产安全,促进航运经济和海洋事业健康发展等方面。

应急响应的效益包括直接经济效益、间接经济效益和社会效益。

(一)直接经济效益

直接经济效益是指因单次应急响应行为所减少的突发事件损失(如人员伤亡、财产损失)的总和。

1. 挽救生命(价值)

人的生命是无价的,但仅从经济角度来看,人的价值可以体现在其为社会创造的劳动价值上,包括最终产品和劳务价值,可以称作人均国内生产总值(GDP)。按照我国小康社会指标标准:

(1)人均 GDP 31 400 元。

(2)居民可支配收入 15 000 元。

(3)预期寿命 75 岁。

(4)为社会工作时间(年):$T_1 =$ 退休年龄(55~60 岁退休)-开始工作年龄。

(5)退休后享受保险(居民可支配收入)时间(年):$T_2 =$ 75 岁-退休年龄。

以此为基准计算,每获救 1 人带来的经济价值 Q 为:

$$Q = 31\ 400\ 元/年 \times T_1 + 15\ 000\ 元/年 \times T_2$$

2. 获救财产价值

获救财产价值按照获救船舶价值、货物价值、船员或旅客行李价值等实际价值计算。

(二)间接经济效益

间接经济效益是为海上相关产业提供更安全、更有保障的环境后产生潜在的经济效益。这些产业主要包括港口运输业、海洋渔业、海洋旅游业等。间接经济收益难以准确确定,只能用一般规律和宏观数据进行估算。

1. 估算基本依据

(1)据联合国有关资料统计,世界上发达国家事故预防和应急救援措施的投入占国民生产总值(GDP)的 3.5%。

(2)国际劳工组织(ILO)编写的《职业卫生与安全百科全书》提出:"可以认为,事故的总损失即是防护费用和善后费用的总和。在许多工业国家中,善后费用为 GDP 的 1%~3%。事故预防费用较难估计,但至少等于善后费用的 2 倍。"

(3)原国家安全生产监督局 2003 年《安全生产与经济发展关系研究》发现,安全生产对社会经济的综合贡献率为 2.4%;不同危险行业的安全生产经济贡献率为:高危行业约为 7%,一般危险行业约为 2.5%,低危行业约为 1.5%。

(4)间接效益是直接效益的 4 倍。

— 52 —

（5）港口每万吨吞吐量产生 GDP 量值。

2.估算方法（仅以安全对生产的贡献率为例）

设某港口吞吐量为 T（万吨）/年，每万吨吞吐量产生 GDP 为 X（万元）。港口运输业为高危行业，故经济贡献率取 7%，则

$$每年港口间接经济效益：Q_1 = T \times X \times 7\%（万元）$$

设某市海洋渔业总产值为 Y 亿元。海洋渔业生产属于高危行业，按照 7% 的安全生产贡献率，则

$$每年海洋渔业间接经济效益：Q_2 = Y \times 7\%（亿元）$$

设某市海洋旅游总收入为 Z 亿元。海洋旅游业属于一般危险行业（有的归为高危行业），按照 2.5% 的旅游安全贡献率，则

$$每年海洋旅游间接经济效益：Q_3 = Z \times 2.5\%（亿元）$$

$$总的间接经济收益为上述各行业收入之和：Q = Q_1 + Q_2 + Q_3$$

（三）社会效益

搜救系统的社会效益是指搜救活动为国家、地区、政府、行业和个人带来的良好声誉和积极影响。

社会效益以各种形式来体现，如提升国家的国际形象、提升城市的文明形象、增加人们对政府的信赖程度、提升行业或企业的知名度以及个人名气等。这些社会效益最终会逐渐转化为经济效益。

四、经济、社会效益分析

完成上述各项计算和估算后，对持续改进搜救系统提供数据支持。

（1）最终效益值。系统运行获得的各项收益之和及减去各项成本支出总和。最终效益值为搜救系统建设的合理性和必要性提供支持。

（2）投入分配比例。支持类、响应类、奖励补偿类三项支出的比例关系，反映了保持系统正常运行的资金投入规律，为合理制定搜救资金分配计划提供依据。

（3）单次投入。单次投入是指本地区年度搜救次数与每年的投入之比，该数据与全国和其他地区的单次投入数据比较后才有意义。如果高于平均数，则说明应急资源使用存在某种浪费或称反应过度。如果低于平均数，在救助成功率相当的前提下，说明应急资源使用合理，指挥得当；如果救助成功率明显较低，说明应增加应急资源建设和使用或提高搜救指挥水平。

（4）单船投入比和单船效益比。单船投入比是指年度投入总额与获救船舶艘数之比；单船效益比是指年度效益与获救船舶艘数之比。单船投入比反映了船舶交通量增长对搜救投入的客观需求；单船效益比对确定重点救助船舶提供帮助。

第六节 海上搜救应急预案

一、应急预案的主体

海上搜救应急预案是海上搜救单位针对可能发生的海上突发事件或海上事故,为迅速、有序地开展海上应急行动而预先制定的行动方案,是指导海上搜救应急工作的规范性文件和开展海上搜救行动的指南。

应制定海上搜救应急预案的单位包括海上搜救中心、海上专业救助单位、航运企业和有海上搜救职责的其他单位或组织。

海上搜救中心制定的海上搜救应急预案,针对本搜救责任区域内可能发生的海上搜救事件,重点描述本地海上搜救工作原则、搜救组织结构框架、各有关单位的职责和搜救组织指挥工作程序等。该预案将被纳入本级政府的突发事件应急的总体预案中,成为规范海上搜救工作的政府文件。

海上专业救助单位制定的海上搜救预案在结构上与海上搜救中心的大体相同,但内容侧重于海上搜救作业环节,一般会针对每一种险情提出具体的应急救援方案,有时也会对同一种险情在不同救助环境下的救助措施予以明确。由于其技术性强,该方案和措施通常会成为本行业的参照标准。

航运企业的海上搜救应急预案是根据本企业的经营风险,针对船舶在营运过程中可能发生的各种不同的具体事故或险情制定的应急处置和预防措施。该预案主要描绘本企业内部的应急反应程序、各部门职责和本船的自救措施,但也包括与外来救助力量的配合以及对他船实施救助时的工作内容。

有海上搜救职责的其他单位或组织有两类,一类是搜救中心预案中的有关单位(也称搜救成员单位),按照其约定的具体职责(与成员单位留下的“接口”)制定相应的预案,如医疗单位制定其承担的海上医疗咨询、医疗救援和医疗转移预案;通信部门制定海上遇险通信保障或特殊技术需求支持预案(如通信替代措施、手机定位等);气象部门提供海上搜救特殊需求的气象信息等。另一类是本单位有海上搜救的基本职责,如涉海单位、航海保障部门、潜水单位等,这些单位制定的预案,既可满足本单位的工作需求,也可为响应搜救中心的搜救协调做好准备。

二、应急预案的层级

1. 以预案主体划分的层级

从预案主体来考虑,预案层级是指本预案在政府所制定的预案或企业所制定的预案中所处的位置,是预案管辖范围的一种表现形式和分级响应的一种手段。

预案主体是政府的,其预案层级就是本政府的行政级别,如国家级预案、省级预案、地市级预案和县(区)级预案;预案主体是企业的,其预案层级就是本企业的管理层级,如公司(总公司)预案、分公司(子公司)预案、部门预案等。

各层级的预案的业务性质相同,都为应急响应做好准备,但管辖范围和响应级别不同。

每个海上突发事件的应急响应都应该由有能力处置的最低层级的预案主体进行处置,启动该层级的预案。当事件超出该层级的应对能力时(如搜救人员、设施、技术等资源不足),则需要邻近地区或上个层级(上级政府或上级部门)的支持。随着事件规模、波及范围和处置复杂性的增大,事件所涉及的政府或部门将层级依次升高,直至国家层级,有时甚至需要国际社会的支援。因此,海上搜救应急预案层级中政府预案层级为:

县(区)级海上搜救中心→市级海上搜救中心→省级海上搜救中心→国家级海上搜救中心

航运企业预案层级为:

船舶→部门→分公司→公司

2. 以国家应急救援体系划分的层级

国家应急救援体系以应急反应行动次序来构建,以遇险单位(公司、部门、船舶、个人)的自救为起始点,升级到政府参与的外部救援,实质是将政府应急和企业应急作为一个整体来看待,这样,预案层级可分为:

企业级→县(区)级→地市级→省级→国家级

需要特别指出的是,不管企业是逐级启动预案还是直接向政府请求救援,接警的海上搜救中心均应启动本级预案,在企业实施内部救援的同时,积极组织开展外部救援。

三、应急预案体系

制定海上搜救预案的单位为提高预案的适用性,通常会有针对性地制定不同层次的预案,用以更加细化和明确各项搜救事宜,使预案文件成为一个预案体系。

预案体系一般分为总预案、分预案、专项预案或工作方案以及应急预案操作手册。

1. 总预案

总预案是本单位的整体预案,预案结构和内容严格按照国家或行业有关规范或标准编制,涵盖事前、事中和事后有关应急的各项事务。由于预案通常以预案体系整体实施,所以总预案以岸基支持与集中指挥为主,侧重应急救援活动的组织协调,从总体上阐述海上突发事件或海上事故的应急方针、政策,明确应急组织结构及相关应急职责,应急行动、措施和保障等基本要求和程序,是应对海上各类突发事件的综合性文件。

2. 分预案

分预案是针对具体的不同突发事件类别而制定的应急救援方案。事件类别一般分为:特殊对象,如客船、危险品船、渔船、飞机等;常见事故,如碰撞、搁浅、触礁、火灾、爆炸、灾害性天气等;特殊险情,如沉没、翻扣、船舶失控、人员落水等。分预案是总预案的组成部分,要与总预案相互衔接,按照总预案的程序和要求组织制定,并作为应急预案的附件。

3. 专项预案或工作方案

专项预案或工作方案是专门针对某些事故险情制定的应急处置措施。专项预案立足于现场,根据风险评估及危险性控制措施逐一编制,是对分预案的进一步补充和细化,使现场操作更加具体。

4. 应急预案操作手册

应急预案操作手册是预案体系文件的组成部分,是处置海上突发事件或事故的支持性文件,也是供有关人员学习、参考、查实的工具书。手册汇集了海上搜救工作需要经常使用的资料,如有关公约、法规、规范、标准和岗位职责、使用说明书及各种数据、图表等,有时也对预案中某些特定任务及行动细节进行说明。它通常按类进行编排,便于查找。

预案体系中的总预案、分预案、专项预案或工作方案以及应急预案操作手册等,应有效衔接和相互呼应,才能最大限度地发挥其使用功能。

目前,我国制定的搜救应急预案如下:

(1)《国家海上搜救应急预案》。

(2)《沿海客船遇险应急处置预案》。

(3)《内河客船遇险应急处置预案》。

(4)《民用航空器海上遇险应急反应处置预案》。

(5)《水路旅客运输紧急疏散和救援预案》。

(6)《救助遇险客滚船预案》。

(7)《搜救弃船、落水、失踪人员或艇(筏)预案》。

(8)《大风浪中救助遇险人员预案》。

(9)《救助失控遇险船舶预案》。

(10)《救助搁浅、触礁遇险船舶预案》。

(11)《救助碰撞遇险船舶预案》。

(12)《救助冰困遇险船舶预案》。

(13)《救助碰撞液化气船预案》。

（14）《救助遇险失火船预案》。

（15）《救助遇险油船预案》。

（16）《救助海（水）上遇险航空器预案》。

（17）《救助翻扣船舶预案》。

（18）《救助涉外渔船预案》。

（19）《国家海上搜救手册》。

为配合海上搜救工作的顺利开展，搜救应急其他相关部门也制定了一些相应的应急预案。

四、应急预案的编制

应急预案应该在辨识和评估海上潜在的重大危险、事件与类型、发生的可能性、发生过程、事件后果及影响严重程度的基础上，对应急机构的职责、人员、技术、装备、设施（备）、物资、救援行动及其指挥与协调等方面预先做出的具体安排。应急预案编制应满足如下要求：

1. 符合性

不同类型的险情处置需要不同门类的专业知识和设施设备来支撑，同一类型险情由于时空等具体条件的不同，处置原则和措施也不尽相同。必须在全面调查研究的基础上，开展分析论证，制定符合本地水域特点、事故规律、资源储备和技术能力的处置方案。在预案结构上，要满足国家发布的预案制定框架，特别是应当完整包括突发事件事前、事中、事后各个环节，明确各个应急环节中所做的工作。应急预案应符合有关国际公约、国家法律、法规、规章、协议的要求。

2. 针对性

要针对本险情现状和趋势进行深入细致的调查研究，从中发现和抓住规律和特点，从成功经验或失败教训中归纳分析出有效做法，并提炼上升后研究制定应急预案。不同类别应急预案的作用和功能不同，在编制时应当有所侧重，区别对待：

（1）政府总体应急预案应当体现在"原则指导"上。

（2）专项应急预案应当体现在"专业应对"上。

（3）部门应急预案应体现在"部门职能"上。

（4）基层单位应急预案应当体现在"具体处置"上。

（5）重大活动应急预案应当体现在"预防措施"上。

3. 操作性

应急预案的文本必需准确无误、表述清楚。每个应急预案要从实际出发，设置组织指挥体系，明确与本单位或部门相适应的应急处置工作职能职责，制定熟练使用的应急反应程序、量化预警和险情分类分级标准及根据实际情况确定应急响应行为。

4. 规范性

编制应急预案要在程序、体例格式等方面力求规范、标准。

编制程序规范。从立项、起草、审批、印发、备案等程序对编制应急预案做出规定,对应急预案的更新、修订进行要求,对应急预案的宣传、培训和演练等动态管理内容提出指导性意见。

内容结构规范。一般要对结构框架、呈报手续、体例格式、字体字号、相关附件等进行规范。

体例格式规范。应急预案编制应当基本统一体例格式标准,符合有关应急预案编制规范或指南的相关要求。

五、应急预案的评估

应急预案评估是指在预案编制完成后、发布实施后和演练完成后,对预案的编制质量和实施效果的评价和总结,是修订和完善预案的重要依据,也是有关法律、法规的明确要求。

1. 评估依据

一般包括五个方面:

(1)相关的法律法规、应急预案、标准导则等,比如《安全生产法》《突发事件应对法》《海上交通安全法》《内河交通安全管理条例》《突发事件应急预案管理办法》《突发公共事件总体应急预案》《生产经营单位生产安全事故应急预案编制导则》(GB/T 29639—2013)等。

(2)应急组织体系或职责的变化,特别是各部门职责分工的变化。

(3)海上遇险情况和突发事件种类的变化。

(4)应急演练、演习活动中发现的问题和不足。

(5)海上搜救工作实践中总结的经验和教训,包括国际上发生的各种搜救实际案例。

2. 评估内容

从预案评估反馈信息的性质上看,一类属于事前信息,如预案编制完成后进行的评估;另一类是经检验的事后信息,如发布实施后和演练完成后的评估。因此,一般情况下,对预案的评估内容分为事前评估内容和事后评估内容。

(1)事前评估

事前评估包括形式评估和要素评估两个方面的内容。

形式评估是依据有关国际公约、国内法律法规和行业规范,对预案的层次结构、内容格式、语言文字、附属项目等内容进行审查。

要素评估是依据有关国际公约、国内法律法规和行业规范,从合法性、完整性、针对性、实用性、科学性和衔接性等方面对预案进行评估。

（2）事后评估

事后评估主要是对预案的实施过程和实施效果两个方面进行评估。

在预案实施过程中出现的诸如不妥或迟缓的搜救决定,协调现场和搜救现场混乱,出现次生、衍生、耦合事故,资源使用不当和搜救设备故障等任何影响处置效果的问题,都应该反馈到预案的修订编制中,分析是否由于制定过程中的问题导致预案实施过程出现问题。

评估预案在实施后达到理想效果的程度,应重点关注其是否达到最初设立的目标,可以从生命财产损失、经济和社会三个角度来分析这些损失减少到最低程度的情况。

需要特别指出的是,尽管搜救过程和实施效果都是事后评估的内容,但应该强调"注重过程而不是结果"。一方面,如果过程健全合理,就会自然地确定并达到所希望的结果;另一方面,如果出现特别重大事件、新形式海上突发事件和罕见的自然灾害等,其实施效果总是难尽人意,此时,注重结果并不可取。

3.评估方法

评估方法分为定性方法和定量方法。

定性方法是对预案实施情况本质属性的分析,是整个分析过程中最基础的部分,只有通过大量的定性分析后,才能做出全面的分析判断。专家咨询、案例分析、访问参与者是定性分析的主要方法。

定量方法有模糊综合评价法、综合评分法、综合指数法、功效系数法等。

定性方法和定量方法可以同时使用,这样,既可以判断预案内容的实用性,也可以提高评估结果的直观性。

第七节　海上应急反应标准

多年的海上搜救实践反映出海上搜救活动具有某种规律性,对这种规律的总结和概括,便形成了海上应急反应的标准。例如,海上风、流、雾、冰等自然条件达到一定的恶劣程度时,通常会引发海上险情;人员落水后在低温、饥饿、疲劳情况下的生命存活时间以及以此为对象各应急反应阶段的工作时限而产生的险情;已知险情下合理的应急反应规模等。

由于海上应急工作的复杂性,多数标准是定性的,只有少量标准是定量的。即使是定量的标准,在实践中也会有例外,因此,这些标准只能作为参考。尽管如此,实施或参照这些标准,对科学制定海上搜救预案,减少应急工作的盲目性和随意性,规范海上应急行动,提高应急反应效果具有重要意义。

一、海上预警信息分级

海上预警是海上应急管理的重要环节,主要是指有关海上安全部门,根据过去和现在的数据资料以及相关部分的预报信息,对海上潜在风险因素进行合理的预测分析,在灾害或危险发生之前,提前向各有关单位、船舶及社会公众发出警示的行动。

预警的目的是告知人们海上将要来临危险的紧迫及严重程度,促使人们迅速开展预防应急工作,避免危险在公众不知情或心理准备不足的情形下发生,从而最大限度地减小危害造成的损失。

(一)分级的依据

在海上,不同国家、国内不同行业、不同警源的分级依据、分级种类和标准不尽相同。我国根据可能引发海上突发事件的紧迫程度、危害程度和影响范围三个因素对海上预警信息进行分级,通常将其分为特别严重预警信息、严重预警信息、较重预警信息和一般预警信息四个级别,并用红、橙、黄、蓝进行标识。根据事态发展情况和采取措施的效果,预警可以升级、降级或消除。

(1)紧迫程度。紧迫程度是指时间要素对处理各项事宜的影响程度,一般以危险到达本地或目标的时间量来表示。距离危险到达的时间越长,开展的预防行动就越全面和及时,抵御危险的能力就越强,紧迫程度越低;反之,由于各项准备工作不足,抵御危险的能力低下,甚至来不及准备,势必造成更大的损失,因此,紧迫程度越高。

(2)危害程度。危害程度是指可能引起海上船舶、设施、人员等生命和财产损失的严重性,一般以历史上此类危险曾经造成的损坏和合理预见的损坏来比较识别。不同的警源造成的险情特点不同,危害程度也不同,风暴潮和浓雾的危害程度最大。

(3)影响范围。影响范围是指出现危险的水域范围。受预测手段的限制,一般很难标示具体的地理位置,通常以移动路径或海区来发布。范围越大,波及的目标越多,出现险情的可能性越大,预警级别也就越高。

有的时候,预警还可以分为季节性预警和特殊性预警:季节性预警主要针对渔季和天气的季节性变化预警;特殊性预警主要针对辖区内气象及事故发生的特点预警。

(二)中国《国家海上搜救应急预案》对海上预警的分级

中国《国家海上搜救应急预案》根据气象、海洋、水文、地质等自然灾害可能引发海上突发事件的紧迫程序、危害程度和影响范围,将预警信息的风险等级分为四个级别。

1. 特别重大风险信息(Ⅰ级),以"红色"预警信号表示并发布,包括:

(1)6 h 内可能或者已经受热带气旋(包括台风、强热带风暴、热带风暴、热带低压,下同)等天气系统影响,沿海或者陆地平均风力达 12 级以上,或者阵风达 14 级以上并可能持续。

(2)受热带气旋影响,或受温带天气系统影响,预计未来沿岸受影响区域内有代表性的验潮站将出现达到或超过当地警戒潮位 80 cm 以上的高潮位。

(3)受海啸影响,预计沿岸验潮站出现 3 m 以上(正常潮位以上,下同)海啸波高,300 km 以上岸段严重受损,危及生命财产。

(4)雾、雪、暴风雨等造成能见度不足 100 m。

(5)监测预报山体滑坡处于滑坡阶段。

(6)大江、大河、大湖主要河段水位达到保证水位,且监测预报洪峰即将通过。

2. 重大风险信息(Ⅱ级),以"橙色"预警信号表示并发布,包括:

(1)12 h 内可能或者已经受热带气旋等天气系统影响,沿海或者陆地平均风力达 10 级以上,或者阵风 12 级以上并可能持续。

(2)受热带气旋影响,或受温带天气系统影响,预计未来沿岸受影响区域内有代表性的验潮站将出现达到或超过当地警戒潮位 30 cm 以上、80 cm 以下的高潮位。

(3)受海啸影响,预计沿岸验潮站出现 2~3 m 海啸波高,局部岸段严重受损,危及生命财产。

(4)雾、雪、暴风雨等造成能见度不足 500 m。

(5)监测预报山体滑坡处于加速阶段。

(6)大江、大河、大湖主要河段水位达到警戒水位,且监测预报洪峰即将通过。

3. 较大风险信息(Ⅲ级),以"黄色"预警信号表示并发布,包括:

(1)24 h 内可能或者已经受热带气旋等天气系统影响,沿海或者陆地平均风力达 8 级以上,或者阵风 10 级以上并可能持续。

(2)受热带气旋影响,或受温带天气系统影响,预计未来沿岸受影响区域内有代表性的验潮站将出现达到或超过当地警戒潮位 30 cm 以内的高潮位。

(3)受海啸影响,预计沿岸验潮站出现 1~2 m 海啸波高,受灾地区发生房屋、船只等受损。

(4)雾、雪、暴风雨等造成能见度不足 800 m。

(5)监测预报山体滑坡处于匀速阶段。

(6)大江、大河、大湖主要河段水位迅速上涨,且监测预报洪峰即将通过。

4. 一般风险信息(Ⅳ级),以"蓝色"预警信号表示并发布,包括:

(1)24 h 内可能或者已经受热带气旋等天气系统影响,沿海或者陆地平均风力达 6 级以上,或者阵风 8 级以上并可能持续。

(2)受热带气旋影响,或受温带天气系统影响,预计未来沿岸受影响区域内有代表性的验潮站将出现低于当地警戒潮位 30 cm 的高潮位;或者预计热带气旋将登陆我国沿海地区,或在距沿岸 100 km 以内(指台风中心位置)转向,以及温带天气系统将影响我国沿海地区,即使受影响海区岸段不出现超过当地警戒潮位的高潮位。

(3)受海啸影响,预计沿岸验潮站出现小于 1 m 海啸波高,受灾地区发生房屋、船只等受损。

(4)雾、雪、暴风雨等造成能见度不足 800 m。

(5)监测预报山体滑坡处于匀速阶段。

(6)大江、大河、大湖主要河段水位迅速上涨,且监测预报洪峰即将通过。

这种预警分级方法的预警对象能够充分重视自然因素中存在的风险因素,一定程度上减少了自然灾害引发事故的可能性。

二、海上险情分级

海上险情种类繁多,遇险后的外部特征状态各异,且各种险情所处的环境不同,需要救援的紧迫程度、投入的资源和使用的救助技术差异很大,客观上造成了不同的险情级别。险情的分级就是这些差异的综合体现。

(一)分级的目的

海上险情分级不仅是为了符合国际公约和国内法规的要求,更是为了合理地利用搜救资源,并为政府合理评估海上安全形势提供支持。

(1)国际上建议,一般在不太危急的情况下,应尽量使用次要的搜救资源,以增加有经验和有能力的额外搜救资源储备。

(2)《中华人民共和国突发事件应对法》第四条规定,对突发事件,国家建立统一领导、综合协调、分类管理、分级负责、属地管理为主的应急管理机制。《国家海上搜救应急预案》中规定搜救工作遵循的原则之一是统一指挥,分级管理,属地为主。

"分级负责"或"分级管理"的实质是强调针对不同等级的突发事件确定不同的应对主体和针对不同等级的突发事件采取不同的应对措施的应急反应原则。显然,对险情科学分级是落实这些原则的基础。

(3)为合理利用搜救资源提供依据

海上险情不同,处置的难易程度也不同,科学、准确的分级为合理利用搜救资源提供依据,才能够使搜救人员做到大险大救、小险小救、急险先救、高险慎救,避免对突发事件"反应不足"和"反应过度"。

(4)事故与险情是海上安全形势的客观反映,明确险情级别与确定事故级别一样,能够为主管机关合理评估海上安全形势,确定海上搜救效率,以及搜救后评估提供支持,为确定本海区搜救应急能力建设目标提供依据。

(二)分级的依据

对海上突发事件分级可以从事件本身特征来划分,也可以既考虑事件特征,又将救助现场环境、应急资源情况和社会影响程度纳入划分依据当中。

从事件本身特征来划分,主要强调的是险情的客观危害和救助难度;对多种因素综合考虑事件等级则强调外部力量对危险的抵御和消解能力。

1.我国的海上突发事件分级

《国家突发公共事件总体应急预案》按照各类突发公共事件的性质、严重程度、可控性和影响范围四个指标对海上突发事件进行分级。

《国家海上搜救应急预案》根据《国家突发公共事件总体应急预案》,并结合海上突发事件的特点及危害程度和事态发展趋势三个指标对其进行分级。

为了更加科学、细致地对突发事件分级,有学者认为应对突发事件的八个指标进行分级,包括危害/损失程度、扩散速度(险情的发展状况)、持续时间、认知程度(对险情的熟悉程度)、资源保障程度、社会影响程度、社会公众的心理承受度。

2.国际/国外的海上突发事件分级

(1)国际海上人命救助联盟(International Maritime Rescue Federation,简称IMRF)

国际海上人命救助联盟是一个慈善性、公益性的非政府间国际组织,其前身为国际救生艇联盟(ILF),2007年6月改为"国际海上人命救助联盟"。其宗旨是"防止全球水上人命丧失"。IMRF自筹资金在全球范围内开展各种活动和项目,并与国际海事组织(IMO)和国际民航组织(ICAO)等国际组织通力合作,共同探讨促进水上安全、发展救助事业的方法和途径。

IMRF根据海上搜救的难易程度将海难划分为三种情况,分别是"常规级别""复杂级别""灾难级别",如图3-1所示为海上搜救难易程度示意图。一个国家的搜救队伍应有能力和预案来处理常规和复杂级别的海难事故。

(2)美国

美国的海上搜救任务协调员收到遇险信息时,依据下面八个指标,来确定遇险标的所处的状态,进而实现对海上险情的分级。

①当时的气象海况。

②遇险位置是否明确。

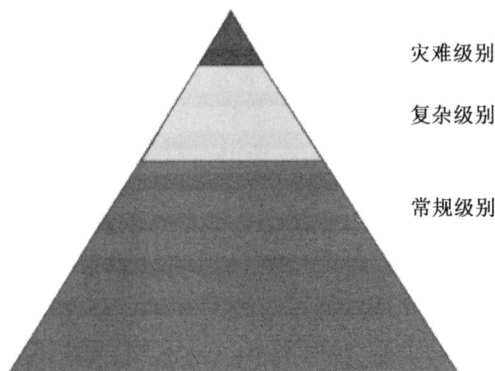

图 3-1 海上搜救难易程度示意图

③遇险种类、遇险船舶、人员状况,淡水、食品、应急信号收发装置是否齐备,船上救生设备是否良好。

④船舶的锚泊能力。

⑤特殊指标,如遇险人员数量、年龄,船舶种类,特殊医疗等。

⑥遇险船舶的应急通信能力。

⑦遇险船员对于船舶遇险情况的考量。

⑧其他可能导致救助事态恶化的因素。

对上述因素综合评估后,将险情分为三种状态,根据所处状态采取相应的救援行动:

①不确定状态是指有信息显示该事件需要进一步收集信息来确定其是否遇险,而不需要立刻实施救援行动的状态。

②警备状态是指遇险标的(人员、船舶、飞行器)正处在某种危险当中,且需要外界予以帮助,但并不是紧迫危险,或可以暂缓救援的状态。

③紧急状态是指遇险标的正面临或处于紧迫或重大危险,必须马上开展救援行动的状态。

(3)加拿大

加拿大对海上险情的分级做出了明确的规定。其对海上险情进行分级主要是考虑到对非紧迫危险的险情进行救助可能会占用紧迫危险的险情救助的资源。

加拿大将海上险情分为五级,还特别规定了海上医疗救助应定为 M1 级或者 M2 级险情,如表 3-3 所示为加拿大海上险情分级表。

表 3-3 加拿大海上险情分级表

类别	定义
M1	人员或船舶面临紧迫或严重的危险,需要即刻的救助
M1P	本应属于 M1 事件,但是事故已经得到解决后才得到报告
M2	若不采取立即行动,有可能演化成 M1 事件
M3	事故在不确定阶段就得到了有效处理
M4	经过确认的海事误报事件

(三)中国《国家海上搜救应急预案》对海上险情的分级

中国《国家海上搜救应急预案》根据《国家突发公共事件总体应急预案》的有关规定,并结合海上突发事件的特点及危害程度和事态发展趋势,将海上突发事件分为特大、重大、较大、一般四级。

1. 特大海上突发事件

(1)造成 30 人以上死亡(含失踪)。

(2)危及 30 人以上生命安全。

(3)客船、化学品船发生严重危及船舶或人员生命安全。

(4)单船 10 000 总吨以上的船舶发生碰撞、触礁、火灾等对船舶及人员生命安全造成严重威胁。

(5)急需国务院协调有关地区、部门或军队共同组织救援。

(6)其他可能造成特别重大危害、社会影响的海上突发事件。

2. 重大海上突发事件

(1)造成 10 人以上、30 人以下死亡(含失踪)。

(2)危及 10 人以上、30 人以下生命安全。

(3)载员 30 人以下的民用航空器在海上发生突发事件。

(4)3 000 总吨以上、10 000 总吨以下的非客船、非危险化学品船发生碰撞、触礁、火灾等对船舶及人员生命安全造成严重威胁。

(5)其他可能造成严重危害、社会影响和国际影响的海上突发事件。

3. 较大海上突发事件

(1)造成 3 人以上、10 人以下死亡(含失踪)。

(2)危及 3 人以上、10 人以下生命安全。

(3)500 总吨以上、3 000 总吨以下的非客船、非危险化学品船发生碰撞、触礁、火灾等对船舶及人员生命安全造成严重威胁。

(4)其他造成或可能造成较大社会影响的海上突发事件。

4.一般海上突发事件

(1)造成3人以下死亡(含失踪)。

(2)危及3人以下生命安全。

(3)500总吨以下的非客船、非危险化学品船发生碰撞、触礁、火灾等对船舶及人员生命安全造成严重威胁。

(4)其他造成或可能造成一般危害后果的海上突发事件。

三、应急反应时间

(一)基本情况

来自海上灾难事件的人员生存数据表明:

(1)2 h内获救通常是保证遇险人员生存的平均临界时间。

(2)大约1/3的死亡发生在搜救系统告知之后但救助到达之前。

(3)受伤人员的生存率在最初遇险的24 h可减少约80%。

(4)未受伤遇险者的生存率在最初遇险的3天之后迅速减少。

因此,改进搜救服务质量的最重要条件是缩短自事故发生至遇险人员获救这段时间。搜救管理人员不可能直接负责所有缩短这段时间的工作,需要搜救行动的各个方面共同努力。

(二)应急反应标准

在应急反应阶段,国际上普遍采用以反应时间为2 h作为限度,将搜救反应行动划分为几个阶段(通常将性质相同的工作归为同一个阶段),再对每个阶段的反应时间按照难易程度做出限制,从而形成应急反应时间标准。

在实际工作中,由于救助基地、海上值班待命点通常根据本海区出现险情的特点不同而设定,如在海上交通量小、事故险情发生次数少的水域,救助基地之间的距离长,潜在搜救资源也少,可能延长应急反应时间,但总体上围绕国家规定的标准开展行动。

1.国际海事组织建议标准

IMO建议,最初获知一个遇险事故后第一个行动应该在5 min之内做出。

搜救设备和人员在得到通知后30 min内应该迅速准备妥当。

2.美国

(1)在收到遇险定位信息后5 min内制订出适当的搜救反应计划。

(2)在计划制订后15 min内做出开始搜救行动的决定。

(3)在计划制订后1.5 h内带着适当的设备到达遇险现场。

(4)在到达现场后30 min内确定遇险地点。

(5)在到达现场后50 min内做出采取阻止危险继续发展的行动。

（6）在到达现场后 60 min 内做好转移人员的准备工作。

（7）误报警率小于 10%。

3. 英国

（1）在收到遇险定位信息后 5 min 内制订出适当的搜救反应计划。

（2）直升机在接到 MRCC 协调指令后，白天 15 min 内、夜间 45 min 内起飞。

（3）救生艇能在 10 min 内迅速出艇。

（4）在 12 n mile 范围内 30 min 内到达现场；在 50 n mile 范围内 2 h 内到达现场（保证率 90%）。

4. 澳大利亚

从接到报警到离现场最近的救助力量响应出发的 28 min 内。

四、终止海上搜寻

《1979 年国际海上搜寻与救助公约》要求："可行时，搜救行动须继续至救助幸存者的所有合理希望均已破灭。"《国际航空和海上搜寻救助手册》建议："通常只有事故遇难者没有任何获救希望时，才终止搜寻工作，应考虑下列事项：已经彻底搜寻过所有指定区域；已经巡查所有可能的地方；所有可以获得被搜寻船舶、航空器、其他运载工具或人员位置信息的合理方法都已经使用；已经复查所有用于搜寻计划的设想和计算。"显然，终止海上搜寻需要准确落实上述要求。

（一）终止事项实现方法

1. 已经彻底搜寻过所有指定区域

指定区域可以视为搜寻基准。其可以为一个点、一条线和一个区域。所有指定区域是指对上述 3 个区域都要搜寻。彻底搜寻过是指搜寻技术满足规定标准。

（1）点搜寻。点搜寻是指对最可能位置点的搜寻。一个是目击者看到的落水点；另一个是在一定时间内经漂移校正后的最可能位置点，这个点是海洋专业部门经过推算后给出的搜寻区域里的"中心位置"。

搜救中心应在海图和值班日志上以经、纬度的方式标注。救助船在点位上设置（投掷）标志物，并由救助船或现场指挥船拍照留存标志物情况，记录当时的能见度、水温和风级。至少有 1 艘船舶以标志物为中心进行了扩展方型搜寻，航线间距按照有关推荐值设置，保留 AIS 航迹。瞭望者至少有 2 人，白天在救助船舶的高处，夜间在低处，在搜寻日志中记录瞭望者姓名、瞭望起止时间，如发现有个别残留物的情况，拍照留存瞭望者站位。

（2）航线搜寻。计划航线及其附近通常是发现船舶遇险位置的重要区域，未遇险的偏离航线的船舶也会重新回到计划航线上来。这个航线由船舶所有人、经营人或代理来提供。

应在海图和值班日志上标注计划航线,包括始发港、目的港、方位转向点等,标注最后一次通信的航线上的位置,并保留该文件。救助船或飞机记录当时的能见度和风级,在能见度视距内沿着航线两侧搜寻,记录搜寻速度,保留 AIS 记录的搜寻起始点、折返点和搜寻航迹线。瞭望者要求同点搜寻。

(3)区域搜寻。搜寻区域是指经搜救中心估算或海洋专业部门推算的搜寻区域。

应在海图和值班日志记录该区域并保存推算区域的材料;最先到达的船舶到"中心位置"进行点搜寻,记录当时的水温和风级;后期到达的船舶按照平行线搜寻方式搜寻,搜寻航线间距按照推荐值设置。保留 AIS 记录的搜寻起始点、折返点和搜寻航迹线。瞭望者要求同点搜寻。

2. 已经对所有可能的地方进行了调查

(1)对船舶可能停留地方的调查,如船舶始发港、目的港、锚泊点、海上作业点、避风点以及辖区内的诸如浮标之类的航标或浅礁等。

(2)对相同航线上能看见遇险船的船舶进行调查,包括航线上及航线附近 AIS 航迹船舶。

(3)船舶的运营机构,包括航行计划中涉及的部门和设施。

(4)对上述调查人、被调查人和调查内容保持完整的记录。

3. 所有可以获得遇险目标位置信息的合理方法都已使用

(1)合理方法,主要包括搜救部门估算的位置;海洋部门提供的推测位置;配备无线电导航设施的通信站、雷达机构、测向站等电信部门提供的基于无线电信号特征确定的大概位置等。

(2)搜救部门保留获得的上述位置图和提供用于计算位置基本数据信息的原始记录。

4. 已经复查所有用于搜寻计划的设想和计算

(1)搜寻计划是基于不断更新的信息来制订的,确定搜寻区域和搜寻方法涉及海洋环境的风、流数据和船舶数据的获得、转换、使用和计算。因此,为避免出现差错,在结束搜寻行动之前,需要对搜救计划中的技术环节进行复查和确认。

(2)复查应该以一定的方式进行,形成复查文件并保留。

5. 遇险人员不再有存活的可能性

(1)遇险者在船上

很容易通过报告本船船位或由过往的船舶发现和救助。

（2）救生艇（筏）上人员

最少载客 6 人救生筏的外形尺寸大于 2 m，明显高于水面的橙色醒目标志，以及多种报警手段容易被搜寻者发现。救生筏和救生艇内储存的食品和淡水分别能够保证艇（筏）内人员存活 4 天或 7 天，还有获得淡水和食物的外部装备，能够保证成功登上艇（筏）人员的更长存活时间，所以，如果确认遇险人员成功登上艇（筏），以搜寻到艇（筏）为结束时间。

（3）落水（失踪）人员

《国际航空和海上搜寻救助手册》第三卷给出了"没有专用保护服的幸存人员在不同水温下生存时间参考数据"，并提醒"落水者身穿保温救生衣，会延长生存时间达 2~10 倍"。如表 3-4 所示为没有专用保护服的幸存人员在不同水温下生存时间参考数据。

表 3-4　没有专用保护服的幸存人员在不同水温下生存时间参考数据

温度（℃）	预计生存时间（h）	温度（℃）	预计生存时间（h）
低于 2	少于 3/4 h	10~15	少于 6 h
2~4	少于 1.5 h	15~20	少于 12 h
4~10	少于 3 h	高于 20	不定（视疲劳程度而定）

当确信落水者未穿着保温服时，根据表 3-4，如果水温小于 20 ℃，落水者存活不足 12 h，但搜寻时间也应不少于 1 天。主要是考虑到经历了白天和夜间两种搜寻环境，可以充分利用好视觉、听觉、烟火、灯光等各种观测和报警手段的优势，并可以充分利用已经赶到现场的搜救资源，避免搜救资源因出现折返而产生浪费。

当不确信落水者是否穿着保温服时，按穿着了保温服对待。如果水温小于 20 ℃，根据当时水温对应的最大生存时间结束搜寻行动，最多 120 h（5 天）；如果水温高于 20 ℃，则视情况而定。另外，根据美国海岸警卫队海上搜救手册[THE U. S. COAST GUARD ADDENDUM TO THE UNITED STATES NATIONAL SEARCH AND RESCUE SUPPLEMENT（NSS）TO THE INTERNATIONAL AERONAUTICAL AND MARITIME SEARCH AND RESCUE MANUAL（IAMSAR）]第 3.7 节——生命存活方面（Section 3.7 Aspects of Survival），美国陆军研究中心环境医学研究所（USARIEM）预测冷水浸泡和冷暖空气暴露生存的时间，低温存活时间被限制在 120 h 或更短。120 h 阈值是由 PSDA 开发人员根据现有海岸警卫队记录中观察到的最长浸泡存活时间（90 h）并增加了 33% 安全边际设置的。

（二）终止搜寻程序

1. 告知程序

（1）终止搜寻的决定至少要在结束搜寻行动的前一天做出，给亲属们一定时间接受搜寻不能继续的事实,同时,也给他们留出一两天的希望。

(2)搜寻过程中,搜救中心工作人员应与失踪人员的亲属保持联系,向他们提供搜寻信息和下一步的行动计划。如果条件允许,提供家属代表进入搜救中心的机会。

2.申请程序

由搜救任务协调员向上一级主管提出申请。上一级主管一般是本搜救责任区的负责人。

3.检查程序

搜救中心应该对搜寻行动各个关键环节进行检查核实,无误后结束搜寻,如表3-5所示为海上搜寻行动检查表。

表 3-5　海上搜寻行动检查表

检查事项	核实内容					
已经彻底搜寻所有指定区域	基点搜寻	中心点位置: ＿ E ＿ N	点位上设置(投掷)标志物:	现场水文气象: 能见度＿ 风力＿ 水温＿	搜寻方式: 航线间距＿ 扩展方形/扇形	瞭望人员: 姓名＿ 位置＿ E ＿ N	发现残留物
	航线搜寻	计划航线: 始发港＿ 目的港＿ 方位＿ 转向点＿ E ＿ N 最后一次通信的航线上位置＿ E ＿ N	计划航线提供者: 船舶所有人姓名＿ 经营人姓名＿ 代理姓名＿	现场水文气象: 能见度＿ 风力＿ 水温＿	航线搜寻: 起始点＿ E ＿ N 折返点＿ E ＿ N 航线间距＿	瞭望人员: 姓名＿ 位置＿ E ＿ N	发现残留物
	区域搜寻	区域范围: 基点＿ E ＿ N 搜寻半径＿ 边界点 A:＿ E ＿ N B:＿ E ＿ N C:＿ E ＿ N D:＿ E ＿ N	区域确定方式: 估算单位＿ 推算单位＿	现场水文气象: 能见度＿ 风力＿ 水温＿	搜寻方式: 最先到达船舶名称＿ 基点搜寻航线间距＿ 其他船舶名称＿ 平行线搜寻航线间距＿	瞭望人员: 姓名＿ 位置＿ E ＿ N	发现残留物

续表

检查事项	核实内容					
已经对所有可能的地方进行了调查	对船舶可能停留地方的调查	始发港__目的港__锚泊点__海上作业点__避风点__浮标__浅礁__	对相同航线上的船舶调查	被调查船舶名称__调查时间__	航行计划涉及的部门和设施	船东__货主__代理__港口__修船厂__其他__	调查人、被调查人和调查内容记录
所有可以获得遇险目标位置信息的合理方法都已使用	搜救部门估算的位置	已经估算__未估算__	海洋部门提供的推测位置	已经提供__未提供__	移动通信公司确定的大概位置	已经提供__未提供__	外协提供位置的详细记录
已经复查所有用于搜寻计划的设想和计算	报警信息	位置__时间__遇险目标__	现场水文气象信息	风__流__能见度__水温__	搜寻范围计算数据准确性	使用准确__	
遇险人员不再有存活的可能性	待救人员在艇筏	搜寻到艇筏	待救人员落水未穿着保温服	搜寻时间参照表 3-4,但不少于 24 h	未确信待救人员落水是否穿着保温服	搜寻时间参照表 3-4	

第四章　中外搜救系统简介

第一节　中国搜救管理体制

一、自然环境

中国拥有东部和南部大陆海岸线1.8万千米,内海和边海的水域面积达470万平方千米,所属海域分布的大小岛屿有7600多个。中国内河航道通航里程达十几万千米,占河流总长的1/3以上,主要分布在长江、珠江和淮河水系。

中国是海洋渔业大国,海洋渔业水域面积有300多万平方千米。中国沿海灾害性天气多,需要保障的时间长。冬、春季的寒潮大风,夏、秋季的台风,春、秋季的大雾是影响中国海域的主要灾害性天气。

1. 风灾

中国位于世界最大的大陆——亚欧大陆的东南部,濒临世界第一大洋——太平洋,海陆分布对中国气候的影响强烈,使中国的气候具有明显的季风气候特点。每年9—10月至次年3—4月,干冷的冬季季风从西伯利亚和蒙古高原南下,盛吹西北-东北季风,风力较强。每年4—9月,由于受热带海洋气团的影响,盛吹西南-东南季风。全年以7—10月为台风盛行季节,占全年总数的68%,尤以8—9月最多。夏季热带气旋在中国沿海尤其在东海和南海北部活动频繁,热带气旋侵袭时风力很强。春季是渤海、黄海海区平均风力最大的季节。受强风影响,中国山东半岛成山头附近海域、韩国济州岛以南海域、日本琉球群岛西侧海域、中国台湾海峡及台湾以东的近海海面均属大浪区。

2. 浪灾

中国近海的海浪主要受季风影响。春季,由于气旋和反气旋活动频繁,风向不稳定,海浪方向也多变,盛行浪向不明显。夏季,受东南季风和西南季风的影响,以偏南浪向为主,如渤海东南浪较大,黄海、东海以南向和东南浪向为主,南海多南向浪。夏季风浪较小,但是在有热带气旋活动时,可造成巨浪和强涌浪。秋、冬季,长江口以北海域盛行偏北季风;渤海和黄海多西北浪和北向浪;东海和南海盛行东北季风,以东北浪居多;台湾海峡东北浪占优势,频率高达 62%。在寒潮大风的影响下,渤海海峡北向浪最大波高达 8.0 m;山东半岛东部成山头一带海域最大波高为 6.4 m;山东半岛南部沿海一般大浪较少。苏北和浙、闽沿海的最大波高为 2.9~4.1 m;台湾海峡最大波高达 9.5 m;广东沿海最大波高为 3.3 m 以下;西沙群岛附近最大波高为 4.4 m;南沙群岛附近最大波高可达 9.5 m。

从总的情况看,冬季山东半岛成山头附近海域、韩国济州岛以南海域、日本琉球群岛西侧海域、中国台湾海峡及台湾以东的近海海面,均属大浪区。

3. 雾

中国沿海主要有五大雾区:老铁山水道年均雾日为 30 天,每年 6、7 月份雾情最重;成山头海域年均雾日为 87 天,每年 6、7 月份雾性最重;长江口水域年均雾日为 60 天以上,每年 5、6 月份雾情最重,多平流雾;台湾海峡年均雾日为 35 天,每年 3、4、5 月雾情最重;珠江口水域年均雾日为 30 天,集中在每年 3、4 月。

4. 冰灾

中国黄海北部是被辽东半岛和朝鲜半岛包围的半封闭海域,海岸附近滩大、水浅、盐度低,受冷空气影响,每年 12 月上旬生成海冰,最长可超过 2 个月,盛冰期大约为 1 个月。

渤海位于北纬 37°~42°,受冷空气频繁入侵所造成的严重低温等因素影响,每年冬季渤海都有不同程度的结冰现象,渤海中的辽东湾、渤海湾、莱州湾结冰最为严重,每年冬季出现的海冰对海上航行安全影响很大。

中国除运输船舶和渔船外,为了满足航运、渔业、邮电、水利、气象、娱乐、体育运动、旅游观光、矿产开发、资源利用、科学研究等海洋事业和水上交通发展的需要,人们经常利用船舶、排筏、设施采用各种方式在水下、水中进行作业。

总体来说,中国沿海的自然环境对海上搜寻救助系统提出了更高的要求。

二、海上搜救协调机构

(一)组织结构

1973 年,为使在中国沿海遇险的人员、船舶得到及时救助,国务院、中央军委成立了由交通部、总参、海军、空军、外贸部、农业部、国家海洋局、气象局等成员单位组成的全国海上安全指挥部,作为国务院、中央军委的非常设机构,其办事机构设在交通部。同时,在辽宁、河北、天津、山东、江苏、上海、浙江、福建、广东、广西等沿海省、市、自治区先后成立了相应的海上安全指挥机构,领导和组织本地区的海上搜救指挥协调工作。

海上安全指挥部主要负责统一部署和指挥海上船舶防台风、防止船舶污染海域、渤海防冰破冰以及海难救助(简称"三防一救")工作。

1981 年 6 月,中国核准签署了于 1985 年 6 月 22 日生效的《1979 年国际海上搜寻与救助公约》。按照公约附则 2.1.11 的要求,经国务院批准,中国就履约有关事项于 1981 年正式致函 IMO 秘书长,阐述了中国的搜救组织情况和基本政策。

(1)中国海上安全指挥部(现称中华人民共和国海上搜救中心)是中国海上搜寻与救助的指挥机关和救助中心。

(2)中华人民共和国港务监督(现称中华人民共和国海事局)是中国政府设立的对港口、船舶实施安全监督的行政管理机关。凡在中国沿海及邻近海域发生的中外船舶遇险需要救助或发现他船遇难求救,均应立即向就近的港务监督报告,并听从指挥。

(3)中国海难救助打捞公司是国家组建的海上专业救助打捞部门,接到指示或收到遇难船舶申请后,救助船舶可立即驶往出事海域救助,并担任现场指挥。

(4)中国沿海港口均设有海岸电台和甚高频无线电话,按照国际通信规定,昼夜值班。

(5)外国船舶和飞机进入中国领海及领海上空进行搜救活动,须事先经港务监督批准。

1989 年,为与国际海上搜救工作接轨,根据《1979 年国际海上搜寻与救助公约》的要求,国务院、中央军委联合发文,在交通部建立中国海上搜救中心,负责全国海上搜救工作的统一组织和协调,日常工作由交通部海事局承担。沿海各省、自治区、直辖市逐步成立了省级海上搜救中心,各地区根据所负责海域的具体情况,还设立了海上搜救分支机构(市级海上搜救分中心)。

省或市级搜救中心主任由本级搜救中心所在地的主要领导(省级由副省长、市级由副市长)担任。值班室设置在该辖区的海事机构,日常运行管理和应急值班由相应的海事机构承担,业务上受中国海上搜救中心的指导。

2005 年,为加强中国应对海上突发事件应急工作的能力,增进国务院各相关部委和军队在海上搜救工作上的协调配合,国务院批准建立了国家海上搜救部际联席会议制度,指导全国海上搜救和船舶污染应急反应工作。联席会议成员单位由交通部、公安部、民政部、工信部、农业部、卫生部、海关总署、民航局、安全监管总局、气象局、海洋局、地震局、总参谋部、海军、空军、武警部队共 16 个部门和单位组成,交通部为牵头单位,中国海上搜救中心作为联席会议办事机构。交通部部长担任联席会议召集人,各成员单位有关负责人为联席会议成员。

中国海上搜救组织体系由国家海上搜救部际联席会议、中国海上搜救中心、省级海上搜救中心和分支机构构成。由于国家海上搜救部际联席会议不参与指挥海上搜救工作,因此,中国实行"国家—省—分支机构"三级海上搜救组织体系,如图

4-1 所示为中国海上搜救组织体系框架图。

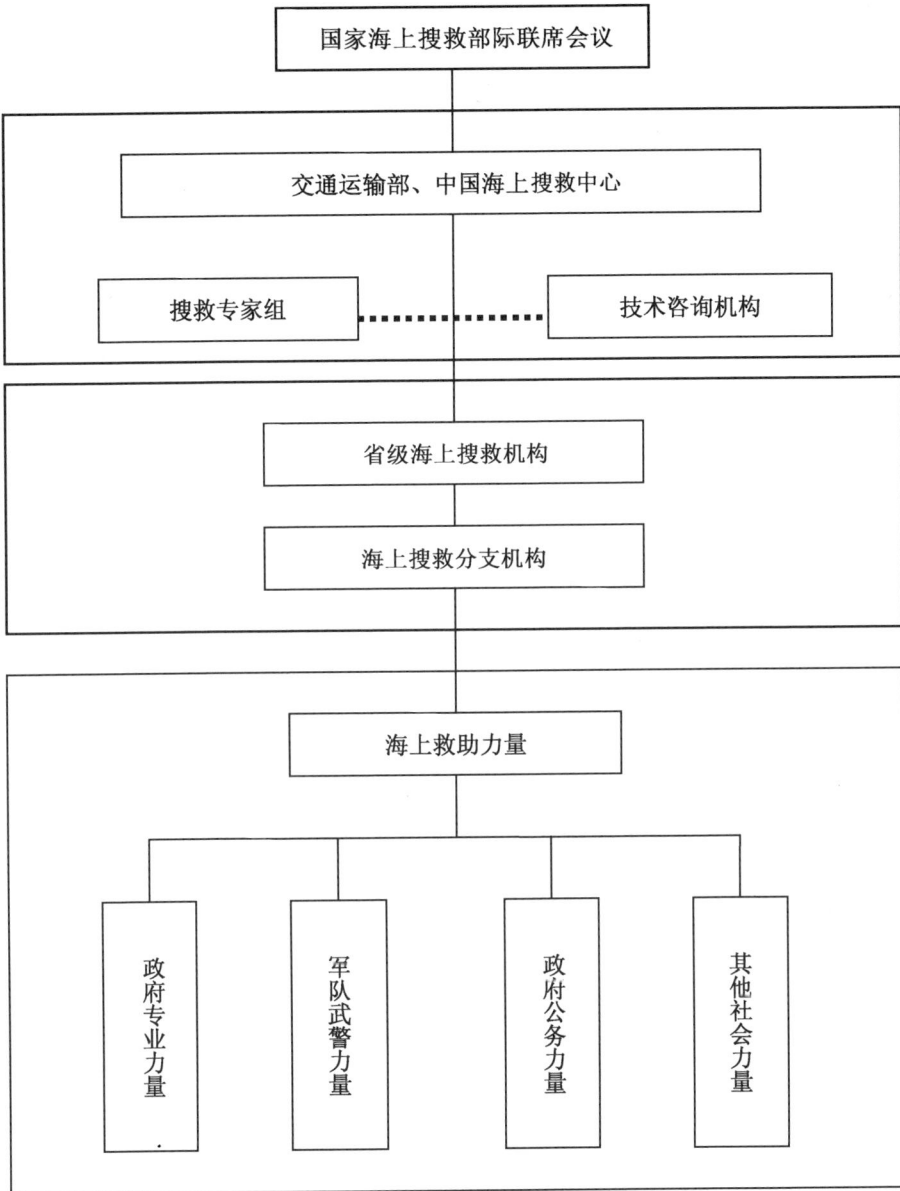

```
                    ┌──────────────────────────┐
                    │    国家海上搜救部际联席会议    │
                    └──────────────────────────┘
┌──────────────────────────────────────────────────────┐
│         ┌──────────────────────────────────┐          │
│         │   交通运输部、中国海上搜救中心        │          │
│         └──────────────────────────────────┘          │
│  ┌──────────────┐ ········· ┌──────────────┐          │
│  │   搜救专家组    │           │   技术咨询机构   │          │
│  └──────────────┘           └──────────────┘          │
└──────────────────────────────────────────────────────┘
┌──────────────────────────────────────────────────────┐
│             ┌──────────────────────┐                  │
│             │   省级海上搜救机构        │                  │
│             └──────────────────────┘                  │
│             ┌──────────────────────┐                  │
│             │   海上搜救分支机构        │                  │
│             └──────────────────────┘                  │
└──────────────────────────────────────────────────────┘
┌──────────────────────────────────────────────────────┐
│             ┌──────────────────────┐                  │
│             │     海上救助力量          │                  │
│             └──────────────────────┘                  │
│   ┌──────┐   ┌──────┐   ┌──────┐   ┌──────┐           │
│   │政府专业│   │军队武警│   │政府公务│   │其他社会│           │
│   │力量   │   │力量   │   │力量   │   │力量   │           │
│   └──────┘   └──────┘   └──────┘   └──────┘           │
└──────────────────────────────────────────────────────┘
```

图 4-1　中国海上搜救组织体系框架图

中国海上搜救中心和沿海各地区的搜救中心及分中心均保持 24 h 值班,随时应对海上紧急情况。

目前,中国海上搜救中心管辖的海(水)上搜救中心有 13 个,分别是:

(1)黑龙江省海上搜救中心(黑龙江海事局)。

(2)辽宁省海上搜救中心(辽宁海事局)。

(3)河北省海上搜救中心(河北海事局)。

(4)天津市海上搜救中心(天津海事局)。

(5)山东省海上搜救中心(山东海事局)。

(6)江苏省水上搜救中心(江苏海事局)。

(7)上海市海上搜救中心(上海海事局)。

(8)浙江省海上搜救中心(浙江海事局)。

(9)福建省海上搜救中心(福建海事局)。

(10)广东省海上搜救中心(广东海事局)。

(11)广西区海上搜救中心(广西海事局)。

(12)海南省海上搜救中心(海南海事局)。

(13)长江干线水上搜救协调中心(长江海事局)。

如图 4-2 所示为中国海上(水上)搜救机构分布图。

(二)职责

1. 国家海上搜救部际联席会议的职责

(1)统筹研究全国海上搜救和船舶污染应急反应工作,提出有关政策建议。

(2)讨论解决海上搜救工作和船舶污染处理中的重大问题。

(3)组织协调重大海上搜救和船舶污染应急反应行动。

(4)指导、监督有关省、自治区、直辖市海上搜救应急反应工作。

(5)研究确定联席会议成员单位在搜救活动中的职责。

2. 中国海上搜救中心的职责

(1)制订全国海上搜救作业发展规划和全国海上搜救计划。

(2)划定各省、市、自治区海上搜救中心负责的搜救责任区,核准各省、市、自治区海上搜救中心划分的在本搜救责任区内各搜救分中心的海上搜救责任区。

(3)负责统一组织、指挥跨省、市、自治区搜救责任区重大海难事故搜救行动,协调各搜救中心工作。

(4)制订各类专用搜救船舶及航空人员的培训计划要求,并监督实施。

(5)根据全国搜救实际工作情况提出改进的方法和措施。

(6)组织跨省、市、自治区搜救责任区的搜救演习。

(7)负责搜救作业涉及的国际事务。

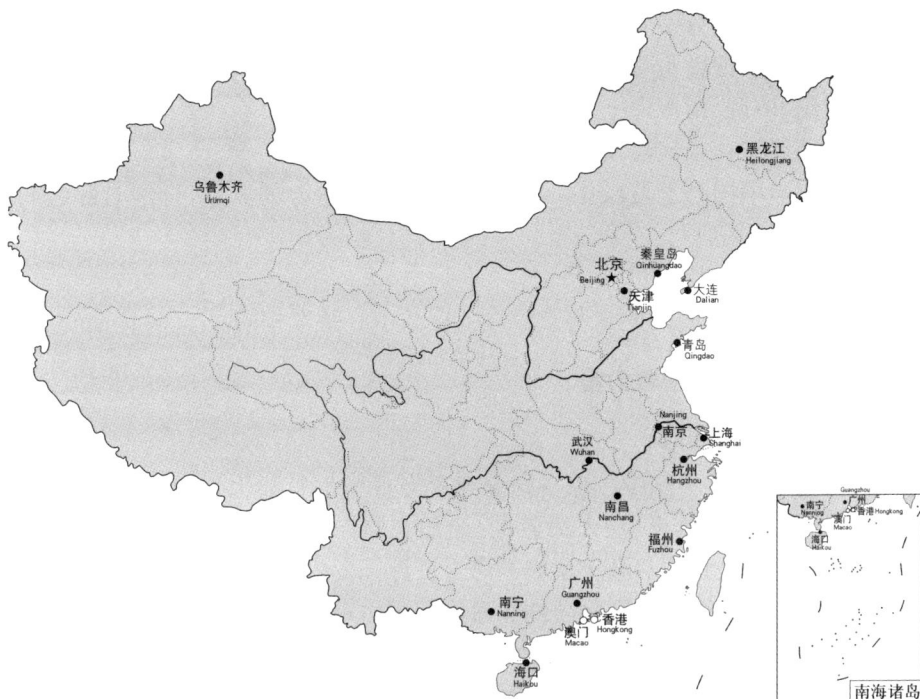

图 4-2　中国海上(水上)搜救机构分布图

(8)审定、出版国家海上搜救手册。

3. 省级海上搜救中心职责

中国各省级搜救中心的职责大体相同。

各省级搜救中心在省、自治区、直辖市人民政府和军区的领导下开展工作,业务上受中国海上搜救中心的指导。

发生在各省级搜救中心搜救责任区内的险情,由各省级搜救中心负责组织、协调搜救行动,包括请求其他搜救责任区(包括港澳地区)的救助力量的支援。

任何参与搜救的救助力量,由负责该搜救责任区的省级搜救中心统一组织、协调。

参与搜救的军用船只、飞机由军队派出机关实施指挥,同时接受省级海上搜救中心的现场统一协调。

其具体职责一般包括:

(1)执行国家和省(市)有关海上搜救工作的法律、法规、规章和政策,并接受中国海上搜救中心的业务指导。

(2)拟定、修改、更新海上搜救应急反应预案。

(3)编制海上搜救预算。

（4）划定各搜救分中心的搜救职责。

（5）指定海上搜救力量。

（6）组织、协调、指挥海上搜救行动。

（7）定期组织搜救演习及相关培训。

（8）负责与中国海上搜救中心及其他地方搜救中心的联系,开展省际之间的搜救合作。

（9）法律、法规规定的其他活动。

市级海上搜救中心的职责与省级海上搜救中心基本相同。

三、国家专业海上搜救力量

（一）沿革和组织机构

中国救捞系统是中国唯一一支国家海上专业救助打捞力量,承担对中国水域发生的海上事故的应急反应、人命救助、船舶和财产救助、沉船沉物打捞、海上消防、清除溢油污染及其他对海上运输和海上资源开发提供安全保障等多项使命,同时,代表中国政府履行有关国际公约和海运双边协定的义务。

中华人民共和国成立之初,在沿海水域和黑龙江、长江、珠江等水系的航道里,沉船及其他碍航物星罗棋布,恢复航运困难重重。为了促进国民经济的恢复,推动新中国水运事业的发展,1951年8月24日,国家正式批准成立中国人民打捞公司,标志着中国国家专业救捞队伍的诞生。

1953年,更名为交通部航务工程总局打捞公司。

1956年,更名为上海打捞工程局。

1963年,更名为上海海难救助打捞局,在天津、烟台、上海、温州建成4个救助站。

1974年,先后成立广州救助打捞局、烟台海难救助打捞局。

1978年,交通部海难救助打捞局成立,后更名为交通部救助打捞局。

交通部救助打捞局成立后,国家为救捞系统添置了一批大功率救助拖船和多功能、大吨位打捞工程作业船舶,建造了救助码头,救捞系统电台和通信建设也得以加强,北自秦皇岛,南至三亚,设置了17个救助站点,形成了比较完整的沿海救助网络。实行以救为主,救助、打捞、拖航、海洋工程并举的体制建设和管理机制。

1979年起,中国先后加入了《1979年国际海上搜寻与救助公约》《1989年国际救助公约》,救捞系统先后加入了国际救生艇联盟和国际救助联合会,成为国际救助打捞行业的一支重要力量。

2003年,进行救捞体制改革,救助、打捞分开。救捞宗旨是保障海上人命财产安全,保护海洋环境清洁;救捞中心任务是加强应急救助,发展抢险打捞;救捞目标是人员精干、装备精良、技术精湛、在关键时刻起关键作用;救捞精神是把生的希望送给别人,把死的危险留给自己。

交通部救助打捞局下设置北海救助局、东海救助局、南海救助局和烟台打捞局、上海打捞局、广州打捞局。陆续建立了北海第一救助飞行队、东海第一救助飞行队、东海第二救助飞行队、南海第一救助飞行队、南海第二救助飞行队五个救助飞行队。在沿海各地设有 19 个救助基地、7 个航空救助基地。有的救助基地还下设救助站(点),如烟台基地下设南隍城救助站,湛江基地下设阳江救助站,北海第一救助飞行队在大连设救助点。沿海设置专业救助船舶待命点,截至 2019 年有 88 个,最远的一个待命点坐落在南沙岛礁上。

救助基地是指救助局管辖的能够提供船舶动态待命支持服务和后勤保障,负责内陆周边水域及附近海域的快速救助和抢险打捞,并设有对专业救助船舶管理职能的机构。

救助站是指救助局管辖的仅能够提供救助船舶靠泊待命的分支机构。

救助待命点是指由部救捞局指定的专业救助船舶在港湾、锚地或事故多发海域待命的规定位置。各待命点根据海况、海难事故分布、船舶通航密度等因素进行动态调整。

2001 年 3 月 5 日,交通部东海第一救助飞行队在上海市成立,成为我国第一支专业从事海上搜救的空中救助队伍,主要负责我国东部海区约 77 万平方千米的海域的救助任务。

2004 年 8 月 8 日,交通部南海第一救助飞行队在广东省湛江市成立。2007 年 8 月,队部迁址至广东省珠海市,负责南海海域海上抢险救生飞行任务。

2004 年 8 月 20 日,交通部东海第二救助飞行队在福建省厦门市成立,主要担负我国台湾海峡及福建沿海范围内的海上抢险救生飞行任务。

2006 年 1 月 13 日,交通部北海第一救助飞行队在山东省蓬莱市正式成立,下辖蓬莱沙河口机场飞行救助基地和辽宁省大连周水子国际机场飞行救助点,执行以蓬莱和大连两个基地为圆心、半径为 110 n mile 范围的救助任务,涵盖了整个渤海湾以及中国北方部分海域。2022 年,交通运输部南海第二救助飞行队进驻南沙岛礁,承担南沙海域海上应急救助任务。

如图 4-3 所示为交通运输部救捞系统组织机构图。

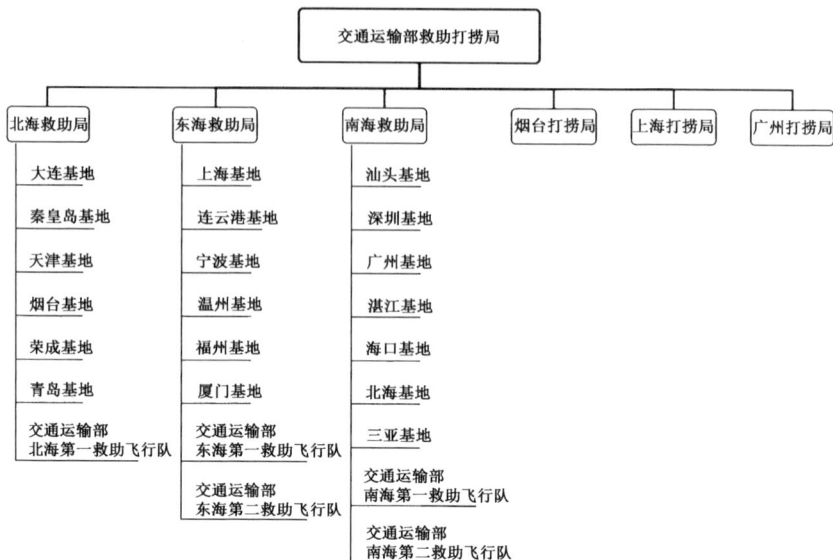

图 4-3　交通运输部救捞系统组织机构图

(二)职责

1. 交通运输部救助打捞局

(1)拟定救助打捞行业有关政策、法规、标准、规范并监督实施。

(2)负责航行在我国沿海水域的国内外船舶、海上设施和遇险的国内外航空器及其他方面的人命救助和海上消防工作。

(3)负责船舶和海上设施财产救助、沉船沉物打捞、港口及航道清障、沉船存油和难船溢油的应急清除;提供水上、水下工程作业服务。

(4)承担国家指定特殊的政治、军事、救灾等抢险救助、打捞任务;负责救助打捞系统交通战备组织协调工作;履行有关国际公约和双边海运协定等国际义务。

(5)负责统一部署救助船舶、直升机(飞机)等救助值班待命力量,承担实施有关救助指挥调度和协调工作。

(6)负责管理与海(水)上救助和打捞有关的涉外事宜;组织开展对外业务合作与技术交流。

(7)负责打捞、潜水机构资质审核;管理从事产业潜水作业的潜水员及与救助打捞相关的其他特殊工种的考核发证工作。

(8)组织行业发展战略研究;组织编制救捞系统中长期发展规划和有关计划;指导行业信息化建设。

(9)负责管理局机关和所属单位基本建设、财务、审计、科技、人事、劳动工资、思想政治工作、精神文明建设和职工队伍建设工作;负责救助打捞行业统计和行风建设工作。

（10）承办交通运输部交办的其他事项。

2. 救助(局)单位

（1）沿海及相关水域的国内外船舶、水上设施和在沿海水域遇险的国内外航空器及其他方面的水上人命救助。

（2）以人命救助为目的的海上消防。

（3）以人命救助为直接目的的船舶和水上设施及其他财产的救助。

（4）国家指定特殊的政治、军事、救灾等抢险救助任务。

（5）履行国际公约和双边海运协定等国际义务。

（6）完成国家交办的其他抢险救助等工作任务。

3. 打捞(局)单位

（1）国家指定特殊的政治、军事、救灾等抢险打捞任务。

（2）履行有关国际公约。

（3）沉船沉物打捞,公共水域和航道、港口清障。

（4）水上非人命救助的船舶、设施和财产的救助打捞。

（5）沉船存油和难船溢油的应急清除,防止海洋环境污染。

（6）海上应急拖航驳运和海上特殊交通运输。

（7）完成国家交办的其他工作任务。

4. 救助基地

（1）接到海上遇险救助指令或请求后,立即通知就近待命船舶,保持与专业救助船舶的不间断联系,同时上报救助局。

（2）负责为相关专业救助船舶做好油、水、主副食品等补给和维护保养工作。

（3）组织协调相关专业救助船舶落实训练计划,掌握专业救助船舶维护保养动态。

（4）协调有关部门对获救人员进行善后处理。

（5）负责救助值班室建设。

（6）收集整理有关报表及资料,负责救助统计工作。

5. 救助飞行队

（1）海上遇险人员、船舶等的搜救。

（2）配合救助、打捞船舶,实施海上救助、打捞以及清除污染等工作。

（3）配合海事部门进行海上执法以及海洋环境巡查。

（4）日常飞行训练以及搜救演习等任务飞行。

（5）交通运输部救助打捞局下达的运送应急抢险救灾物资、器材和人员等其他特殊飞行任务。

(三)负责水域与待命要求

1. 负责水域

如图 4-4 所示为北海救助局搜救责任区,北海救助局负责绣针河口(北纬 35°05′10″、东经 119°18′15″)至平山岛北端(北纬 35°08′30″、东经 119°54′30″)的连线和北纬 35°08′30″纬度线以北水域。

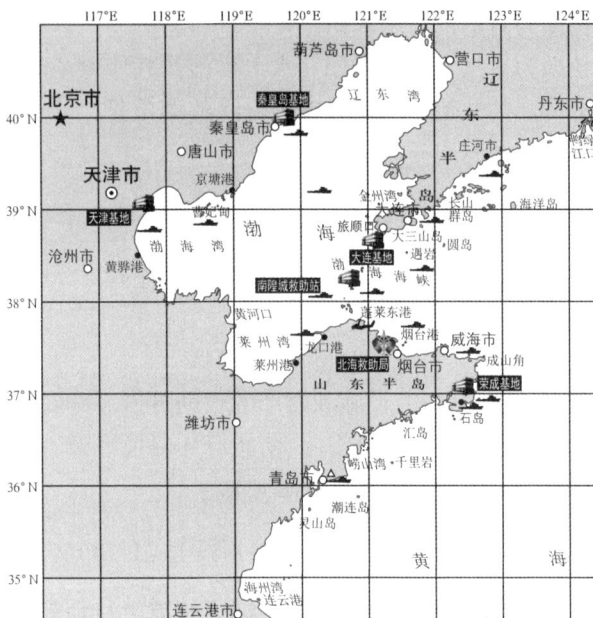

图 4-4　北海救助局搜救责任区

如图 4-5 所示为东海救助局搜救责任区,东海救助局负责绣针河口至平山岛北端的连线和北纬 35°08′30″纬度线以南至宫口头东经 135°方位线以北水域。

如图 4-6 所示为南海救助局搜救责任区,南海救助局负责宫口头东经 135°方位线以南水域。

2. 待命要求

(1)专业救助船待命期间船员和救生员必须全员到位。

(2)船舶(包括设备、器材和救生装备)技术状态良好。

(3)食品、燃物料储备能维持 15 天;消防设备完好,消防泡沫应按泡沫舱容储备。

(4)遵守通信规则和情况处置规定,收到遇险信息后,立即逐级报告。

(5)出动时限为:全天候大功率专业救助船接到救助指令后 30 min 内出动;快速救生船 20 min 内出动;高速救助艇 20 min 内出动;华英系列救助艇 15 min 内出动。冬季(每年 10 月 1 日至翌年 2 月底)出动时刻在此基础上各延长 10 min。

图 4-5　东海救助局搜救责任区

（6）救助飞行队值班室 24 h 值班，接到指令后，处于值班待命状态的救助航空器 45 min 内能够起飞。

（四）专业救捞人员与装备

1. 救捞人员

截至 2020 年，中国救捞系统拥有员工近万人，其中，每个救助局各有近千人，每个打捞局各有近两千人，救助船队船员、应急反应救助队救生员、潜水员和专业技术人员占 80% 以上。

救助船船员除了具备普通商船船员的知识和技能外，还要经过通用基础训练、专业基础训练、单船救助训练、多船救助训练、船舶与直升机配合训练、伤病员应急救护训练，具备各种环境下的救助船舶作业技术要求。

每个救助队救生员不但要完成救助船员的基础训练，还要进行轻装潜水训练、快速救生艇操作训练、救助落水人员训练、转移伤病员训练、登船抢险救火训练、潜

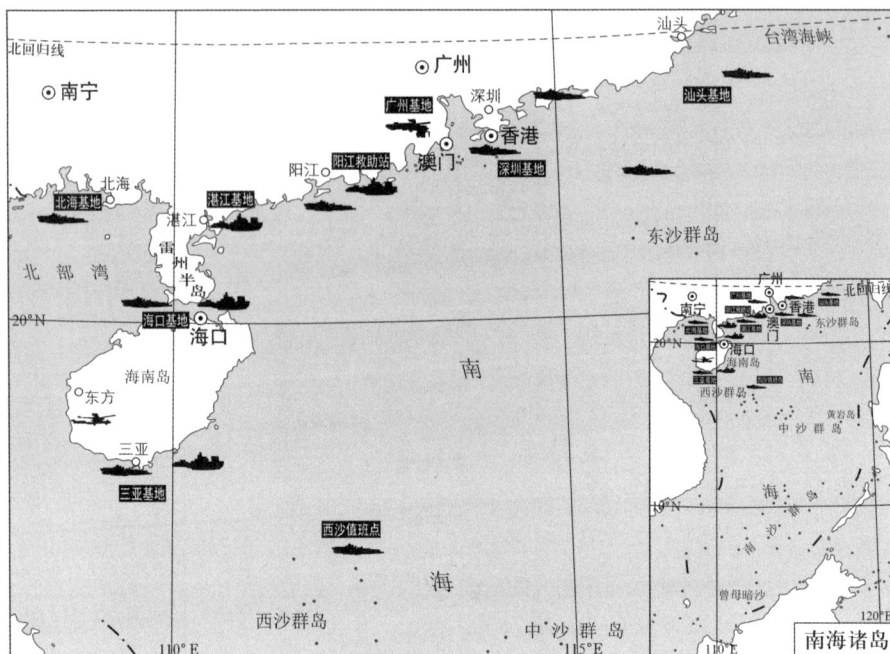

图 4-6 南海救助局搜救责任区

水探摸堵漏训练以及防爆、防毒、防化和飞机救生等特殊救助专业训练,具备特殊的救助技能。

2. 救捞船舶

救助船从功能上分为全天候海洋救助船、沿海快速救助船和小型高速救助艇三类。截至 2020 年,中国救捞系统拥有各类专业救捞船舶 192 艘,其中专业救助船 72 艘,专业打捞船 120 艘。

(1)全天候大功率海洋救助船

全天候大功率海洋救助船具有人命救助、拖带、消防、直升机升降平台、第三类船的母船功能;具备远洋救助、立体救助、大型船舶拖航、二级消防灭火和夜间搜救能力。该类船最大航速为 22 kn,救助环境为 9 级海况(12 级风,14 m 浪)。

如表 4-1 所示为"南海救 101"基本参数。

表 4-1 "南海救 101"基本参数

总长	109.70 m	最大航速	22 kn
垂线间长	88.00 m	系柱脱力	1 400 kN
型宽	16.02 m	床位	36+6
型深	7.60 m	续航力	10 000 n mile

续表

最大吃水	6.00 m	甲板面积	400 m²
总吨位	4 091 t	甲板负荷	5 t/m²
净吨位	1 227 t		

（2）沿海快速救助船

沿海快速救助船采用军舰规范建造。航速为 30 kn；救助环境为 9 级风，6 m 浪；拖力较大，具有较强的拖航救助能力。特别适合于沿海救助作业。

如表 4-2 所示为"北海救 201"基本参数。

表 4-2　"北海救 201"基本参数

总长	49.90 m
垂线间长	43.05 m
型宽	13.10 m
型深	4.50 m
最大吃水	1.63 m
总吨位	522 t
最大航速	30 kn
续航力	500 n mile

（3）小型高速救助船

小型高速救助船，救助环境为近岸、港口水域；可作为全天候大功率海洋救助船的子船。特别适合近海渔船、游艇及小型船舶遇险人命救助。对航道复杂、水域较浅而大功率或深吃水船舶又无法驶入的海区执行抢险任务，有独特作用。

如表 4-3 所示为"华英艇"基本参数。

表 4-3　"华英艇"基本参数

救助艇名称	华英系列	主机千瓦×台数	356 kW×2
总长	16.00 m	蓄电池容量	24 V 60 A
型宽	5.30 m	发电机台数	2
空载吃水	1.68 m	燃油种类	0 号
航速	18 kn	燃油舱容	1.5 t

续表

续航力	208 n mile	救生筏数量	1
推进器桨叶类型	固定式	救生圈数量	4
推进器数量	2	救生衣数量	16
救生艇数量	1	排水泵数量	1

(4)抢险打捞

救捞船舶能够在60 m水深实现整体打捞50 000载重吨沉船,实现300 m水深饱和潜水作业,利用水下机器人(ROV)初步具备了3 000 m水深作业能力,具有60 m水深钻孔抽油能力。

目前,北海救助局拥有上述各类救助船舶21艘,其中,1 940 kW救助船5艘,3 200 kW以上的救助船9艘,4 480 kW快速穿浪救助船1艘,快速救助艇6艘。

东海救助局拥有各类救助船23艘,其中,720 kW救助拖船1艘,1 940 kW救助拖船5艘,3 200 kW以上的大功率救助拖船10艘,专用救助艇7艘。

南海救助局拥有各类救助船31艘,其中,14 000 kW救助拖船1艘,8 000 kW救助拖船6艘,6 000 kW救助拖船1艘,双体穿浪快速救助船2艘,近海救助拖船8艘,其他船艇13艘。

3. 救助飞机

救助飞机按飞机的设计类型分类,其种类有两种,即固定翼飞机和直升机,直升机包括普通直升机和水陆两用直升机。按飞机的飞行半径或载客人数分类,它又可分为多种,如表4-4所示为固定翼飞机飞行半径;如表4-5所示为直升机飞行半径及载人情况。

表4-4 固定翼飞机飞行半径

固定翼飞机	飞行半径
短程(SRG)	280 km(150 n mile)+剩余0.5 h搜寻时间
中程(MRG)	740 km(400 n mile)+剩余2.5 h搜寻时间
远程(LRG)	1 390 km(750 n mile)+剩余2.5 h搜寻时间
甚远程(VLG)	1 850 km(1 000 n mile)+剩余2.5 h搜寻时间
超远程(ELG)	2 780 km(1 500 n mile)或以上+剩余2.5 h搜寻时间

表 4-5　直升机飞行半径及载人情况

直升机	飞行半径及载人情况
轻型（HEL-L）	185 km（100 n mile），可转移 1~5 名人员
中型（HEL-M）	185~370 km（100~200 n mile），可转移 6~15 名人员
重型（HEL-H）	超过 370 km（200 n mile），可转移 15 名以上人员

4 个救助飞行队拥有 12 架救助航空器，包括 10 架救助直升机和 2 架固定翼飞机，其中，直升机 S-76C+型 4 架，EC225 型 2 架，另外租借其他类型直升机 4 架；固定翼飞机 CARAVAN-C208 型 2 架。

航空器的性能指标代表了其救助能力。目前中国使用的各种救助飞机机型基本参数如下：

（1）如表 4-6 所示为 S-76C+型直升机主要参数。

表 4-6　S-76C+型直升机主要参数

最大飞行航速	155 kn（287 km/h）	可用载荷	2 457 kg
正常巡航速度	150 kn（276 km/h）	客舱容积	5.78 m³
最大航程	430 n mile（798 km）	可载人员	2+12 人
通常作业半径	110 n mile（204 km）	标准载油量	1 060 L
最大起飞重量	5 307 kg	绞车安全工作负荷	272 kg

（2）如表 4-7 所示为 CARAVAN-C208 型固定翼飞机主要参数。

表 4-7　CARAVAN-C208 型固定翼飞机主要参数

最大巡航速度	341 km/h	可载人员	2+12 人
最大可用飞行高度	7 224 m	标准载油量	2 249 L
最大航程	1 680 km	翼展	15.9 m
最大起飞重量	3 969 kg	机长	12.7 m
可用载荷	2 005 kg	机高	4.27 m
客舱容积	5.1 m×1.6 m×1.3 m		

4. 救助设备

通信与电子类救助设备有水下通信器材、生命探测仪、水下视频探测仪、信标探测仪、电子通信呼吸器等。

救助工具类设备有液压破拆工具、液压动力站、水陆两用焊接设备等。

救助浮具类设备有飞机空投救生器、自动充气救生圈以及潜水装具等。

四、非专业救助力量

(一)来源

根据2003年中国海上搜救中心发布的《搜救力量指定指南》,中国的海上搜救资源主要来自下列单位或部门:

(1)沿海的县、乡人民政府。

(2)地方人民政府投资建设的用于社会防灾、救灾的所有可用于海上人命救助的设施及配备的人员。

(3)公安边防部门:边防和海警等部门的船舶及人员;军队部门可用于搜救的船舶(飞机)及人员。

(4)政府部门:海事、海关、海洋、渔监、渔政部门管理的(包括直属海区,省、市、县及港口等和民航部门等)可用于海上人命救助的船舶、飞机及人员。

(5)社会力量:航运公司、渔业、海洋石油公司、直升机公司及个人等可用于指定搜救力量的船舶、飞机,包括值班待命点的船舶、飞机及人员。

(6)气象、海洋、通信、医疗等陆上救助力量:可提供气象、海况、通信和医疗服务的单位和部门。

(二)选择与管理

在选择海上搜救力量的次序上,首先是国家的公共服务部门(政府),其次是社会单位。对公共服务部门的选择,注重部门的法定职责以便提高对所属公共资源的使用效率;对社会单位的选择,注重其拥有的搜救设备设施的情况,通过广泛选择来集中优质资源。目前,中国各地各级海上搜救中心均根据《搜救力量指定指南》指定了本级搜救中心的搜救力量,并以"海上搜救成员单位"的形式列入所制定的预案和有关文件中。

对重点的搜救成员单位,如气象部门、通信部门、医疗单位等,通常还通过搜救协议或合同进行管理,以便在险情发生时高效利用。

(三)特点

(1)所有权和使用权分离。虽然在搜救中心这些搜救力量登记在搜救成员单位目录中,但搜救中心对此没有所有权。它们由其来源单位所拥有,平时为各自的部门和行业服务,只有当险情需要时,才由海上搜救中心临时征用。

(2)统一使用权。中国各级海上搜救预案都规定实行"统一指挥"的海上搜救工作原则。这些搜救力量不管由哪个单位提供,在开展搜救应急行动时,都由当地的海上搜救中心统一组织和指挥,以保证各方应急力量行动协调,提高搜救效率。

(3)装备要求高。海上搜救力量的首选是船(艇)或飞机。受海上环境的制约和险情处置的需要,要求这部分船(艇)和飞机自身已经携带或能够运送专用搜救设备。显然,作为海上力量的船(艇)和飞机在专业装备上有别于日常的生产性装备配置。

五、遇险与安全通信机构(系统)

(一)海岸电台

1. 海岸电台建设

海岸电台是专门为船岸提供常规通信的电台,还提供海上遇险安全值守和通信,以及海上报时、海上气象预报和沿海航行警告等大量的公益性业务通信,对确保中国沿海及各港口的船舶航行秩序和航行安全起到非常重要的作用。

中国海岸电台(现称通信中心)分别由交通运输部北海航海保障中心、东海航海保障中心和南海航海保障中心管理,其中,北海航海保障中心有大连、营口、秦皇岛、天津、烟台、青岛、哈尔滨 7 个通信中心;东海航海保障中心有连云港、南京、上海、杭州、宁波、福州、厦门 7 个通信中心;南海航海保障中心有汕头、深圳、广州、湛江、南宁、海口 6 个通信中心。上海、广州、天津海岸电台是中国三大核心电台。

上海海岸电台始建于 1905 年,是中国的核心海岸电台,是唯一代表中国政府承担西北太平洋第七搜救区海上全频段通信的国际数选值班台和海上无线电标准授时信号播发台以及承担中国海岸电台开放的所有海上通信业务。

广州海岸电台是中国最大的海岸电台之一,是华南地区规模最大、功能最齐全的海岸电台。

天津海岸电台是中国唯一发布冰况报告的海岸电台。

其他各中小海岸电台或港口电台为本辖区内用户提供海上遇险通信值守、安全信息播发及常规通信业务。

遇险与安全信息包括:A——航行警告(不可拒收);B——气象警告(不可拒收);C——冰情报告;D——搜救信息(不可拒收);E——气象预报;F——引航信息;L——航警补充等。

2. 海岸电台值班

中国《船舶遇险紧急通信处置细则》(87)交海字 617 号规定了海岸电台值班的有关事项:

(1)海岸电台(以下简称岸台)报务人员在值班时,要认真注意守听,在听到遇险信号("SOS""MAYDAY""求救")和遇险报告时,无论信号强弱,都要克服困难,认真抄收,详细记录。

(2)岸台收到中国船舶在国际遇险频率上拍发的遇险、紧急信号及遇险报告,应立即给予收妥承认,并按本节(4)款处理。经岸台负责人或业务主管人员(领班)批准后,可予以转播。

（3）岸台收到外国船舶在国际遇险频率上拍发的遇险、紧急信号及遇险报告，经当班负责人或领班批准后，可给予收妥承认，必要时可予以转播。但距离海事地点较远的岸台，应稍推迟收妥承认，继续守听，以便让距离较近的岸台予以收妥承认；如确信没有其他电台给予收妥承认，距离较远的岸台可给予收妥承认，必要时设法通知较近的岸台注意守听；当确知遇险船舶附近的船岸电台已给予收妥承认，并足以提供援救时，距离较远的岸台不必给予收妥承认。

（4）岸台收到国内、外船舶遇险、紧急信号及其报告后，无论抄收情况如何，应立即用电话向当地海上安全指挥部（以下简称"海安指"）和港务监（含海上安全监督局，以下统一简称港监，现称为海事局）报告，随后将所抄收的内容传送给"海安指"和港监（现为海事局）。

（5）岸台收到外国船岸电台在国际遇险频率上转播的发生在我国搜救水域内的遇险、紧急报告，亦应及时传送给当地"海安指"和港监（现为海事局）。

（6）岸台收到中国船舶在非遇险频率上拍发的冠以"SOS"或"×××"信号的电报以及"MAYDAY""求救"或"PANPAN"的无线电话，应先将情况用电话通知当地"海安指"和港监（现为海事局），随即将电报或电话记录传送给"海安指"和港监（现为海事局）。如指明发给收报（话）单位时，亦应采取有效措施，尽快通知收报（话）单位。

（7）岸台收到外国船舶在非遇险频率上拍发的遇险、紧急信号及其报告时，以及外籍船在非遇险频率上将遇险、紧急报告发给中国某一个岸台时，亦应按本节（4）、（5）款处理。

（8）凡具备有无线转接条件的岸台，在遇险通信中，如"海安指"和港监（现为海事局）有要求，应立即接通"海安指"和港监（现为海事局）与难船或救助船之间的通信联系。

（9）岸台收到中国船舶在非遇险频率上冠以"SOS"或"XXX"信号的呼叫后，应保持不间断守听。凡开放单边带（SSB）无线电话的岸台，应随时准备使用单边带无线电话通信，并采取一切措施，确保通信畅通。

（二）GMDSS 系统

北京海事卫星地面站与中国海上搜救中心专线连接，通信范围覆盖了太平洋和印度洋；建有北京国际搜救卫星终端站和任务控制中心，接入国际搜救卫星网络全功能运行，可覆盖的共视区半径为 2 000 km。

在沿海岸线建设了一批地面高频、中频和甚高频地面无线电数选值班台（DSC），可分别覆盖第七搜救协调区（西北太平洋）、离岸 100 n mile 和 25 n mile 的海域。

（三）全国统一水上遇险求救电话——12395

在海上，船舶一旦发生险情或遇人员落水、突发疾病需要救助，就可拨打12395 向海上搜救中心报警。

"12395"电话是解决海上遇险报警渠道不畅通和提高搜救快速反应能力的一项重要措施。在全国任何一个地方，只要拨打"12395"电话，中国各地的海上搜救中心值班室都可以及时接收到，同时，电脑系统可通过先进的电子系统显示出报警者正在使用的电话号码，迅即进入海上搜救程序。

"12395"音译为"要岸上救我"，以便于在应急情况下唤醒记忆。

（四）船舶交通管理系统（VTS）

目前，中国已在沿海重点港口和重要内河水域建立了 44 个 VTS 中心，实现了对重点水域有效监控。

（五）船舶自动识别系统（AIS）

截至 2020 年，中国沿海共建成 1 个国家级 AIS 中心、1 个全国 AIS 数据备份中心、3 个海区中心、18 个辖区中心和 168 座 AIS 基站。内河 AIS 岸基系统共建成 4 个水系管理中心、15 个省级中心和 267 座内河 AIS 基站，实现内河 AIS 岸基系统与现有沿海 AIS 岸基系统互通互联。AIS 组成网络覆盖沿海 30 n mile 水域和内河四级及以上高等级航道。

另外，中国船舶报告系统（CHISREP）随时掌握在中国沿海航行的船舶的动态，协调事故现场附近船舶参加救助行动。

在沿海共建有可连接搜救中心值班室的多个 CCTV 系统。

中国已建成 22 座 DGPS 台站、75 座北斗卫星导航站点，可为船舶提供高精度定位服务。其中，北斗卫星导航技术的应用已将中国近海 50 km 范围内水域的定位精度提高到厘米级。

第二节　国际海难救助管理体制

水上安全和海难救助历来受到各海运国家政府的重视，具体体现在为搜救目的而制定完整的法规和法令、建立海上事故救援组织和建立完备的管理体系。

许多国家的水上安全机构在负责其水上交通安全的监督和管理的同时，又直接参与海难救助工作，如美国的海岸警卫队（United States Coast Guard，USCG）、英国海事与海岸警卫署（UK Maritime and Coast Guard Agency，MCA）、日本的海上保安厅（Japan Coast Guard，JCG）、加拿大的海岸警卫队（Canadian Coast Guard，CCG）、法国的海上事务局及澳大利亚的海事安全局（Australian Maritime Safety Authority，AMSA）。

一、美国

1. 搜救体制

美国海上搜救机构由国家搜救委员会(NSARC)和美国海岸警卫队二级体系组成。

国家搜救委员会由国防部、商务部、内政部、运输部、国土安全部、联邦通信委员会和国家航空航天局构成,不承担实际搜救事务,负责美国国家搜救政策的制定,协调国家各联邦机构的搜救事务。

美国的海上保安业务由美国海岸警卫队执行。它创建于1790年,原为财政部所属的缉私组织,1915年被命名为"海岸警卫队",1967年4月归运输部管辖,执行海域执法、搜救、助航、破冰、环境保护、港口安全和国防准备等任务。美国海岸警卫队是美国救助的主要力量,既是海上搜救的协调者,也是搜救行动的执行者。其主要目的是减少海上人命、财产损失。

美国的搜救体制是将全国水域分成内水、近海和远海三种区域:

(1)内水(即内河和大湖区)各区域。由国防部派空军的航空救难队承管,参加内水各区域搜救工作的还有国防预备队和海军小型舰艇队。

(2)近海区域由海岸警卫队承管。如图4-7所示为美国海岸警卫队搜救区域,由美国海岸警卫队负责的搜救责任区域很广,它包括太平洋的大部分、大西洋的三分之二左右的水域以及整个墨西哥湾。整个搜救责任区域被划分为12个管辖区,各区设有司令部。当发生大规模海难事故时,各管区的救助协调中心(RCC)将负责协调船舶和飞机的行动。

(3)远海区域由国防部责成海、空军的驻外司令官指挥管理。

对于这三种水域的搜救工作,除了由区域内承管部门协调外,美国联邦航空局、交通安全委员会、局际搜救委员会、海洋气象局、联邦通信委员会、宇航局、联邦救灾局、美国红十字会等12个机构作为协作单位参与海难救助工作。

2. 搜救力量

(1)船艇。美国海岸警卫队计有两个级别(指任何长度为65 ft或更长的美国海岸警卫队船(艇)和任何长度小于65 ft的美国海岸警卫队船艇)18种类船(艇),其中大于65 ft的有259艘,小于65 ft的有1 602艘,共计1 861艘。如表4-8所示为美国海岸警卫队船(艇)(长度大于65 ft),分别部署在41个基地、191个救助站,在近海和内陆水道执勤或作为大中型巡视船的船载短程执勤艇使用。

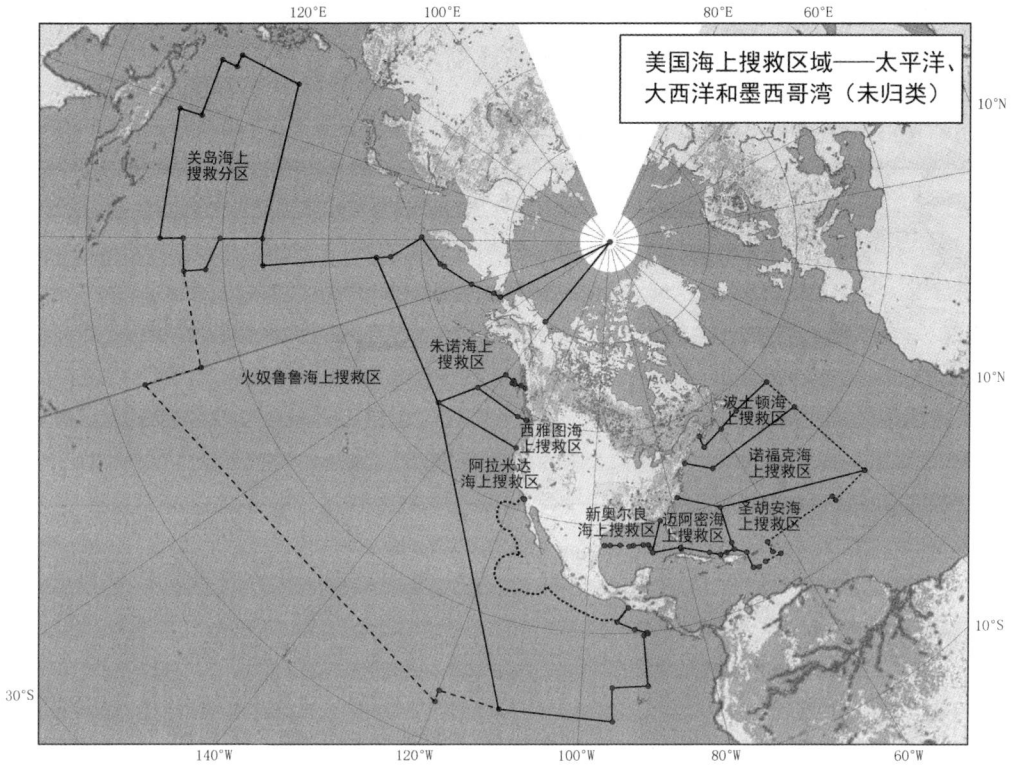

图4-7　美国海岸警卫队搜救区域

表4-8　美国海岸警卫队船(艇)(长度大于65 ft)

种类	数量(艘)
破冰船(北极/五大湖)	3/1
巡逻船	8
长距离续航船	2
中等距离续航船	28
快速响应船	41
巡逻船	90
浮标船(海上/沿海地区)	16/14
浮标船(内陆/河流地区)	22
施工船	13
破冰拖船	9
港口拖船	11
训练用帆船	1

如表 4-9 所示为美国海岸警卫队船(艇)(长度小于 65 ft),也分别部署在 41
个基地、191 个救助站,在近海和内陆水道执勤或作为大中型巡视船的船载短程执
勤艇使用。

表 4-9　美国海岸警卫队船(艇)(长度小于 65 ft)

种类	数量(艘)
小型响应船	367
中型响应船	174
机动救生艇	117
助航艇	160
快艇	424
其他类型船艇	360

(2)飞机。美国海岸警卫队装备 7 种远、中、近程固定翼飞机和直升机 200
架,如表 4-10 所示为美国海岸警卫队飞机。设置航空基地 25 个,其中,大型基地
14 个,小型基地(站)11 个,各基地之间的距离一般为 200~500 n mile,多设置于美
国沿岸,部分设置在波多黎各、阿拉斯加及夏威夷。每个基地根据不同任务配置数
量不等的固定翼飞机和直升机,固定翼飞机主要装备在大型飞行基地,最低配置 3
架直升机。

表 4-10　美国海岸警卫队飞机

种类	数量
MH-65D/E(直升机)	98
MH-60T(直升机)	45
HC-130H(固定翼飞机)	10
HC-130J(固定翼飞机)	13
HC-144(固定翼飞机)	18
HC-27J(固定翼飞机)	14
C-37A/B(固定翼飞机)	2

美国于 1980 年 8 月 12 日批准加入《1979 年国际海上搜寻与救助公约》。

二、英国

1. 搜救体制

英国搜救战略委员会是英国搜救系统的最高权力机构,由运输部(担任主席和秘书长),国防部(担任副主席),内务部,海事与海岸警卫署,英格兰、威尔士和北爱尔兰警察委员会,苏格兰警察委员会,消防委员会,卫生急救委员会,皇家救生艇协会(RNLI)组成。运输部作为政府主管部门依法主管英国海上搜寻与救助工作。海事与海岸警卫署及其所属的皇家海岸警卫队(HMCG)统一管理英国的海上搜救和防污染工作。皇家海岸警卫队下设的各地海上搜救协调中心具体负责全天24 h的海上遇险报警的接收、紧急反应和救助。

英国分为3个搜救区域,即苏格兰和北爱尔兰搜救区域、威尔士和英格兰西部搜救区域、英格兰东部搜救区域,如图4-8所示为英国海上航空和陆地搜救区域图。

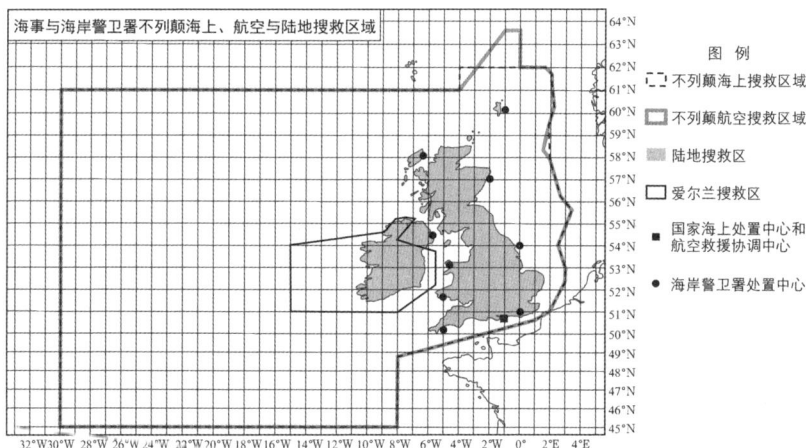

图4-8　英国海上航空和陆地搜救区域图

皇家海岸警卫队下设19个分支机构,分布在英国沿岸,每个分支机构都设有海上搜救协调中心或救助分中心。搜救协调中心或分中心不按行政区设置,而是按地理位置设置,实施垂直管理,地方政府一般不干预搜救工作,从接警、响应、协调、指挥到搜救终止的所有工作都由海上救助协调中心负责。

各地海上搜救中心值班人员接到报警后,按反应计划(应急反应实施清单)做出相应反应,协调指挥辖区搜救待命力量赶赴现场实施搜救。

2. 搜救力量

英国海上搜寻和救助力量主要由政府部门和民间力量组成,政府部门以海事和海岸警卫署为主,民间力量包括民用直升机所有者组织、皇家救生艇协会、皇家救生协会(RLSS)以及其他民间志愿者组织。

海岸警卫署租用商业公司 4 艘大功率救助拖船、4 架直升机和军方提供的 8 架直升机。签订租用合同,需要时使用。海岸警卫署和军队的 12 架搜救直升机均为大型机,搜救半径为 150~200 n mile,有效搜救范围可覆盖全部沿海水域。拥有 18 个雷达站、多个 AIS 基站和各个港口的 VTS,覆盖了整个英国沿海水域。专用无线电 19 频道覆盖了 150 n mile 以内的水域。

皇家救生艇协会在全英国设有 236 个救生艇站,实现英国沿海水域待命救助艇有效覆盖。其中,130 个救生艇站配备 130 艘全天候可自动扶正的救生艇(每 10~15 n mile 配备 1 艘)和 68 艘近岸航行救生艇,其他 102 个救助站只配备了近岸航行救生艇;另外,协会还设有 59 个海滩救生站。协会共有 5 000 多名志愿者船员,协会负责对志愿人员进行培训并使其达到严格的服务标准。

皇家救生协会也是志愿者组织,负责部分海滩和内陆水域及室内游泳场所的防溺水和救生工作。

英国于 1980 年 5 月 22 日成为《1979 年国际海上搜寻与救助公约》的缔约国。

三、日本

1. 搜救体制

日本海上保安厅是维持海上安全和治安的主管机关,在国土交通省之下,主要任务包括警备业务、环保及防灾、海难救助、海洋情报和海上交通管理,如图 4-9 所示为日本海上搜救区域图(局部)。日本已经建成以海上保安厅为中心,覆盖全日本海域的海上搜救网络。该网络将其管辖海域分成 11 个管区,如图 4-10 所示为日本本土海上保安厅管区部署图,每个管区内设海上保安本部,其下再设若干海上保安部和海上保安署。

各管区共下辖海上保安部 67 所、海上保安部航空基地 1 所、海上保安署 63 所、情报通信管理中心 6 所、航空整备管理中心 7 所、航空基地 13 所、国际组织犯罪对策基地 1 所、特殊警备基地 1 所、特殊救难基地 1 所、机动防除基地 1 所、统制通信事务所 5 所、水路观测所 3 所、远距离无线电导航中心 1 所及航路标识事务所 2 所。

为确保海难救助工作的及时性和有效性,日本海上保安厅建立了如下三种体制:

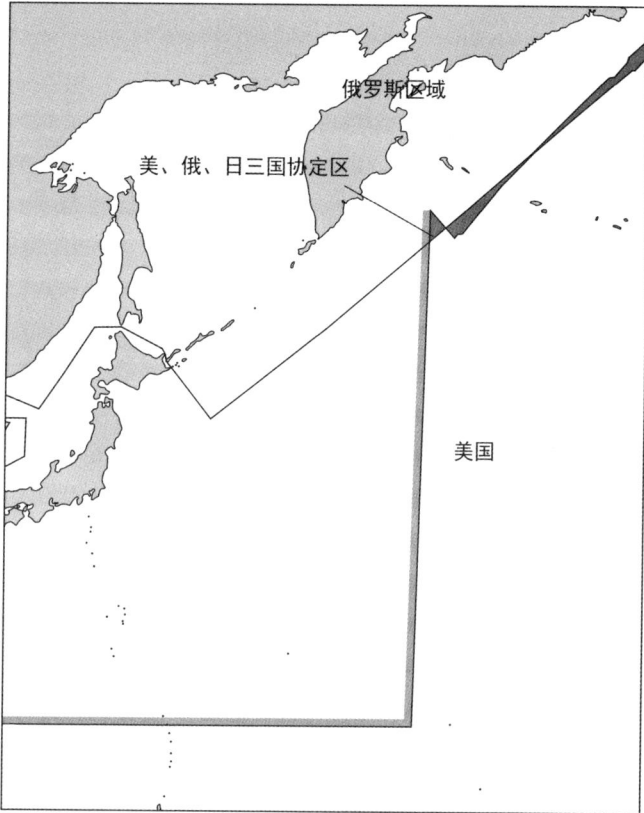

图 4-9　日本海上搜救区域图(局部)

(1)信息收集体制

为在广大海域迅速准确地实施海难救助,日本海上保安厅依靠 33 个陆地通信站、24 个救助方位测定站和巡逻艇昼夜监听遇难频率,同时,还建立了常时测定来自遇难船舶的电波方位的体制。为了有效地运用船位通报制度,海上保安厅配备了可与远海航行船舶进行短波通信的设施,以获得船位信息。

(2)海难应急体制

海上保安厅 24 h 值班。一旦发生海难事故,便迅速收集、分析有关信息,研究搜索区域和救助办法,使遇难船附近的巡逻艇和飞机立即赶赴现场。

(3)特殊救助体制

为了实施特殊海难的救援工作,日本海上保安厅于 1957 年建立了羽田特殊救难基地,该基地有 4 个队,调整配备潜水指定船及救难强化船等特种任务船(艇)。对国内所有海上管区的救难要求,羽田特殊救难基地昼夜 24 h 可以随时做出反应。该基地的任务是:对危险品运输船舶的海难救助;应用高潜水技术从倾覆船

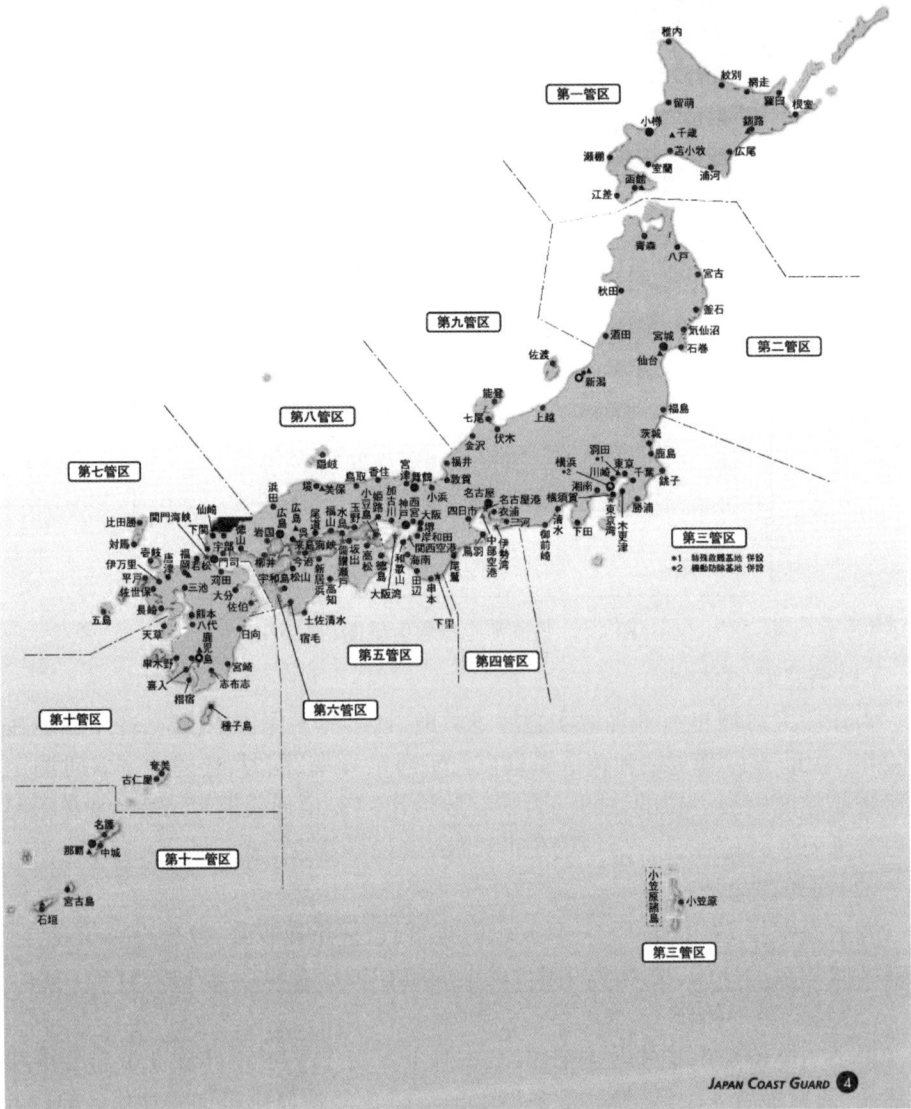

图 4-10　日本本土海上保安厅管区部署图

和沉船中营救人员;从直升机上降放特殊救难队员以救助搁浅或进水船舶。此外,还从事一些海难救助以外的业务,例如,利用特有技术进行海上罪犯搜查工作,清除航道上的障碍物等。

2. 搜救力量

日本海上保安厅拥有大约 1.2 万名保安员,拥有 514 艘船艇(小型救助船 87 艘)、75 架救助飞机,其中固定翼飞机 29 架,固定翼飞机包括 3 型 8 架大型飞机、4 型 21 架中型飞机;直升机 46 架,包括 4 型 42 架中型直升机、1 型 4 架小型直升机。

广泛利用民间力量也是日本海上搜救体制的特点。日本沿海民间较早地自发组织起"日本水难救济会",总部设在东京,在沿海道、府、县设有 24 个分部,分部下再设 295 个救助所和 115 个分所。水难救济会拥有 85 艘小型救助船、19 000 多名自愿救助人员。日本海上保安厅将该会视为海难应急体制的一个组成部分,除对其工作予以指导外,还给予必要的协助。

四、其他国家

1. 加拿大

加拿大的海上搜救工作由运输部所属的加拿大海岸警卫队(CCG)担任,由国防部部长担负综合调整整个搜救活动(其中包括 CCG 的搜救活动)的责任及与其有关的最终责任。

加拿大海岸警卫队的总部设在渥太华,沿海设有 5 个管辖区。各管区司令在 CCG 司令的领导下负责本管区任务。另外,在管区下还设有保安部(BASE)或保安署(SUB-BASE),部长和署长在管区司令的领导下负责某一区域的业务。各部、署的组织随其规模的大小而异,有些部、署只在夏季执行任务。CCG 共有 156 艘救助船/艇(包括破冰船和气垫船)、35 架飞机,其中,34 架为直升机。

加拿大于 1982 年 6 月 18 日加入《1979 年国际海上搜寻与救助公约》。

2. 法国

法国海上搜救体制是海洋部部长接受总理的委托,与国防部部长和运输部部长协商确定有关在法国负责的海域内搜救遇难者的全部政策,在海洋部设立由海洋部、国防部和运输部的部长代表组成的研究调整机构[部际海洋联席会(SEC-MAR)]。

法国的搜救执行机构是法国海上事务局。法国设立了 8 个地方监视和救助中心(CROSS),该中心是《1979 年国际海上搜寻与救助公约》规定的救助协调中心。该中心由海洋部部长下的负责海事管理的官员领导(在发生大规模海难时,海军军区司令亲自指挥),设置在法国的格里内角、若堡、科森、埃泰勒和拉加尔德 5 个地区,其中 3 个中心设立了分中心。救助中心的工作人员来自海洋部和海军。

除了上述专门的海上救助机构外,法国的民间海难救助志愿团体数量多且活动活跃,最主要的团体为法国海难救助协会。该协会的总部设在巴黎,它在全国主要港口设立了 260 个救难所。该协会拥有约 130 艘救助艇、约 330 只气胀式救生筏。

法国于 1980 年加入《1979 年国际海上搜寻与救助公约》。

3. 澳大利亚

澳大利亚的海上救助工作由海事安全局负责。海事安全局通过设在首都堪培拉的计算机系统与各州的警察、国防部队、国际海运和搜救机构、渔业合作团体、港务和航运公司、游艇俱乐部、自愿海上救难组织等保持密切的联系。一旦出现海难事故,海事安全局可立即组织和协调上述机构进行搜救活动。

1983 年,澳大利亚加入了《1979 年国际海上搜寻与救助公约》。

第三节　海上搜救合作

海上搜救合作是指根据有关公约、国家法规或协议约定,有搜救资源的双方或多方之间,为海上搜救目的而相互配合的一种联合行动。

搜救合作行为可以是直接参与的海上搜救行动,也可以是通过某种手段或工作间接地为搜救行动提供的支持行为。

由于海上搜救工作是一项时间紧迫、危险性高、涉及事项多的工作,一个搜救单位很难在短时间内独立完成,因此,往往需要多个单位的参与和配合。对于跨区域的搜救工作还需要有关搜救机构甚至其他国家的搜救机构的支持和协助。正是基于这种考虑,包括《1979 年国际海上搜寻与救助公约》《1958 年日内瓦公海公约》《联合国海洋法公约》在内的有关国际公约都在涉及海上救助的条款中强调海上搜救合作的必要性。

一、海上搜救合作对象

应根据有关国际公约和国内法律的要求及资源条件,选择合适的搜救合作对象。

合作对象可以是国内机构、两个或多个国家(特别是搜救区域相邻的国家)的海上和/或航空搜救主管机关或更高机关。其一般包括国家、省和当地政府部门;通信部门;航空部门;商船、渔船、游艇等有船部门;体育俱乐部及类似组织;商业企业及其他机构。

虽然海上搜救合作的对象十分广泛,但大体上可以分为:

（1）国家内各有关部门的合作。

（2）国家之间的合作。

（3）RCC 与航空搜寻与救助组织的合作。

1. 国家内各有关部门的合作

国家内各有关部门的合作是指 RCC 与本国内能够为搜救工作提供力量或搜救服务的机构或个人之间的合作。这些部门除上述已经提及的外，还包括海事、气象、水文、海运、渔业、医疗、消防、林业以及军事等部门，只要这些部门能够为海上搜救提供设施或服务。在选择合作对象时，应根据本海域的气象和险情特点及交通条件，对能够提供救助服务的单位进行合理选择和适当组合，以便更好地利用。例如：

（1）海事部门有专门的通信网络、经过培训的专业人员和海上公务船/艇。

（2）气象部门能够提供全面的事故海域气象资料。

（3）海运、渔业、海军能够提供本单位的海上船舶信息，一旦告之其出事海域范围，他们便成为良好的救助力量。

（4）医疗机构能够提供应急救护设施和专业医护人员。

（5）消防、林业部门能够提供飞机进行海上快速救援等。

2. 国家之间的合作

国家之间的合作是指不同国家之间为搜救目的而开展的互利行为。在同一水域内，由多个国家共同参与的合作行为称为区域合作。国家之间的合作是区域合作的基础。

国家之间的合作的必要性体现在两个方面：

一是由于国家之间的海上搜救力量差异及技术水平不同以及海上工作的国际性，国家之间的合作是客观和必要的，《1979 年国际海上搜寻与救助公约》第三章"国家之间的合作"对此提出了明确的要求。

二是由于某些国家或海上安全主管机关所负责的搜救区域大，该国可能无法满足海上搜救的实际要求，应该由另一个国家参加海上救助以加强该海域的救助力量，加之由于某些水域主权归属存在争议而可能导致的搜救责任出现空白地带，因此有必要进行国家之间的合作。

需要指出的是，国家之间的合作内容不仅体现在相互提供救助力量上，还体现在包括帮助培训专业人员、提供搜救设施或设备、交流海上搜救资料和经验、进行合作演习等诸多方面。

RCC 与航空搜寻与救助组织的合作历来受到 IMO 及各海运国家的重视，《1979 年国际海上搜寻与救助公约》大会决议 1"对提供和协调搜救服务的安排"指出："请政府间海事组织继续与国际民航组织密切协作，以便协调航空和海上的搜救计划和程序",《国际航空和海上搜寻救助手册》(IAMSAR)对此提供了详细的指导。

3. RCC 与航空搜寻与救助组织的合作

《1979 年国际海上搜寻与救助公约》第二章 2.4 款"与航空服务的协调"明确指出:"各当事国须确保海上与航空服务间最密切、可行的协调,以保障在其搜救区域内或搜救区域上空提供最迅速、有效的搜救服务。"

飞机参与救助行动有着其他设施不可比拟的优势:

(1)飞机的飞行速度快,能够迅速起动并快速到达出事地点,在海上人命救助,特别是要求短时间内完成救助任务时,这种优势特别明显。

(2)在船舶没有及时发出遇险报警或遇险报警没成功而导致搜寻范围较大时,飞机可以在设定的时间内搜索较大的海域并及时发现目标,同时还能为救助船舶的准确到达提供向导。

(3)飞机参与搜救行动受风、浪等气象条件的影响较小,可以在海上救助设施不能驶往出事海域时使用。实际上,许多成功的海上人命救助都是在飞机的及时参与下完成的。

海上搜救组织与航空搜救组织的合作是双方受益的,因为当飞机航行或发生事故而需要搜索、标识海上物标或者救助落水人员时,也常常需要船舶的帮助。

二、海上搜救合作基础

(1)法律基础。海上搜救各方同为有关海上安全公约的缔约国、区域合作的缔约方或海上安全工作的协议方等。

(2)物质基础。海上搜救各方都具有一定的搜救力量,各具优势且有互补性。

(3)社会基础。长期存在相互理解、彼此信赖、相互支持的良好气氛。

(4)统一的认识。有解决海上安全问题的共同目标和意愿。

(5)联系紧密。水域相连,空间距离适于配合;双方海上贸易往来频繁,特别是有海上客(渡)船航线。

(6)各方都认为有必要将搜救合作作为推动国家之间其他领域合作的先导工具。

三、海上搜救合作协议

签订海上搜救合作协议(包括备忘录、合同、计划、安排)是各方在海上搜救工作中共同承认和遵守的文件,为各方在紧急事件发生时迅速协调指挥提供保证。

协议的内容是对在实施救助工作过程中可能遇到的问题所进行的明确要求或规范。它应根据合作部门的具体情况而定,并应根据执行效果进行改进。

（一）合作协议的基本内容

1.明确的主管机关

主管机关是双方海上搜救合作的接触点，也是顺利进入并启动搜救程序的起始点，因此，协作机制中所指定的主管机关应该首先予以明确，并且主管机关的性质应该是双方搜救事务的实际协调者或指挥者，以具备相应的专业能力。

2.认可的搜救合作水域

由于水域管辖的敏感性，一般双方难以在各自全部的水域开展搜救协作，而只能将合作水域范围限定在某些特殊水域，所以，当涉及搜救区域时，协议应以明确的方式确认该水域，以便主动承担起各自的义务。通常，国家间合作水域通常以国际法为基础；国家内区域间的搜救合作水域范围通常从技术角度和工作习惯来考虑。

3.共同关注的搜救合作领域

共同关注的搜救合作领域是指今后准备共同开展的搜救事项，一般从与搜救工作有关的、对双方都有利的搜救事项中选择，未选择的意味着不受该协议约束。当协作领域围绕着提高搜救协调指挥效率时，搜救信息交流、保证通信线路畅通（主要是遇险通信保障，通过指定岸台和定期检查来实现）、搜救协调程序、搜救指挥工作条件等均应明确。当选择提高搜救人员工作水平时，搜救人员的交流与培训是该领域合作的常见选项。

4.确定沟通联络方式

双方直接接触是保持顺利合作的通用方式。双方直接接触一般通过搜救工作人员互访、定期或根据需要进行会晤以及通过定期的联络会议等预设机制来完成。

5.明确搜救人员和设备进入对方水域问题及解决方式

当国家之间合作时，该问题归结为进入对方领海、领空等领土问题，为平衡主权和人命救助的关系，搜救力量的进入需要明确进入的时机、条件、方式和必须遵守的程序。国内合作虽然不涉及领土问题，但应注意适应各自海上安全管理上的差异，明确与上述相类似的事项。

6.协议的认可方式及法律地位

搜救合作通过签署协议来表述，重大问题应与国际公约、国内法律规定相一致。协议的签署者是国家政府主管部门或海上安全主管部门的代表，双方的法律地位相等。

（二）合作协议的具体内容

1.国内各有关部门之间的合作协议

（1）有关机构提供使用的设施种类。

（2）能够提供救助的范围，包括适用条件和通过另行添加设备后能提供的援救情况。

（3）保证提供援救的区域。

（4）明确设备不能使用的时间，以及由于任何有关优先次序、时间变更以及其他不利因素影响或限制使用的情况。

（5）明确搜救任务协调员，即为保证迅速开始行动，应向谁提出援助以保证求救来源无诈。

（6）协议还应该明确在搜救行动中，该设施通常由谁安排及相应的联系方法；参加搜救演习的条件等内容。

2. 国家之间搜救合作协议

根据《1979年国际海上搜寻与救助公约》第二章"组织和协调"第2.1.2款要求：

（1）国家之间合作应确定法律框架。

（2）指定负责当局。

（3）组织现有资源。

（4）通信设施。

（5）协调和操作职能。

（6）改进服务的方法，包括规划国内和国际间的合作关系和培训等搜救服务的基本内容。

除此之外，由于国家之间的合作可能涉及有关人员和设施相互进入或跨越领海或领土，因此，当事国应制定相应的法律，允许当事国的搜救单位为寻找海难地点和救助海难中遇险人员的目的，立即进入或跨越其领海或领土。当确有必要出现这种进入时，主管当局应向该国救助协调中心或有关主管当局提出申请，详细说明其任务及必要性。而接到这种申请的主管当局必须做到立即确认收到该申请并尽快表明执行这一任务的条件（如有这样的条件）。

如果为国家之间相互及时便利地开展救助行动而事先就执行任务的程序和条件达成协议，那么，该协议至少应包括下列内容：

（1）批准和便利合格和正式委派的民间或军事人员为搜救目的立即进入最可能区域。

（2）批准和便利属于他国的民间或军用航空器、船、艇、车辆、工具、备件和其他设备，为实现搜救的目的立即和免税进入最可能区域；如有可能，允许这些设备进入未开放口岸。

（3）批准和便利上述人员、救助船（艇）和设备立即进入（但属临时进入）最可能区域内的禁行区、限航区或危险区。如本国认为必须保留禁航区内的搜救独占权，则必须拥有确保控制该区域安全的足够手段。

另外,《1979 年国际海上搜寻与救助公约》还要求各缔约国授权其救助协调中心在接到来自他国的救助请求时,应及时向其提供援助,其中包括船舶、飞机、人员及设备。

《中华人民共和国海上交通安全法》第 79 条第二款规定:"中国籍船舶在中华人民共和国管辖海域以及海上搜救责任区域以外的其他海域发生险情的,中国海上搜救中心接到信息后,应当依据中华人民共和国缔结或者参加的国际条约的规定开展国际协作。"当外国派遣船舶或飞机进入中华人民共和国领海或其上空搜救遇难的船舶或人员时,按照行政许可事项申请主管机关批准后开展行动。

3. RCC 与航空搜救组织的合作

对于 RCC 与航空搜救组织的搜救合作协议内容,《1979 年国际海上搜寻与救助公约》第二章 2.4 款"与航空服务的协调"指出:"凡可行时,每一当事国应建立为海上和航空两方面服务的联合救助协调中心和救助分中心";"各当事国须尽可能确保为海上和航空目的建立的搜救单位使用共同的程序。"按照公约要求:

(1)该协议应主要阐述建立海空联合救助协调中心和协作程序等内容。

(2)如果由于法律、技术和经济条件等原因的限制,不能建立海上和航空联合救助协调中心,那么,海上与航空搜救中心或分中心应在责任区域设置上保持相同或尽可能覆盖,并建立尽可能相同的程序,以确保紧密联系和合作。

(3)由于船舶与飞机在航行条件、通信手段等方面的要求不同,以及各自的主管机关在管理上的差异,船舶与飞机之间的协调性往往较差,所以,协议还应包括海空联合演习的内容。

四、部分国家(地区)搜救协议简介

由于海上工作的国际性,国家间的海上搜救合作由来已久,而且范围广泛。《1979 年国际海上搜寻与救助公约》生效后,海上搜救合作的范围和速度明显扩大和加快。

1987 年 1 月 20 日,中华人民共和国港务监督局(现为中国海事局)与美国海岸警卫队在华盛顿就中、美海上搜救合作达成协议(见附录 5)。此后,中国还与朝鲜、韩国、印度尼西亚签署了此类协议。除此之外,黑龙江与俄罗斯界河水域、广西与越南相邻海域签署了地区间水上搜救合作协议。

(一)苏联与美国海上搜寻救助协议

苏、美海上搜救协议于 1988 年 3 月 3 日签署,主要内容是:

(1)规定了苏、美两国搜救海域的界线。

(2)两国保证在规定的海域内协调救助部门的活动。

(3)双方在两国法律(法规)允许的范围内进行互相合作和协调各自的行动。

(4)双方互通情报以促使提高海上搜救作业效率。

(5)开展协同训练和实施搜救作业。

(6)定期检查通信线路,改善搜救工具和设备。

(7)提供救助劳务,为搜救船舶加油以及给予医疗援助等。

(二)日本与美国海上搜寻救助协议

1986年12月12日,日、美签署了海上搜救协议,该协议主要规定了两国实施搜救活动的范围。

日本区为A点(52°30′N 165°E)、B点(17°N 165°E)及C点(17°N 130°E)连接线西侧的海域。

美国区为A点、D点(21°N 165°E)、E点(21°N 130°E)及C点四点连接线东侧的海域。

(三)日本与韩国海难救助协议

1985年,日、韩两国就在周围水域实施救助活动并相互帮助以及对避难船舶提供保护达成协议,主要内容有:

(1)两国对在本国(地区)水域周围发生的海难事故,采取搜救紧急措施。

(2)双方在任何一方为进行搜救而采取紧急措施时,在必要时尽快相互协助提供有关的情报。

(3)双方为促进搜救方面的合作,努力交换必要的情报和意见。

(4)双方在任何一方的船舶需要紧急避难的时候,尽快提供合适的保护,并遵守所处内海和领海一方的法律。

(5)双方的通信联络通过国际电传、国际电话和无线电进行。通信所使用的语言原则上为英语。

(四)法国与南非间的搜救合作

法国与南非根据《1979年国际海上搜寻与救助公约》关于搜救区域协定的声明指出:积极和经常地交换有关危险以及潜在危险的搜救信息。在各自搜救区域以及穿越通常的搜救区域边界执行搜救任务的时候最大程度地帮助对方。

法国与南非搜救合作规范了如下内容:

(1)交换有关搜救信息。

(2)搜救作业通信检查。

(3)搜救协调中心人员的访问交流。

(4)搜救区域。

(5)救助协调中心的标准操作程序。

(6)搜寻救助行动的费用、给养和设备的回收、交换意见的形式。

（五）英国与西班牙的搜救合作

英国与西班牙必须各自对在欧洲区域（搜救）计划中所划定的，以及同样在临时海上搜救计划中划定的区域中的海上及航空搜寻行动负责。两国在制定区域中通常的界线是指由 45°N 8°W 到 45°N 13°W 的连线，并达成了以下共识：

（1）责任区域界线。

（2）责任机构。

（3）搜救力量驶入或者飞入搜救区域和对方领海区域的救助活动。

（4）规定的操作方式。

（5）人员互访。

（6）对航空器的搜救。

（7）直接与对方联系的方式。

如表 4-11 所示为部分国家之间搜救协作协议有关情况对照表。

表 4-11　部分国家之间搜救协作协议有关情况对照表

序号	协作方	协作内容	签署时间
1	中国-美国	主管机关;搜救区域;交换情报;搜救程序和工作程序;通信线路;支持召开搜救研讨会;搜救技术设备;人员培训;会晤机制;指定联络人	1987 年
2	苏联-美国	主管机关;搜救海域的界线;互通情报;通信线路、改善搜救工具和设备;协同训练和搜救作业;在规定的海域内协调;法律（法规）框架内合作;救助劳务、搜救船舶燃料和医疗保障	1988 年
3	日本-美国	主管机关;搜救活动范围	1986 年
4	日本-韩国	主管机关;救助区域;交换情报和意见;紧急避难船舶受到保护并遵守所外内海和领海一方的法律;通信联络手段;通信语言	1985 年
5	法国-南非	主管机关;信息交换;搜救作业通信检查;访问交流;搜救区域;标准操作程序;搜寻费用;给养和设备回收;交换意见的形式	—
6	英国-西班牙	主管机关;责任区域界线;责任机构;搜救力量进入;操作方式;人员互访的;航空器搜救;联系方式	—

(六)区域合作

1. 波罗的海海域

波罗的海沿岸有瑞典、俄罗斯、丹麦、德国、波兰、芬兰、爱沙尼亚、拉脱维亚、立陶宛9个国家,政府间海上搜救合作始于20世纪末,涉及搜救合作的协议以双边协议为主。这些双边协议在格式和内容上比较相似,大都规定了搜救区域的划分、主管机关、联合搜救演习、定期沟通和检查、搜救人员互访交流、搜救行动程序、搜救行动中的法律适用、搜救警报和请求帮助、幸存者或遇难者通知、费用承担、工作语言等事项。从2000年开始,波罗的海海域每年都会举行海上联合搜救演习,部分沿岸国家也进行了多次多边或者双边演习。自2010年以来,波罗的海地区工作会议平均每年两次,平均超过10个国家、欧盟委员会或观察员的代表出席会议。

2. 地中海海域

地中海沿岸国的海上搜救合作始于20世纪末,西班牙与摩洛哥、法国与摩纳哥、意大利与斯洛文尼亚、意大利与阿尔巴尼亚、意大利与希腊、克罗地亚与意大利、土耳其与叙利亚、塞浦路斯与叙利亚先后签订了一系列双边以及多边搜救合作协议或备忘录。合作内容主要包括警报阶段和遇险阶段的认定、搜救协调中心的设立和义务、操作流程、搜救区域划分、请求合作的通知与接收、信息交流、定期会晤、联合演习、工作语言选择等。

3. 黑海海域

黑海沿岸的国家有罗马尼亚、保加利亚、格鲁吉亚、俄罗斯、土耳其和乌克兰6个国家。上述6国于1998年11月27日签署了《黑海沿岸国关于海上搜寻与救助服务的合作协议》,之后又多次签订了更加详细的双边协议。协议规定的主要内容包括搜救请求的接收和回应、搜救责任区域、搜救时享有的权利、搜救力量进入别国领海问题、通信、位置交换信息、设备性能交流、海上搜救演习、地区性会议、主管机关、搜救协调中心的设立、工作语言选择、搜救费用承担、进入和退出机制。从2004年开始,每年至少举行一次搜救会议,旨在回顾搜救合作成果、探讨搜救合作现有问题以及商议搜救合作开展措施。从2005年开始,每隔两年进行一次联合搜救演习,用以检验各搜救单位的搜救能力以及提升各搜救单位合作的协调性。

4. 北极海域

北极海域的搜救合作起步时间较晚,直到2011年5月,为了进一步保障北极人类活动的安全,北极理事会通过了《北极航空与海洋搜救合作协议》,规定北极8国单独建立和运行各自的航空和海上救援协调中心(RCCs),并规定了主管部门和机构;各国在本国辖区内,必须为提供必要搜救能力和基础设施承担成本。为了避免在搜救合作过程中出现领土主权的分歧,协议还规定搜救区域的划界与国家间边界无关,不得损害各国主权和管辖权,其中,还提到了将非北极国家之间搜救合作规范纳入协议的可能性。

第五章　紧急事件的处理

第一节　责任救助协调中心的确定

根据交通运输部《海上交通安全管辖海区职责》,责任救助协调中心是指船舶发出遇险信息时所在海域的救助协调中心,该中心所管辖的区域称为责任区域。遇险信息不管是辖区内的救助协调中心首先得到,还是由第一 RCC 或海岸电台转告,该救助协调中心始终是该次事件的负责者。

第一 RCC 是指首先接到遇险报警,并应承担起随后所有的现场搜救协调责任的救助协调中心,除非或直到该责任被其他能采取更佳行动的搜救协调中心所承担。显然,第一 RCC 对启动和协调整个搜救工作起了主导作用。随着险情的逐步明朗化,它通常由责任 RCC 来接替,但也有可能一直持续到最后。

一、已知船舶、航空器或运载工具位置

(1)由所在区域的搜救中心采取行动。

(2)在与其他搜救中心协调并由相关搜救中心承担起搜救责任之前,任何收到报警信息的搜救中心都应承担搜救责任。

(3)当遇险船舶、航空器进行航行或飞行,并有可能离开责任区域时,应采取下列行动:

①向有关搜救中心通知报警,并将所有信息传送过去。

②继续协调搜救行动,直至通知的搜救中心承担责任为止。如果已经转移到另一个搜救中心,应将这种转移记录在值班日志中。

③继续做好援救准备,直到接到通知不再需要为止。

(4)当接到来自本搜救责任区外的遇险信息时,应立即通知有关搜救中心,并采取一切必要措施协助搜救行动,直至相关中心已承担起搜救职责,并记录在值班日志中。

二、船舶、航空器或其他运载工具位置不明

（1）接到报警的搜救中心应承担起搜救职责,同时与航行邻近的搜救中心商讨由谁承担主要职责,并指定一个搜救任务协调员。

（2）除非有关搜救中心之间已达成协议;否则,应根据下列情况确定承担搜救职责的搜救中心。

①由上一个报告位置的搜救中心承担;

②如果在两个搜救责任区的分界线上,由进入的搜救中心承担;

③如果无法保持通信,由船舶/航空器目的地搜救中心承担。

如图 5-1 所示为第一 RCC 的形成和行动示意图。

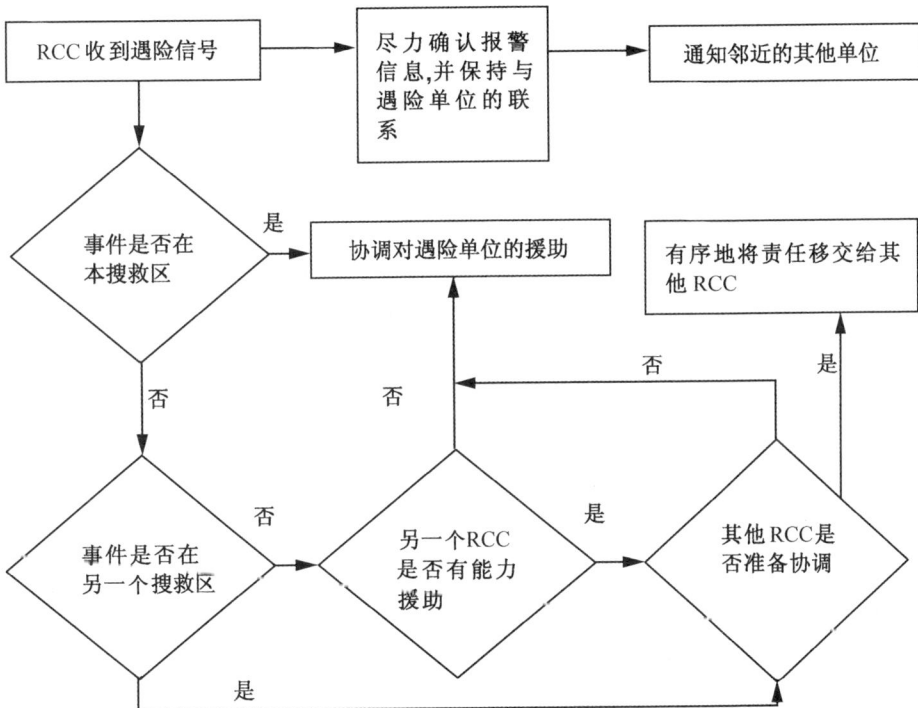

图 5-1　第一 RCC 的形成和行动示意图

第二节　紧急事件的报告

紧急事件的报告是指由船舶或其他浮动工具发出的有关该船遇险情况的报告,它是 RCC 或 RSC 启动救助程序并指定行动方案及保证搜救工作成功的关键。

由遇险船舶或船东、船舶代理及过路船发出的遇险报告,直接报告给搜救中心或经海岸无线电台(CRS)接收,并按照有关国际规则和国内法规的要求,将此信息转告 RCC。

这种报告应包括如下内容:

(1)船舶或其他浮动工具的名称和呼号(或船台识别码)。

(2)紧急事件的性质。

(3)所需救援的类别。

(4)与船舶或其他浮动工具的通信时间。

(5)船舶或其他浮动工具的位置或最后得知的位置。

(6)船舶或其他浮动工具的种类。

(7)其他有关信息。

对在开始搜救工作之前和进行过程中收到的所有报告,SMC 都必须仔细分析,以确定其有效性、采取行动的急迫程度以及行动的规模。例如:

(1)在分析船东或代理发来的有关船舶过期或失踪报告时,应考虑因地区特殊环境和要求而妨碍了该船的船位报告和抵港报告的及时发送。

(2)由于天气恶劣造成的通信延误、误期及偏离计划航线等可能情况。

SMC 应根据已获得的情报和经验,立即采取救援行动。

当对情报的分析出现困难时,RCC 或 RSC 也应根据有怀疑的情报采取行动,然后再根据实际情况做变动,即不要为核实而等待。

紧急事件的报告应填入标准的紧急事件报告表。如表 5-1 所示为紧急事件报告表(船舶),如表 5-2 所示为紧急事件报告表(飞机)。

表 5-1 紧急事件报告表(船舶)

日期/时间	
1. 紧急阶段　　　　不明/告警/遇险	
2. 报告机构或报告人 　职业 　联系电话 　家庭住址 　其他见证人的姓名和住址	
3. 遇险性质和位置 　观测的时间和位置	
4. 船/艇 　类型 　船名 　外观特征 　船东或代理人 　所载应急设备	
6. 船上人员 　船长姓名 　船员数_____旅客数_____ 　受伤人数_____死亡人数_____	
7. 重要情报 　出发地_____出发时间_____ 　计划航线_____航速_____ 　预定目的地_____预计到达时间_____ 　其他可能的目的地_____ 　续航能力_____货物种类和数量_____	
8. 通信 　船舶呼号_____无线电设备_____ 　接收最后通信的时间_____ 　接收者(电台名)_____频率_____	
9. 最后的船位报告(地点、时间)_____ 　定位方法_____	
10. 当地采取的行动	
11. 如需输送救生物料,所需的类型和数量	
12. 遇险区域的天气情况和海况	
13. 接收报告者已采取的行动 　转告 RCC/RSC 的时间 　转告主管领导/上级机关的时间	
签名	

表 5-2　紧急事件报告表(飞机)

日期/时间
报告单位_____报告人_____
报告人职务_____电话_____
航班机种
航线
起飞时间_____预计到达时间_____
机组人员_____旅客(中国籍/外国籍)_____
飞机事故性质_____迫降(坠落)时间_____
迫降海区_____飞机理论漂浮时间_____
遇险海区气象
已采取的措施
申请人救助要求
通信联系方法
接收报告者采取的行动
转告 RCC/RSC 的时间
报告主管机关/上级机关的时间
签名

第三节　紧急事件的发展阶段和 RCC/RSC 的工作

紧急事件是指船舶、设施、航空器在海上发生的、可能造成财产损失和人命安全的事故或灾难。

紧急事件信息通过告警系统或其他渠道传送给 RCC 或 RSC 后,值班人员对此进行综合评估,以确定事件的性质和状态,即确定紧急事件所处的阶段,并就该阶段采取相应的处置措施,避免盲目搜救。

根据《国际航空和海上搜寻救助手册》(IAMSAR)提供的指导,紧急事件可以分为五个阶段:

(1)不明阶段(Uncertainty Phase)。

(2)告警阶段(Alert Phase)。

（3）遇险阶段（Distress Phase）。

（4）搜救的终止（Closing a SAR Case）。

（5）搜救的重新开始（Reopening a Suspended Case）。

其中，不明阶段、告警阶段和遇险阶段统称为紧急阶段（Emergency Phases）；搜救的终止和搜救的重新开始阶段是处置行动开展后可能出现的一种持续搜救工作状态。

虽然对紧急事件进行了多个阶段划分，但对已知明确的遇险状态、特殊的搜救事件可能并不要求按次序执行每一个阶段，同时，某个阶段内的行动可能包含了其他阶段的前期行动，两个或两个以上阶段的部分行动可同时进行。

一、各阶段特征和 RCC/RSC 的工作

1. 不明阶段

对船舶、航空器和其他运载工具及其上人员安全存在怀疑。

（1）特征

①接到报告未按期到达预定目的港。

②没有发送预定的船位安全报告。

（2）工作

①立即指派具体的搜救任务协调员，通知有关搜救中心、机构和设施。

②评估收集到的信息。

③与海岸电台或空中交管部门保持紧密联系。

④充分利用所有相关信息标绘出船舶的实际航行轨迹，估算出偏离预定航线的位置。

⑤通过 NAVTEX 和安全信息网进行紧急广播，请求有关船舶采用一切有效的手段，保持对失踪或逾期未抵船舶的瞭望。

⑥实施通信搜寻。通过所有适宜的无线电频率同船舶进行联系；查询船舶出发港、相同航线上或相同通信范围内的船舶。

当通过初步寻找后，表明紧急事件不存在，如通信搜寻获得成功，得知船舶不存在危险，或者搜寻目标已经找到并救助成功，RCC/RSC 应宣布结束该事件并立即通知报告者和所有已告警的设施，取消已播发的有关该事件的区域航行警告。

当对搜救目标及其上人员安全的忧虑继续存在，可升级为告警阶段。

2. 告警阶段

船舶或其上人员正在遭遇困难并可能需要帮助，但不会立即有危险。

（1）特征

①在不明阶段之后,试图与有关船舶、航空器或其他运载工具建立联系未果,又没有其他消息来源。

②获悉有关船舶、航空器或其他运载工具的操纵性出现了问题,但还没有到遇险的程度。

（2）工作

①开始或继续在不明阶段的所有相关或未完成的行动,尤其要确保指派搜救任务协调员,并且已通知该行动的有关情况。

②在日志中应记录所有收集到的信息、进度报告。

③证实所收集信息的真实性。

④与以前未联系过的部门取得联系,如通信站、测向站、雷达机构等守听特定无线电频率的单位;沿航线所有可能停留的地方和航行计划中所有涉及的部门和设施。

⑤在海图上标绘出可能位置,并标出在行动附近航行的船(艇)的位置。

⑥将搜寻计划和采取的行动通知海岸电台;将所有收集到的信息和采取的行动通知船公司、运营单位或代理。

⑦全面评估计划航线、天气情况、可能出现的通信延误、已知最后位置、上次通信情况和驾驶员资料等方面的信息。

当通过努力寻找该船发现遇险情况并不存在时,RCC/RSC 应结束该事件并立即通知船东或船舶代理人以及任何已告警或已动员的设施。如果通过上述行动仍然未确定船舶位置,告警阶段应升级为遇险阶段。

3. 遇险阶段

有足够的理由确定船舶、航空器或其他运载工具及其人员处于危险中,且需要立即救助。

（1）特征

①收到可靠信息,确信处于危险中的船舶或其他浮动工具及其人员需要立即救助。

②告警阶段之后,未能与船舶或其他运载工具建立进一步的联系,深入调查也没有成功,可能处于危险中。

③收到的信息表明,船舶或其他运载工具的操纵性出现问题并达到遇险程度。

（2）工作

①采取适当行动或继续完成不明阶段、告警阶段的有关行动,尤其要确保已指定搜救任务协调员,并通知此处行动的有关方面。

②确定采取搜救行动所需的设施,并尽量争取获得更多的参与设施。

③估算遇险船舶的位置。

④制订搜寻行动计划和救助行动计划,并向上级报告搜救行动和通信执行情况。

⑤采取搜救行动。

⑥通知船舶运营单位,并告知事件的所有进展情况。

一经进入遇险阶段,RCC/RSC 应根据其区域内搜救工作实施详细计划或程序,开始搜救行动,决定搜寻区域的范围,通知可能参加搜救行动或可能与行动有关的邻近 RCC/RSC 并发出全站广播,要求救助单位船舶或过往船舶提供援助,指定现场指挥(OSC)或海面搜寻协调船(CSS),通知相应的海事调查部门。如果事件涉及外国船舶,通知该船旗国的使领馆。

当遇险船舶及人员获救,RCC 应终止搜救行动,搜救行动宣告结束。

4. 搜救中止/终止

搜寻中止行动一般在大范围搜救或搜救环境限制搜救的情况下才会出现。

由于大范围搜救效果不理想,需要重新评估搜寻计划方案的正确性、初始位置以及所有搜寻区域漂移因素的肯定性、人员存活的可能性、搜救设施工作的连续性和搜救环境的适应性等。

只有在人员没有任何获救希望时,才终止搜救行动:

(1)所有可能区域均已彻底搜寻。

(2)所有对船(艇)位置的查询均已完成。

(3)船上人员的存活已不再有任何可能性。

终止搜寻应履行一定的程序。对于日常发生的规模小、影响不大的紧急事件,RCC/RSC 一般可自行决定对其终止,但对较大的紧急事件(通常为巨大事件),应向上级主管机关申请,经同意后方可终止。

中止和终止搜寻行动的决定应该提前 1 天做出,让家属们接受搜寻不能继续的事实。

如果终止搜救行动的申请得到批准,应立即通知已经利用区域航行警告向船舶告警的海岸电台或区域协调国,以使其取消所发布的有关的区域航行警告。

如表 5-3 所示为没有专用保护服的人在不同水温下的生存参考时间,如图 5-2 所示为风对暴露人员的影响,如图 5-3 所示为降低体温的症状(降低的体温)。

表 5-3　没有专用保护服的人在不同水温下的生存参考时间

温度(℃)	预计生存时间
低于 2 ℃(35 ℉)	少于 3/4 h
2 ℃(35 ℉)至 4 ℃(40 ℉)	少于 1.5 h
4 ℃(40 ℉)至 10 ℃(50 ℉)	少于 3 h
10 ℃(50 ℉)至 15 ℃(60 ℉)	少于 6 h
15 ℃(60 ℉)至 20 ℃(70 ℉)	少于 12 h
高于 20 ℃(70 ℉)	不确定(主要考虑疲乏程度)

估计风速(kn)	实际温度(℃/℉)					
	10/50	0/32	-12/10	-23/-9	-35/-31	-45/-49
0						
10	对正常穿着的人员基本没有影响					
20						
30			对于暴露的肌肤有较大的冻伤危险		对于暴露的肌肤有极大的冻伤危险	
40						

图 5-2　风对暴露人员的影响

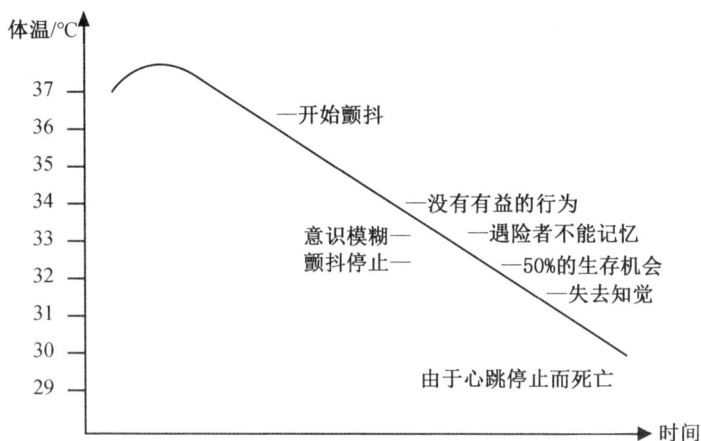

图 5-3　降低体温的症状(降低的体温)

5.搜救的重新开始

搜救工作的重新开始一般有两种情况:

(1)如果有新的证据表明有找到幸存者的可能性。

(2)应上级主管机关的要求而重新开始进行搜救行动。

二、搜寻行动计划的制订

制订搜寻行动计划时,应考虑下列内容:

(1)考虑漂移的影响,估计遇险船舶和人员最可能的位置。

(2)决定搜寻区域。

(3)选择搜救设施和设备以备使用。

(4)选择搜寻模式。

(5)计划现场协调。

决定选择搜寻模式时,应考虑以下因素:

(1)现有的搜救船舶、飞行器、潜水器的数量和类型。

(2)需要搜寻的区域大小。

(3)遇险船舶、航空器的类型和大小以及落水人员的规模。

(4)气象能见度。

(5)云层高度。

(6)海况类型。

(7)时间限制要求。

(8)到达基点的时间。

确定现场无线电通信计划:

(1)在指定频道上向现场协调人报告。

(2)所有搜救设施应配备《国际信号规则》,该规则包含了与船舶、航空器或幸存人员联络的通信信息。

(3)在现场选择搜救专用频道,包括主要频道和备用频道。

三、救助行动计划的制订

制订救助行动计划时,应考虑以下因素:

(1)遇险人员的风险。

(2)幸存人员的数量、位置和安排。

(3)幸存人员的状况和医疗处置。

(4)当前的气象和海况条件。

(5)时间限制。

(6)现有的救生设备种类和数量。

(7)救助船和救助飞机的类型和数量。

四、指定现场协调人和现场协调人的职责

1. 指定原则

(1)当两个或多个搜救设施一起执行任务时,搜救任务协调员应任命一位现场协调人。

(2)如不可行,参与行动的设施应双方协商指定一位现场协调人。

(3)最后在到达搜救区域之前完成指定。

(4)在指定现场协调人之前,第一个到达现场的设施应承担现场协调人的职责。

(5)指定时应考虑设施的通信条件和人员能力。

(6)通信越差,现场协调人越需要更多的权力开展行动。

2. 现场协调人的职责

(1)负责现场所有搜救设施的行动协调。

(2)接收搜救任务协调员发出的搜寻行动计划和救助行动计划,在无法获得时,制订搜救行动计划。

(3)根据现场情况变化,修改搜救行动计划(如额外救助设施的到达、额外信息的接收、海况/能见度/照明条件变化),并保持与搜救任务协调员的联系(如可行,与搜救任务协调员协商)。

(4)负责现场通信协调。

(5)监控其他参加的搜救设施的行动。

(6)确保行动安全进行,特别注意应保持水面和空中所有设施之间的安全距离。

(7)向搜救任务协调员定期做情况报告。

第四节　协调搜救的情况报告及标准用语

一、搜寻行动计划电文

搜寻行动计划电文由搜救任务协调员提供给现场协调人,包括6个部分。

1. 情况

(1)事故的简单描述。

(2)事故位置和发生时间。

（3）船舶、航空器、潜水器上的人数。

（4）主要的和次要的搜寻目标。

（5）救生设备的数量和类型。

（6）天气预报和预报的有效期。

（7）现场搜救设施。

2.搜寻区（阵列形式描述）

（1）指定区、大小、角点、中心点和圆半径。

（2）其他必要的数据。

3.执行（阵列形式描述）

搜救设施的识别、设施的上级单位、搜寻模式、搜寻方向、搜寻起始点和高度。

4.所需的协调

（1）指定的搜救任务协调员和现场协调人。

（2）搜救设施现场的驻守时间。

（3）要求的搜寻间距和覆盖率。

（4）现场协调人指令（如使用基点标识浮）。

（5）空间预留（如危险区）。

（6）航空器安全指令。

（7）搜救设施操作协调变更（搜救设施服从任务协调员或现场协调人的协调指令）。

（8）设施的上级单位解除指令。

（9）向区域内的非搜救航空器授权。

5.通信

（1）协调频道。

（2）现场频道。

（3）监听频道。

（4）搜救设施识别现场协调人的方法。

6.报告

（1）现场协调人使用标准 SITREP（Situation Report）格式，报告现场气象、进展和其他 SITREP 报告的信息。

（2）设施的上级单位提供的每天操作结束时的总结（飞行时间、航行时间、已搜寻区域的覆盖率等）。

例:搜寻行动电文样本

发自:波多黎各圣胡安救助协调中心

发往:太平洋德文轮/GKXB

布兰德船长轮/SVCL

(略)

遇险 N999EJ(美国)航班在加勒比海东部迫降

1996 年 9 月 15 日搜寻行动计划

①情况:

A. 美国注册飞机 N999EJ 号航班报告发动机失灵,意欲 15 日 2200 时在 14°20′N,64°20′W 附近迫降;

B. 3 盏降落信号灯,蓝白条纹;

C. 机上 4 人;

D. 主要搜寻目标:可乘 8 人的橙色有篷救生筏,筏上带有火焰信号;次要搜寻目标:落水人员、碎片、镜子、橙色烟雾等。

②行动:

太平洋德文轮和布兰德船长轮改向,驶往加勒比海东部,搜寻幸存人员。

③搜寻区域(用 2 横行给出):

转向点

A—1　14°11′N 64°35′W,14°20′N 64°35′W,14°20′N 64°15′W,14°11′N 64°15′W

A—2　14°20′N 64°35′W,14°29′N 64°35′W,14°29′N 64°15′W,14°20′N 64°15′W

④实施(用 5 纵行给出):

区域	设施	形式	CREEP	开始搜寻点
A—1	太平洋德文轮	PS	180T	14°18.5′N,64°33.5′W
A—2	布兰德船长轮	PS	000T	14°21.5′N,64°33.5′W

⑤协调:

A. 圣胡安搜救协调员为搜救任务协调员;

B. 太平洋德文轮为指定的现场协调人;

C. 抵达现场后实施搜寻;

D. 要求搜寻航线间距为 3 n mile。

⑥通信:

A. 监控:国际海事卫星

B. 现场:　　　主工作频道　　　第二工作频道

　VHF-FM　　CH23A　　　　　CH16

⑦报告:

A. 现场协调人到达现场后,将情况报告传送给搜救任务协调员,以后每小时报告 1 次。每次报告内容包括天气、海浪等,包含每个搜救区域。

B. 如果与所分配的任务不一样,现场协调人应报告实际搜寻的区域(平方海里)、搜寻时间、搜寻航线间距、实际搜寻区域的转向点等,将这些情况以最快的方式报告。

二、救助行动计划电文

救助行动计划电文由搜救任务协调员提供给现场协调人,包括5个部分。

1. 情况

(1)事故。

(2)需要救助的人数。

(3)受伤程度。

(4)救生设备的类型和数量。

(5)天气预报和预报的有效期。

(6)现场搜救设施。

2. 救助区

(1)描述事故位置。

(2)给出供搜救设施使用的进入路线。

3. 执行

(1)列出所指派的搜救设施名单,包括设施呼号和设施的上级单位。

(2)试图采取的救助方法。

(3)操作协调变更(搜救设施服从任务协调员或现场协调人的协调指令)。

(4)设施的上级单位解除搜救指令。

(5)临时性的飞行限制。

(6)向该区域内的非搜救航空器授权。

4. 通信

(1)任务协调员指定协调和现场频率。

(2)承担高空通信转发任务的航空器的呼号。

(3)其他相关的通信信息。

5. 报告

(1)讨论是否要求现场协调人向搜救任务协调员报告。

(2)初始行动报告。

三、现场情况报告

由现场协调人向搜救任务协调员定期做情况报告,使用情况报告标准格式,以便迅速准确地提出事故通报、传递事件的主要情节及事件最新动态。

①SITREPs标准格式;

②遇险航空器/船舶描述(外观描述、所有人/承租人、装载的货物、航次起止、配备的救生设备等);

③现场天气(风、浪/涌、气温/水温、能见度、云量/云层高度、气压等);

④采取的初始行动(指遇险航空器/船舶和搜救协调中心);

⑤搜寻区域(按搜救协调中心指定的);

⑥协调指令(指定的现场协调人、参与搜救的单位、通信方式等);

⑦下一步行动;

⑧其他信息/结束。

备注:

(1)有关同一个事故的每份搜救情况报告均应按顺序编号。

(2)如需要对方帮助,在其他信息不能立即发送时,第一份搜救情况报告应以简式发出。

(3)如果时间允许,完整格式可用于第一份搜救情况报告或对该报告进行补充说明。

(4)进一步的搜救情况报告应该在获得其他相应的信息后立即发出,特别是有关现场天气变化的信息,已发送过的信息无须重复。

(5)在持续较长的搜救行动中,必要时,应每隔3 h左右发送内容为"没有变化"的搜救情况报告,以使对方确认没有遗漏。

(6)行动结束时,应发送最终搜救情况报告以便确认。

四、搜救协调通信标准用语编码

搜救协调通信标准用语编码是为克服国际间搜救工作协调中可能遇到的语言障碍而采用的。编码为大写英文字母组合,每一个组合代表一个固定含义。

——MAYDAY/PANPAN。

——FM:(发起的RCC)。

——TO:(接收方名称和地址)。

——搜救情况报告编号(用以说明电文的性质及事故情况报告的流水序号)。

A 事故名称[船名、呼号或海上移动业务识别码(MMSI)、船旗国]。

B 位置(经度/纬度)。

C 情况(遇险/紧急,日期/时间,遇险性质)。

D 遇险人员数。

E 请求的援助。

F 负责协调的RCC。

G 事故描述(情况描述、船东/租船人、载运货物、航程起/止、所配救生设备等)。

J　　现场天气(风、海面/涌状况,空气/海水温度,能见度,云量/云层高度,
气压)。

J　　开始时采取的措施(由事故方及 RCC 采取的措施)。

K　　搜寻区域(由 RCC 确定)。

L　　协调说明(指定的现场指挥、海面协调船、参加单位、通信等)。

M　　未来说明。

N　　其他资料/结束(包括搜救工作的终止时间)。

RJA　确认你在指挥搜救行动。

RJB　我在指挥搜救行动。

RJC　报告给我的事故:

1(误期);2(沉没);3(失火);4(搁浅);5(进水);6(需要拖带)……

RJD　货物为:1(危险货);2(非危险货);3(油类)。

RJE　事故涉及(……人在船)。1(……艘)救生艇;2(……艘)救生筏。

RJF　事故船名、呼号及船旗国。船东、代理人。

RJG　无线电话遇险或紧急广播已由(……海岸电台呼号)播发。

RJH　下列救助/搜寻船或飞机将/已派往现场。

1. 水面船舶(呼号)预计抵达现场时间……

2. 搜救直升机(呼号)预计抵达现场时间……

3. 搜救飞机(呼号)预计抵达现场时间……

RJI　搜救船(艇)/航空器(指明的)可以从(……位置)在(……时间)调用。

RJJ　搜救船(艇)/航空器(指明的)在(……时间)后方可调用。

RJK　此时可以调用的搜救船(艇)/航空器数。

IJL　你能否现在或近期调用搜救船(艇)/航空器(指明)。

RJM　请告知可以调用的搜救船舶、飞机的细节,包括预计抵达现场的时间。

RJN　搜救船(艇)、飞机(呼号)将返回基地。

1. 将由船(艇)、飞机(呼号)替代(预计抵达时间……)。

2. 无替代。

RJO　指定的海面搜救协调船(呼号)。

RJP　指定的现场指挥(呼号)。

RJQ　下列船舶在进行区域搜寻/事故处待命……(呼号)。

RJR　搜寻基点是(……纬度……经度)。新搜寻基点是(……纬度……经
度)。

RJS　搜寻区域以(……纬度……经度)为界。新搜寻区域以(……)为界。

RJT　搜救航空器正处于/曾处于事故地上空,没有发现生命迹象。

RJU　搜救航空器正处于/曾处于事故地上空,发现遇险者(⋯⋯人)。

RJV　遇险者已被接上(⋯⋯艘)救生艇。

RJW　船(艇)或航空器(呼号)何时到现场?

RKA　搜救直升机(呼号)将于⋯⋯(时间)到位施救。

RKB　救助成功(⋯⋯名)遇险者被吊起,并送到(⋯⋯位置)。

RKC　救助不成功,短时间内将采取进一步行动。

RKD　救助不成功,由于条件、续航力及其他未知的原因,船(艇)或航空器(呼号)不再准备采取进一步行动。

RKE　在条件改善时或在⋯⋯(时间)将采取进一步救助行动。

RKF　有多少遇险者? 找到遇险者人数为(⋯⋯人)。

RKG　失踪人数多少? 失踪人数为(⋯⋯人)。

RKH　(⋯⋯具)尸体发现位于⋯⋯

RKI　(⋯⋯只)救生筏发现位于⋯⋯

RKJ　(⋯⋯艘)没有生命在其中的救生筏上,为避免混淆已被沉掉。

RKL　(⋯⋯艘)由救生船或航空器(呼号)发现的遇险艇在救出(⋯⋯名)遇险者后已被沉掉。

RKM　发现全部救生艇,并找到(⋯⋯名)遇险者。

RKN　发现全部救生艇,没有遇险者。

RKO　你能持续搜寻多久?

RKP　将于⋯⋯(时间)终止搜寻。

RKQ　认为应该继续搜寻以期发现:1(遇险者);2(尸体);3(沉船);4(救生艇)。

RKR　认为进一步搜寻不会有什么益处。

RKS　将继续搜寻。

RKT　不希望在⋯⋯(时间)后继续搜寻。

RKU　事件到此结束。

RKV　取消遇险或紧急电文。

RMW　将要把事件指挥权传给⋯⋯

五、海上搜救识别规则(MAREC CODE)

为了便于识别有关商船和小船特征及方便通信,IMO 颁布了 MAREC 规则,规定了描述商船和小船情况的电文格式。在搜救通信时使用此格式。

1. 说明商船情况概要的电文格式

MAREC 本地顺序号（RCC 给予）；

A/船舶种类/船名/呼号或其他识别；

B/上层建筑部位/颜色；

C/船体侧面形状/颜色；

D/垂直物体次序；

E/长度；

F/装载状态；

G/其他特征。

其中，船舶种类分为：客船（PAX）、渡船（FERRY）、油船（TANK）、散货船（BULK）、杂货船（GEN）、沿海船（COAST）、渔船（FISH）、集装箱船（CONT）、特种船（SPEC）。

船体侧面形状是指船舶主甲板以上除上层建筑外有无突起部分。船体从船首到船尾分成 1、2、3。

垂直物是指船体侧面和上层建筑以外的明显而且远处易见的任何物体，从船首到船尾分别列出，包括：桅杆（M）、起重柱（K）、烟囱（F）、吊车（C）、门式架（G）等。

装载状态分为：轻载（LIGHT）、压载（BALL）、部分载（LOAD）。

其他特征是指其他明显的特征，如：烟囱标志、明显的甲板货或其他突出的标记以及颜色变化。

实例：MAREC　5/98　RCC

　　　　STOCKHOLM

　　　　A/GEN/VIKING/ESDC

　　　　B/AFT/WHITE

　　　　C/1/3/BLACK

　　　　D/MKMMF

　　　　E/LOA85

　　　　F/LIGHT

　　　　G/NA

备注：NA 表示不适用。

2. 说明小船情况概要的电文格式

MAREC 本地顺序号；

A/小船种类/船体数量/船名/呼号或其他识别/用途；

B/形式/明显标记；

C/发动机装置或帆装；

D/构造/材料/颜色;

E/船首/船尾;

F/船底形式;

G/长度;

H/其他特征;

I/船上人数。

其中,小船种类分为:机动敞开式(MOTO)、机动部分有舱室(MOTPC)、机动全部有舱室(MOTFC)、手摇(ROW)、帆船敞开式(SAILO)、帆船部分有舱室(SAILPC)、帆船全部有舱室(SAILFC)、机帆(MOTSAIL)、气胀式(INFLAT)。

船体数量一个以上才表示,比如两个船体(CALANTT)、三个船体(TRI)。

发动机装置分为:外装机器(OUTB)、内装机器(INB)、液压式(AQUA)。

帆装类别分为:首三角帆(JIB)、斜撑杆帆(SPRI)、斜纵帆(GAFF)、斜横帆(LUG)、三角帆(LAT)、单桅纵帆(SLOOP)、中国式帆(JUNK)、双桅纵帆且后桅低(YAWL)、双桅纵帆(KETCH)、三桅以上纵帆(SCHON)。

船首形式分为:直线型(STR)、飞剪型(CLIP)、内倾式(FALL)。

船尾形式分为:平型(FLAT)、正方型(SQUARE)、尖型(SHARP)、悬伸匙型(CAN)、方型(TRANS)、反方型(NTRANS)。

船底形式分为:V 型(V BOT)、平型(FLAT)、圆型(ROUND)、镶条加强型(RIB)、龙骨型(KEEL)、型龙骨(FIN)、中央披水板(CB)。

实例:MAREC 8/97 RCC STOKHOLM

       A/MOTPC/CALANT/NAVIS13/PLEASURE

       B/SOLOE25

       C/INB

       D/CLINKER/GRP/WHITE

       E/FALL/SQUARE

       F/V BOT

       G/LOA7.5

       H/PULPIT FORWARD

       I/UNK

备注:UNK 表示情况不同。

第六章　海上搜寻区域的确定和覆盖

第一节　海上目标的漂移

船舶在海上失去动力后,由于受风、流、浪、潮汐、涌等自然因素的影响,将离开事故发生地或称偏离事故报告位置。在船舶通信设备良好的情况下,搜救单位通过保持与船舶的通信联系而随时了解最新船位,因此能够比较方便地发现搜寻目标。但是,当船舶通信设备不良或因人员落水而无法报告其位置时,SMC 的首要工作便是确定该目标的位置,应根据船舶最后报告位置、航线等信息,并考虑海上漂移因素对目标的影响来确定最可能的位置。

一、漂移因素及量值

1. 风压(LeeWay,简称 LW)

风压是由于风作用于目标的水上部分而导致目标对水的相对运动。

风压是一个矢量,即由大小和方向两个量来表示。

风压的大小是指目标相对于水的运动速度的大小。

风压的方向是指目标偏离风向的角度。

目标的形状、大小、方向以及水上、水下部分之比都对风压有很大的影响。对于一个给定的搜寻目标,很难确定风压大小和方向的确切值。在实践中,一般根据实验数据进行大致估算:目标的运动速度根据目标的不同种类,按风速的不同百分率来折算。

运动方向在下风方向,其偏离风向的角度为左右 35°~60°,依目标的不同而变化,如图 6-1 所示为不同容积的气胀式救生筏在满载人员时的漂移特性。

值得注意的是,因为救生筏外形可能有所不同,图 6-1 中 1 和 4 的漂移数值界限只表示其大概范围。另外,对于不载人、部分载人或落入水中的救生筏,其漂移值也可能超出图中所示的数据范围。

如表 6-1 所示为除救生艇以外的船舶风压(按风速的百分比计)。

风压(n mile/h)

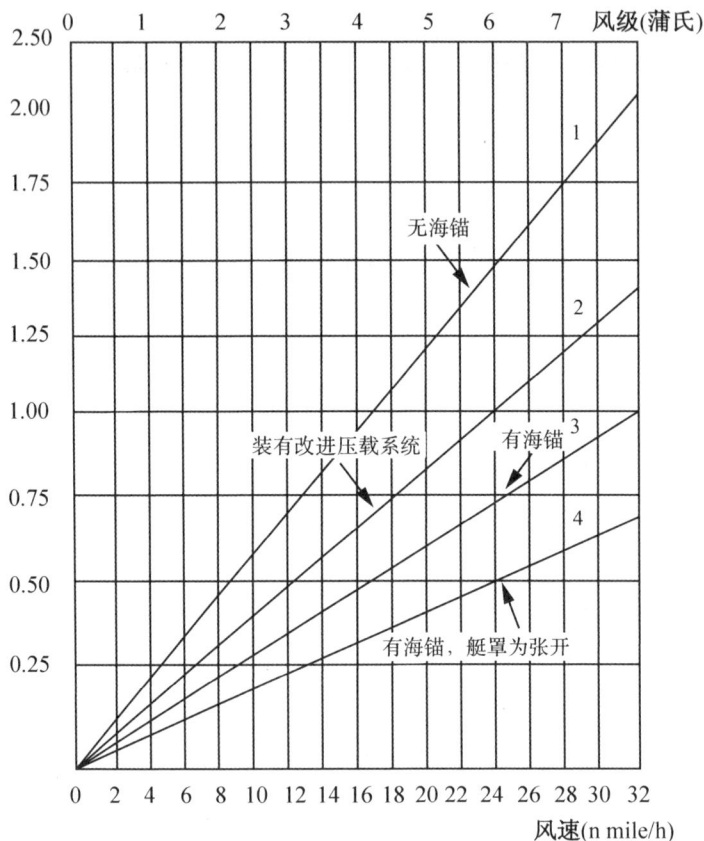

图 6-1 不同容积的气胀式救生筏在满载人员时的漂移特性

表 6-1 除救生艇以外的船舶风压(按风速的百分比计)

船 舶 种 类	风压值
冲浪板	2%
重排水量、大吃水帆船	3%
中等排水量帆船、渔船	4%
大游艇	5%
轻排水量游艇、外装机器小艇	6%
其他	查取实验数据

货船的风压可用下列公式估算:

$$V_e = 0.068 \sqrt{\frac{A}{B}} \cdot V_w$$

式中,V_e——货船的风压漂移速度,kn;

　　V_w——平均作用风速,m/s;

　　A——水面上基础风压面积,m^2;

　　B——水面下基础风压面积,m^2。

为方便计算,

空船时:$A/B = 2$

满载时:$A/B = 1.3$

落水人员风压:

《国际航空和海上搜救手册(IAMSAR)》的美国国家搜救补充手册的美国海岸警卫队附录(手册)[THE U.S. COAST GUARD ADDENDUM TO THE UNITED STATES NATIONAL SEARCH AND RESCUE SUPPLEMENT (NSS) TO THE INTERNATIONAL AERONAUTICAL AND MARITIME SEARCH AND RESCUE MANUAL (IAMSAR)]将落水人员(Person in the Water,简称PIW)在海上的漂浮状态分成四类,分别为无法确定状态、直立式状态、坐式状态与水平式状态。

(1)无法确定状态

风速大于或等于6 kn时:

$$V_e = (0.011 \times V_w) + 0.07$$

式中,V_e——遇险人员的风压漂移速度,kn;

　　V_w——平均作用风速,m/s。

漂移距离为漂移时间(T)$\times V_e$

风速小于6 kn时:

$$V_e = (0.011 + 0.07/6) \times V_w$$

发散角为30°,标准误差为0.35。

(2)直立式状态

遇险人员在水中保持身体垂直于水面的状态,这种状态下遇险人员意识清醒。

风速大于或等于6 kn时:

$$V_e = (0.005 \times V_w) + 0.07$$

风速小于6 kn时:

$$V_e = (0.005 + 0.07/6) \times V_w$$

发散角为18°,标准误差为0.25。

（3）坐式状态

遇险人员双腿抬起、双臂交叉，呈胎儿式状态，这种状态下遇险人员可能无意识，也可能意识清醒。

$$V_e = 0.012 \times V_w$$

发散角为18°，标准误差为0.05。

（4）水平式状态

遇险人员在水中处于身体平行于水面的状态，这又分为三种情况：穿着救生服、穿着潜水服、已遇难。通常，穿着救生服的人员会平躺在水面，脸部朝上；穿着潜水服的人员会处于半倾斜状态；遇难者会平躺在水面，脸部朝下。

①穿着救生服

风速大于或等于6 kn时：

$$V_e = (0.014 \times V_w) + 0.10$$

风速小于6 kn时：

$$V_e = (0.014 + 0.10/6) \times V_w$$

发散角为30°，标准误差为0.05。

②穿着潜水服

风速大于或等于6 kn时：

$$V_e = (0.007 \times V_w) + 0.08$$

风速小于6 kn时：

$$V_e = (0.007 + 0.08/6) \times V_w$$

发散角为30°，标准误差为0.15。

③已遇难

风速大于或等于6 kn时：

$$V_e = (0.015 \times V_w) + 0.08$$

风速小于6 kn时：

$$V_e = (0.015 + 0.08/6) \times V_w$$

发散角为30°，标准误差为0.25。

2. 风生流（Wind Driven Current，简称WC）

风生流是持久的风吹动海面而形成的流。一般情况下，在风向不变并持续6~12 h时，才产生当地表层海流。

为更接近实际效果，应根据遇险事件发生前48 h内的风速和风向确定其确切值。

风生流在沿岸水域、湖泊、河流和港口水域中可以忽略不计。经验做法是当水深超过30 m（约100 ft）且离岸20 n mile以上时才计算风生流。

风生流大小:风吹动水的流速。

风生流方向:流偏离风的方向。

如表6-2所示为风生流与风向的关系和风生流流速。

表6-2　风生流与风向的关系和风生流流速

风生流与风向的关系		风生流流速		
纬度	流向偏离风向的角度	风级	风速 (n mile/h)	流速 (n mile/d)
10°N 以北	30°偏右	1	1~3	2
		2	4~6	4
		3	7~10	7
10°N~10°S	0	4	11~16	11
		5	17~21	16
10°S 以南	30°偏左	6	22~27	21
		7	28~33	26

3. *海流*(Sea Current,简称SC)

海流是长期的大规模的海水运动。它通常在大洋区域内影响较大。

除当地资料特别指出外,在水深不到100 m的地方不予计算。其数据来源可查阅当地的水文图表资料。

需要指出的是,这些图表均基于以前的观测,在实际工作中,应尽可能根据当时的现场情况加以修正。

海流大小:海流的速度。

海流方向:海流的流向。

4. *潮流*(Tidal Current,简称TC)

潮流方向:涨、落潮时海水流动的方向。

潮对流的影响可以通过查阅当地潮汐表或包括海岸地形影响的海流图来确定,但在使用数据时,应根据当地实际资料修正潮汐的计算。

由于潮涨、潮落的反复拉动作用总体上使目标停留在原地,从而减小了对海上目标移动的影响效果,但必要时仍须加以考虑。因为当潮涨、潮落时,在某一方向上流的影响可能大于另一方向,对应不同的搜救时间,潮将会引起搜寻目标位置的变化,积累效果可能把搜寻目标拉入海流起作用的区域。

潮流也是矢量,计算时应查阅潮流的大小和方向。

5. 湖流(Lake Current,简称 LC)

湖流的计算用于大湖内的搜索救援工作,它对海流并不构成影响。

大湖内的水流变化受季节、天气等变化的影响。有关该湖的水文资料可查取相关资料或询问该湖的船员及工作人员。

6. 河流(River Current,简称 RC)

大河的入海口可能对目标的位置移动有一定的影响,比如,中国的长江、黄河入海口。事故发生在沿岸水域才考虑河流的影响。

7. 沿岸流(Long Shore Current,简称 LSC)

沿岸流是进入浅水地带的波浪拍岸时,表层水质点呈显著的向前移动而形成的水流,上层向前流动,底层则形成回流。

一般仅在离岸 1 n mile 的范围内才考虑沿岸流的影响。

8. 涌(Swell)

涌对目标的影响一般可以忽略不计。因为涌是水质点的垂直运动,而水的水平运动与涌的水平速度无关,若有影响,也是极小的。

二、漂移矢量图

1. 一般情况下的矢量图

在获得了单因素漂移影响后,就可以通过采用矢量加法进行合成计算确定其总的漂移结果。在计算时应该注意:

(1)用对应的时间将矢量换算成距离,并且单位相同。

(2)由于所有因素都同时作用于目标上,故目标的实际漂移路径是在矢量合成线上。

在上述影响目标的漂移因素中,风压、风生流及海流是主要的,因此计算通常围绕这三个因素进行。

如图 6-2 所示为目标在一般情况下的漂移矢量图。

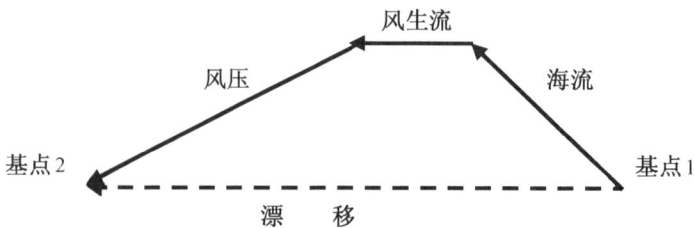

图 6-2　目标在一般情况下的漂移矢量图

2. 恒风区域中的一般矢量图

恒风区域也称贸易风区域,在该区域中,风长时间(大约占每年 75% 的时间)

从同一象限吹来,从而将该区域的风生流混入观测到的海流中,即两种流合二为一,其数据一般是从海图或有关图册中获得。

如图 6-3 所示为目标在恒风区域中的漂移矢量图。

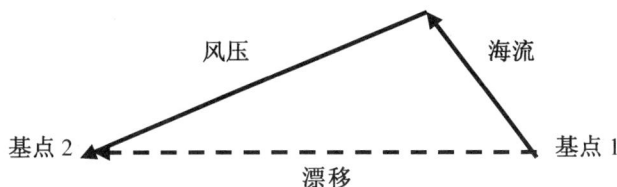

图 6-3　目标在恒风区域中的漂移矢量图

3. 恒风区域中的改正矢量图

如果船舶在恒风区域遇险,而当时风的方向和速度在贸易风范围之外,而且持续 24 h 以上,此时流的计算比较复杂。因为由于此时恒风已经不存在了,因此,恒风生成的流也因此而消失。在此情况下计算流的大小,须引入另一个矢量以替代恒风生成的流,目的是扣除掉恒风的影响。

该矢量称为改正矢量。改正矢量的大小与恒定风生流相等,但方向相反,如图 6-4 所示为恒风区域非贸易风情况下的目标漂移矢量图。

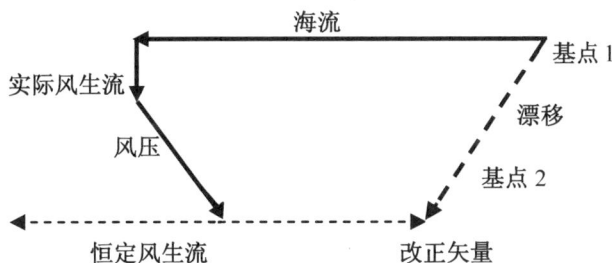

图 6-4　恒风区域非贸易风情况下的目标漂移矢量图

三、常规搜寻半径

1. 常规搜寻半径为 6 n mile

根据《加拿大搜救船员参考手册》,当搜救人员的行动可以在 6 h 内开始时,可以使用常规(标准)搜寻半径并根据实际环境进行调整。通常情况下,经过漂移调整的基准周围半径大小为 6 n mile 的搜寻区域可以包含大多数搜寻目标。如图 6-5 所示为较小漂移搜寻区域图,如图 6-6 所示为较大漂移搜寻区域图。

(1)最后已知位置是最后一次明确的报警位置。

(2)人员落水漂移受风的影响很小,通常忽略,只考虑流速产生的距离。

(3)总漂移矢量是指有流且风力较大时风流共同产生的漂移距离。

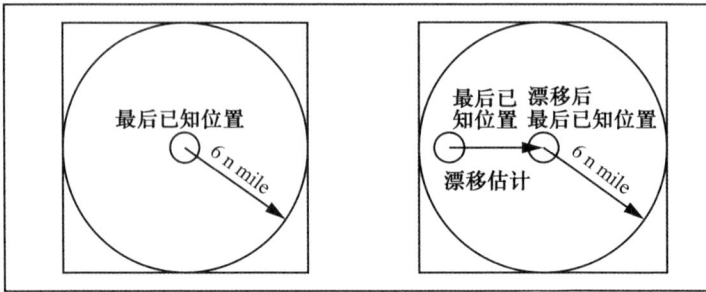

图6-5 较小漂移搜寻区域图

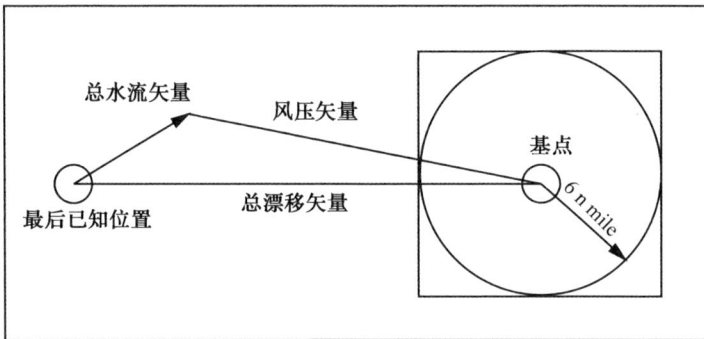

图6-6 较大漂移搜寻区域图

2. 常规搜寻半径 10 n mile

《国际航空和海上搜救手册》建议,如果搜寻必须立即开始,可以设定搜寻半径 $R = 10$ n mile,用于确定初始区域。由于与发生险情的时间间隔短暂,因此,这一区域也是最有可能存在搜寻目标的区域。

通过对比近年来国家海洋局北海预报中心提供的《搜救应急预测简报》中漂移预测面积与常规搜寻半径,基本上验证了常规搜寻半径的通用性。

第二节　海上搜寻区域范围

一、搜寻区域的基点(Datum)

在划定搜寻范围时,应该先确定海上搜寻区域基点。

基点是指从遇险事件发生的原来位置并考虑漂移影响后所得出的在给定时刻

搜寻目标的最可能位置。

影响基点位置的因素有事件发生的时间长短(早晚)、已知的最后位置及漂移量的大小。

最大矢量:事件发生比报告或估计的更早、最后位置更靠前、漂移影响因素最大时的矢量。最大矢量值用于确定搜寻目标离开最后知道位置(Last Known Position,简称 LKP)的最大距离。

最小矢量:事件发生比报告或估计的晚、最后位置更准确、漂移影响因素最小时的矢量。最小矢量值用于确定搜寻目标离开最后知道位置的最小距离。

可能的位置应该在最大矢量和最小矢量之间的某个点上,一般取其中心点作为基点。

这种既考虑最大矢量又考虑最小矢量,并取其中心点作为搜寻基本点的方法,称为最大最小矢量作图法,如图 6-7 所示为最大最小矢量作图法示意图。

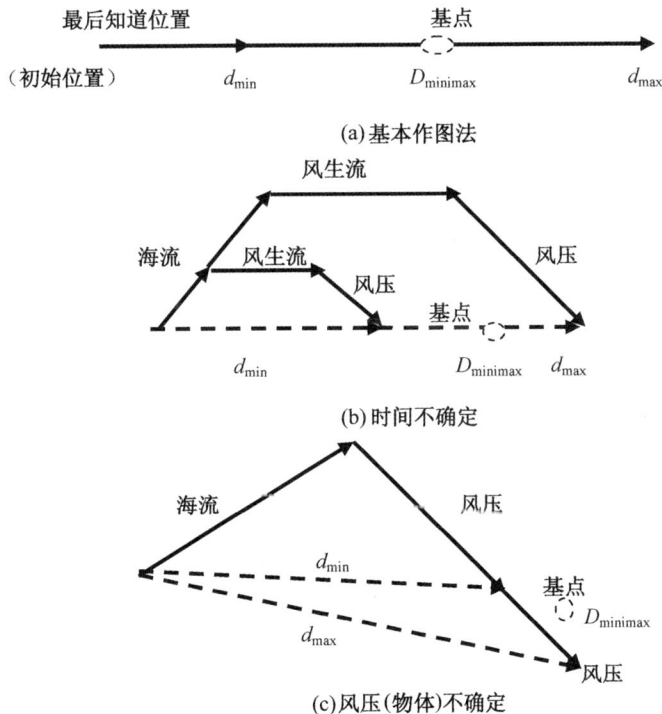

图 6-7 最大最小矢量作图法示意图
d_{min}—最小矢量;d_{max}—最大矢量;$D_{minimax}$—最大最小矢量值基点

实际上,最大的影响因素和最小的影响因素未必会同时出现,仅用最大最小矢量法作图求基点可能并不准确,因此,在海图上采用最大最小矢量法作图后,可以只考虑一种不确定因素而把其他因素设为不变再作一个或几个图,这几个图所标绘出来的区域会比较集中,但不会完全相同。然后,根据是否强风、强流及可用救助资源等实际情况进行比较和选择。

二、目标范围与计算

海上目标受各种因素的影响,除抛锚和登上礁石外,不可能固定在一个点位上,而是一直处于漂移状态。目标漂移离开初始位置(报警时的位置)的远近,便形成了目标可能存在的范围。搜救力量只能在这个可能范围内寻找目标的具体位置。

(一)影响目标范围的因素

1.目标漂移矢量值误差范围

虽然目标可能在最大最小矢量线之间的任何一点上,但为了既考虑最可能位置,又确保目标包含在内,只能以基点为中心,向外合理拓展其范围。

从基点的确定过程来看,基点是矢量差的中心点,基点到最大最小矢量两端的距离就是搜寻范围。

该误差范围被称为总漂移误差,记为 D_e。

2.目标最后位置的不确定性范围

遇险目标究竟从哪个位置(经/纬度)以及从什么时刻开始漂移,影响海图标绘起始点(经/纬度)的确定和漂移时长的确定,最终影响漂移后的位置和漂移量值的大小。

该影响范围被称为初始位置误差,记为 X。

3.搜救设施的航行偏差范围

由于海上缺少参照物,搜救设施在赶往搜救现场时,靠自身的 GPS、雷达、天文定位、航迹推算等手段来确定是否已经到达搜寻区域,这些定位手段可能存在一定的误差。为确定最大搜救范围值,可以认为存在该误差,只是根据搜救设施种类的不同(如专业救助船、商船、渔船等),设定不同的误差值。

该偏差范围被称为搜寻设置误差,记为 Y。

显然,上述三个误差的含义都是偏离目标准确位置的可能数量值,目标范围的大小由这三个误差导致的偏离程度来决定。

为便于计算起见:

(1)各单项误差记为分误差。

(2)综合影响效果记为分误差对总误差的影响。

分误差与总误差的关系可以用统计学方法来表达和求值,即分误差的平方和等于总误差的平方。

目标范围表达式为

$$E^2 = a^2 + b^2 + c^2$$

式中,a——总漂移误差(D_e),目标漂移矢量值误差范围;

　　b——初始位置误差(X),目标最后位置的不确定性范围;

　　c——搜寻位置误差(Y),搜救设施的航行偏差范围。

(二)各影响因素值的确定

1. D_e 的确定

一般情况下:

$$D_e = D_{max} - D_{min}$$

式中,D_{max}——最大漂移矢量;

　　D_{min}——最小漂移矢量。

在实际工作中,为防止漏掉目标,尽可能将目标包含在搜救区域内,通常会对最大矢量和最小矢量做出适当的变化:

(1)将最大矢量扩大 0.125 倍(当计算精度较差时,可选用 0.30)。

(2)将最小矢量缩小 0.125 倍(当计算精度较差时,可选用 0.30)。

注意:相当于将最大矢量值增加 12.5%~30%;

　　　相当于将最小矢量值缩减 12.5%~30%。

当各矢量小于 1 n mile 时,上述扩大或缩小可忽略不计。

将考虑了扩大和缩小后的 D_e 记为 $de_{minimax}$,则 $de_{minimax}$ 可用下式求得:

$$de_{minimax} = \frac{D + de_{min} + de_{max}}{2}$$

式中,D——一般情况下的 d_{min} 与 d_{max} 之间的距离,即 $d_{max} - d_{min}$;

　　de_{min}——d_{min} 的 0.125 倍(或 0.3 倍);

　　de_{max}——d_{max} 的 0.125 倍(或 0.3 倍)。

例:

某商船在中国东海海域航行中船舶导航设备失灵,推算航迹约为 80 n mile后,主机失控遇险,请求救援。当时海上风力为 7~8 级,阵风为 9 级,海流流速为 1.5~2 kn。

经查表获知该海域风压、风生流、海流的数据,并考虑已经漂移的时长和附近船舶赶到遇险海域可能所需的时间,将该风压值、风生流速度值、海流速度值换算成距离值,经矢量合成后,发现:

　　D_{min} = 7 级风力时的风压矢量值 + 7 级风力时的风生流矢量值 +
　　　　　流速为 1.5 kn 时的海流矢量值 = 65 n mile

　　D_{max} = 9 级风力时的风压矢量值 + 9 级风力时的风生流矢量值 +

流速为 2 kn 时的海流矢量值 = 105 n mile

$$D = d_{max} - d_{min} = 105 - 65 = 40 \text{ n mile}$$

取最大矢量增大值和最小矢量缩减值均为 12.5%,则

$$de_{min} = D_{min} \times 0.125 = 65 \times 0.125 = 8.125 \text{ n mile}$$

$$de_{max} = D_{max} \times 0.125 = 105 \times 0.125 = 13.125 \text{ n mile}$$

$$de_{minimax} = \frac{D + de_{min} + de_{max}}{2} = (40 + 8.125 + 13.125)/2 = 30.625 \text{ n mile}$$

即

$$D_e = 30.625 \text{ n mile}$$

D_e 是指从搜寻目标开始漂移的最早时间到最后计算基点时间内各漂移的全部代数和。第一次计算基点时,D_e 等于 $de_{minimax}$;第二次计算基点时,D_e 等于 $de_{minimax1} + de_{minimax2}$,依次类推。

对于方向不确定的矢量计算,不能应用此方法。因为一系列的最大最小值计算所产生的漂移(不考虑方向)误差相加会导致 D_e 的无意义扩大。此时,D_e 仅由最后计算的基点位置决定。

2. X 的确定

初始位置误差(X)是指遇险目标报告人的定位误差。

遇险目标报告一般是遇险船发来的报告,也有可能是过路船舶、飞机发现有遇险船后发来的报告。所报告的初始船位可能是通过雷达、GPS 等电子手段定位,也可能是通过航迹推算定位。显然,报告的位置越精确,误差 X 越小。

(1)如果事先难以了解定位方式,则 X 应查表获得。即:

$$X = \text{Fixe}$$

如表 6-3 所示为初始位置误差表。

表 6-3 初始位置误差表

报告人类别	定位误差 Fixe	误差系数 K
商船、潜艇、多发动机航空器	半径 5 n mile	5%
双发动机航空器	半径 10 n mile	10%
单发动机航空器、深潜器、小船	半径 15 n mile	15%

(2)当报告的是航迹推算船位时,X 值应在查表 6-3 的基础上,再考虑航迹推算里程产生的误差。即:

$$X = \text{Fixe} + K \times L$$

式中,K——误差系数;

L——航迹推算距离。

接上述案例：

由于该船舶在失控前靠航迹推算漂移了约为 80 n mile，存在航迹推算产生的误差，则

$$X = \text{Fixe} + K \times L = 5 + 80 \times 15\% = 17 \text{ n mile}$$

（3）Y 的确定

搜寻设施误差（Y）是搜救设施（船舶或飞机）在寻找目标时自身的航行偏差，无论这种偏差是否真实存在，均赋予其一定的量值，以适当扩大搜救范围。

能够参与搜寻的船舶应该是适航性良好的船舶，有能力使用现代定位手段，所以不考虑航迹推算误差。因此，搜寻设施误差可直接引用表6-3中的 Fixe 得出。

接上述案例：

接到 RCC 指令在该海域航行的集装箱船赶往事发海域搜寻，则

$$Y = \text{Fixe} = 5 \text{ n mile}$$

（三）目标范围的确定

在求得 D_e、X、Y 后，总误差 E 可由下式求得：

$$E = \sqrt{D_e{}^2 + X^2 + Y^2}$$

接上述案例：

$$E = \sqrt{D_e{}^2 + X^2 + Y^2} = \sqrt{30.625^2 + 17^2 + 5^2} = \sqrt{1\,252} = 35.4$$

注意：当基点重新决定时，漂移已经变化，初始位置修正或搜救设施变更时应重新计算 E。

三、确定搜寻区域

搜寻区域是一个以基点为圆心，以考虑安全系数 f_s 后的总误差为半径的圆形区域。

搜寻半径：$R = f_s \cdot E$

注意：安全系数 f_s 是随着搜寻次数的增加而提高的，如表6-4所示为搜寻半径与安全系数表。

接上述案例：

第一次搜寻时：$R = f_1 \cdot E = 1.1 \times 35.4 = 38.94 \text{ n mile}$

第二次搜寻时：$R = f_2 \cdot E = 1.6 \times 35.4 = 56.64 \text{ n mile}$

此后，以此类推。

表 6-4　搜寻半径与安全系数表

搜寻次数	安全系数	搜寻半径 R
1	1.1	$1.1E$
2	1.6	$1.6E$
3	2.0	$2.0E$
4	2.3	$2.3E$
5	2.5	$2.5E$

上述确定搜寻区域的方法适用于近海及大洋上的搜寻。

对于沿海(尤其是沿岸)搜寻,其基点仍然按最大最小矢量作图法确定,因为可以不考虑海流和风生流,所以搜寻半径可选定为:

$$E = 5 ～ 10 \text{ n mile}$$

$$R = f_s \cdot E$$

为方便船舶或飞机在此区域中航行,对上述圆形搜寻区域沿着平行于漂移方向作该圆切线,形成方形搜寻区域,如图 6-8 所示为方形搜寻区域(已知大概位置)。

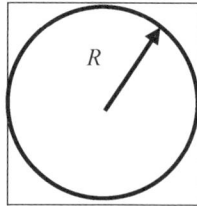

图 6-8　方形搜寻区域(已知大概位置)

四、搜寻区域的扩展与移位

搜寻区域的扩展是在前一次搜寻不成功的情况下开展的。每次扩展的程度即为安全系数。在目标位置不变的情况下,如图 6-9 所示为扩展搜寻区域。

如果考虑到漂移,整个搜寻区域就要定时移位,如图 6-10 所示为搜寻区域的移位。

有时,搜寻目标的计划航线是已知的,此时,搜寻区域的确定是以最后知道位置为圆心,以上述的搜寻半径沿其航线直至目的地作圆。这样,搜寻区域以外切于这些圆的直线为界,如图 6-11 所示为航线已知时的搜寻区域。

如果上述的区域经过搜寻未发现目标,就应对其扩展,方式同前。此时,圆的

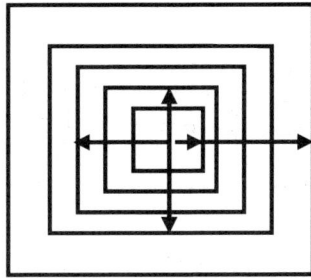

图 6-9　扩展搜寻区域

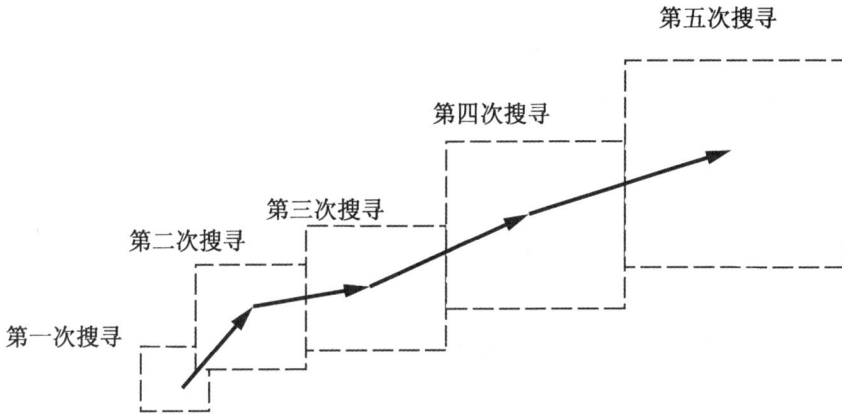

图 6-10　搜寻区域的移位

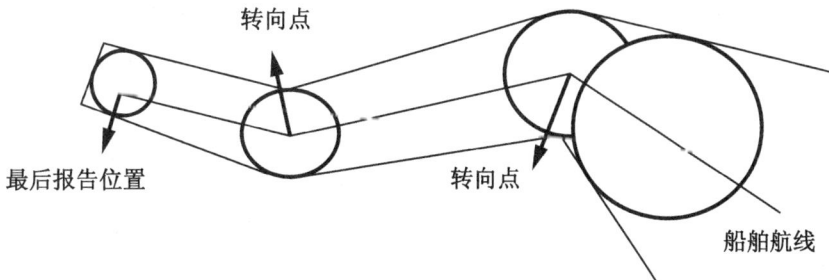

图 6-11　航线已知时的搜寻区域

半径应逐渐加大,如图 6-12 所示为航线已知时的扩展搜寻区域;同时,搜寻区域也应按估计漂移方向定时移位,如图 6-13 所示为航线已知时的扩展搜寻区域(考虑定向漂移)。

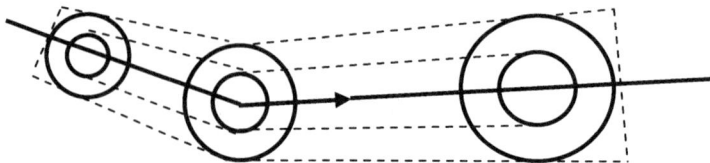

图 6-12　航线已知时的扩展搜寻区域

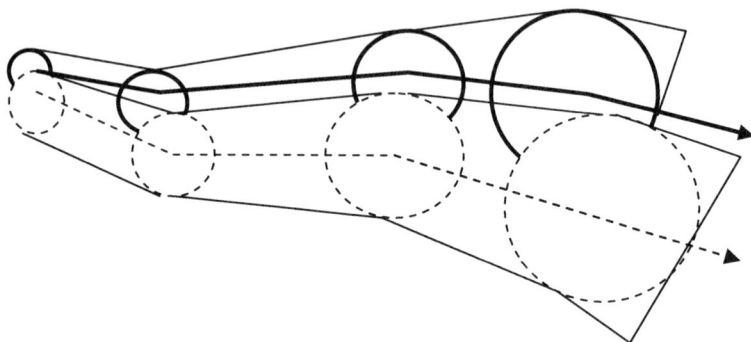

图 6-13　航线已知时的扩展搜寻区域(考虑定向漂移)

第三节　搜寻区域的覆盖方式

搜寻区域的覆盖方式是指在给定搜寻设施、任务完成时间及搜寻区域范围的情况下,搜寻单元按指定路线进行搜寻的方式。这是搜寻任务协调员的主要工作之一。

一、影响搜寻区域覆盖的因素

影响搜寻区域覆盖的因素包括:

(1)搜寻单位的类型和数量。

(2)搜寻能见度。

(3)搜寻航线间距。

(4)搜寻单位航行的准确性。

1. 搜寻单位的类型和数量

搜寻单位的类型和数量是指包括救助飞机、救助船舶在内的救助设施的基本情况(如抗风等级、运行要求)和适于该项工作的设施数量,是决定搜寻区域覆盖的最主要的因素。

参与搜救单位的数量代表了投入搜救力量的规模。在可使用的搜寻单位数量有限的情况下,彻底搜寻一个较大的区域需要较长的时间。因此,最好从一开始就有足够数量的搜救单位来覆盖整个搜寻区域。

搜寻单位的速度是表示其搜寻能力的一个重要指标。具有较高速度的搜救单位,不但能在较短的时间内到达出事地点,并且能在较短的时间内覆盖较大的区域。为了节约航行时间,增加海上搜寻的有效时间,专业搜救单位应根据海区的气象条件、事故特点及协作单位的实际情况,合理布置搜救力量。

此外,搜寻单位应该有足够数量的训练有素的瞭望人员和施救人员,以保证及时发现目标并有效救助。

2. 搜寻能见度

搜寻能见度是指搜寻单位以海平面以上瞭望者的眼高看某一目标的距离,如表 6-5 所示为天气晴朗时的搜寻能见度。

搜寻能见度受当时海上气象能见度的制约并且永远小于当时的气象能见度。

通常情况下,雾会使视力搜寻无效甚至中断搜寻,而烟雾和霾会降低白天搜寻的有效性。如果有飞机参与救助行动,那么,较低的云层会使飞行安全度降低,甚至会使空中搜寻成为不可能。

表 6-5　天气晴朗时的搜寻能见度　　　　　(n mile)

目标	空中 (150 m)		海上(用望远镜) (水面上 6 m)	
	白天	夜间	白天	夜间
黄色救生筏	1~2	—	1~2	—
染色标*	3	—	2	—
信号镜	7	—	5	—
反光材料	2	1***	2	1***
白色烟雾**	12	—	12	—
降落伞	5	—		
手电筒(2 节电池)	—	2	—	10
烟雾信号	2	17~30	2	20
救生衣灯	—	1	—	0.5
示踪弹(军用飞机)	2	5	2	6

注:＊大浪时能见度降低;＊＊大风中能见度降低;＊＊＊当照亮时。

影响搜寻能见度的因素有：

（1）目标的大小。

（2）目标的颜色及外形。

（3）海况。在有白浪花、泡沫带、开浪花、盐花以及阳光反射的海域，目标往往受其遮盖或隐蔽。

（4）搜寻时间，是白天还是晚上。

（5）太阳的位置（是否逆光）。

（6）瞭望者对搜寻目标的认识和反应程度。

如果飞机参与海上搜寻，则搜寻航空器的飞行高度影响其搜寻能见度（或称航空搜寻能见度）。

飞机的飞行高度是有限制的，一般认为白天为450 m、夜间为600 m是其最合理的搜寻高度。不过，飞机的搜寻高度还取决于飞机的类型和速度，以及云、霾和气流是否扰动等因素。例如，直升机和固定翼飞机可以在很低的高度飞行，而喷气式飞机不具备该功能。

如表6-6所示为航空器搜寻高度表，给出的是航空器在不同的飞行高度上的搜寻能见度。

表6-6　航空器搜寻高度表

高度	陆上搜寻目标	水上搜寻目标
150 m		穿救生衣无染色标
150～240 m	在平原地带，有大量植物	—
150～300 m	在山区根据气流扰动和植物数量选定	在救生筏内，无染色标或信号设备
240～300 m	在平原地带，有少量或无植物	—
240～450 m	—	在救生筏内，有染色标信号或雷达反射器
600～900 m	夜间搜寻	夜间搜寻

3. 搜寻航线间距

搜寻航线间距是指相邻的搜寻航线之间的距离。不管是一个搜寻单位还是多个搜寻单位的连续航行，相邻的航线间距都称为搜寻航线间距。

搜寻航线间距越小，在搜寻区域内发现目标的可能性越大；反之，发现目标的可能性越小。

为提高搜救效率,要求在相同时间内参加搜寻的单位越多越好。但这一方面可能使行动费用过高,另一方面也可能受搜寻力量少的限制,使这种安排难以实现。

SMC 在编制搜寻计划时,要在搜寻时间固定和可用搜寻单位有限的前提下,选择一个最佳间距。在实践中,一般取搜寻能见度的 1.5(小于 2)倍,但当搜寻区域过大时,应采取较宽的航线间距,因为这仍然有一定的发现机会。

4. 搜寻单位航行的准确性

搜寻单位航行的准确性是搜寻单位(船舶或飞机)到达给定的搜寻区域的准确程度。

搜寻单位受定位条件或驾驶员工作水平的限制,有时不能准确到达遇险地点,因此不能很好地覆盖搜寻区域。

一般来说,利用参考点、助航标志,运用电子手段以及海、空协调方式定位比较准确,而利用天文定位、航迹推算定位(尤其是飞机)等手段会出现较大误差,这一点应引起注意。

二、搜寻区域的覆盖方式

搜寻区域的覆盖方式从发现手段上分为视力搜寻、雷达搜寻和电子搜寻三种方式,根据设施的种类、数量和搜寻区域的大小,每种方式选择不同的航行方法。

(一)视力搜寻(Visual Search Patterns,简称 VS)

1. 航线搜寻(Track Line Search,简称 TS)

航线搜寻是指以沿着已知航线的一侧,然后反向沿着该航线的另一侧返回的方式进行搜寻。

航线搜寻通常用于船舶或飞机沿着一条已知航线失踪,没有留下任何迹象的情况。该方式基于这样的假定,即目标在计划航线上或其附近发生故障且易于找到,或者有遇险幸存者,他们能在听到或看到搜寻单位时发出某种信号显示其位置。

航线搜寻有以下几种方式:

(1)如图 6-14 所示为航线返回搜寻(一个搜寻单位)。

(2)如图 6-15 所示为航线返回搜寻(多个搜寻单位)。

(3)如图 6-16 所示为航线不返回搜寻(一个搜寻单位)。

(4)如图 6-17 所示为航线不返回搜寻(多个搜寻单位)。

(5)如图 6-18 所示为航线返回搜寻(多个搜寻单位)。

图中 CSP(全称为 Commence Search Point)为搜寻起始点。

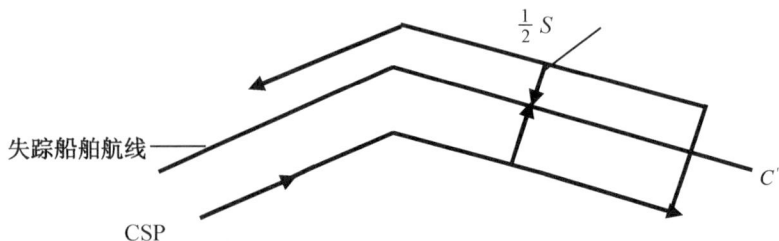

图 6-14　航线返回搜寻(一个搜寻单位)

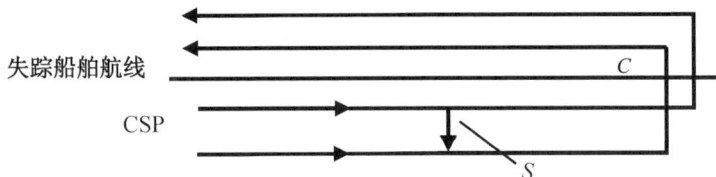

图 6-15　航线返回搜寻(多个搜寻单位)

图 6-16　航线不返回搜寻(一个搜寻单位)

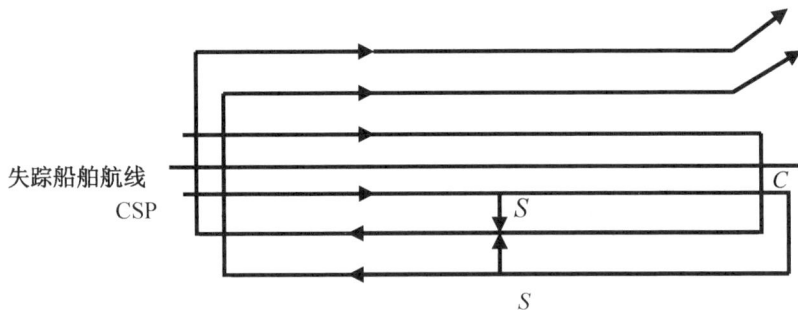

图 6-17　航线不返回搜寻(多个搜寻单位)

2. 平行搜寻(Parallel Sweep Search,简称 PS)

平行搜寻是指搜寻单位从搜寻区域的一角出发,沿长边保持平行航线搜寻该区域。第一条航线与长方形的边的距离等于航线间距的一半,此后各航线以一个航线间距保持平行。

这种方式适用于幸存人员的位置不确定、需大范围搜寻的情况。

这种搜寻方式可由一个搜寻单位实施,也可以由多个搜寻单位来实施,或者分

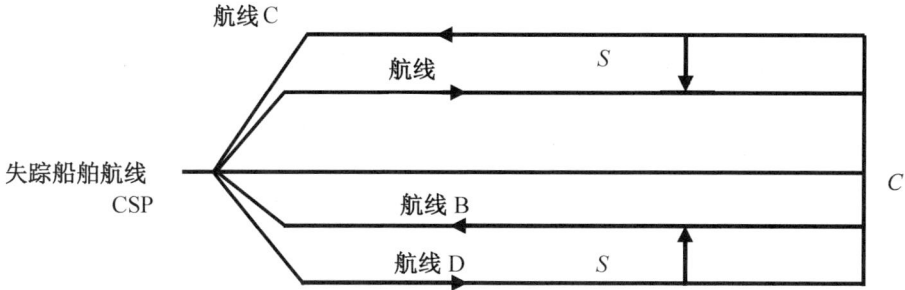

图 6-18　航线返回搜寻(多个搜寻单位)

别搜寻一个小区域来实施。

(1)如图 6-19 所示为平行搜寻(一个搜寻单位)。

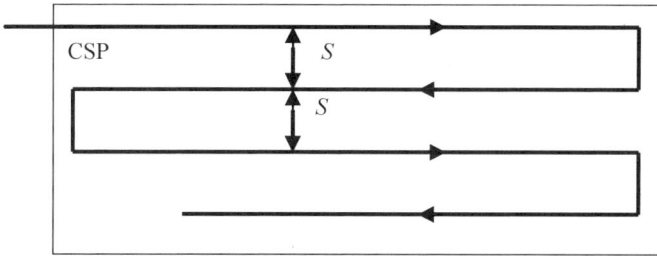

图 6-19　平行搜寻(一个搜寻单位)

(2)如图 6-20 所示为平行搜寻(多个搜寻单位)。

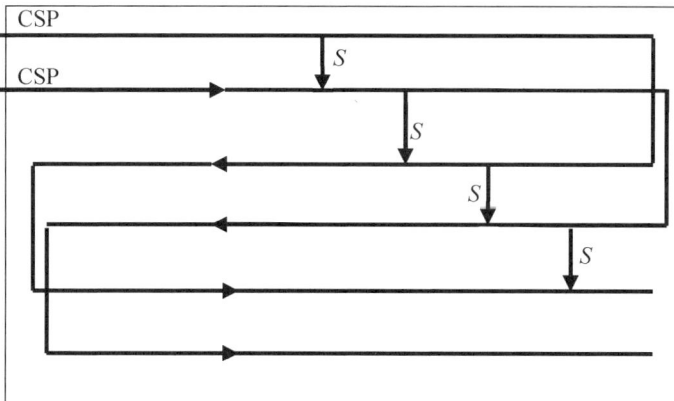

图 6-20　平行搜寻(多个搜寻单位)

(3)如图 6-21 所示为平行搜寻(利用双曲线导航系统)。

(4)航空器平行搜寻——利用测距设备(Distance Measuring Equipment,简称

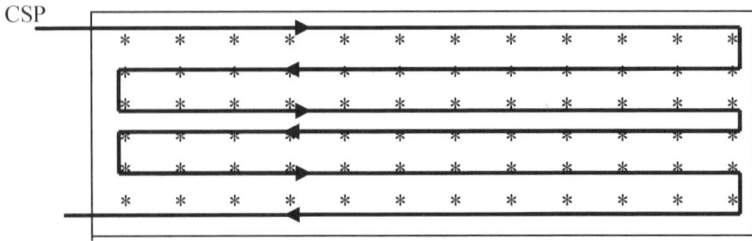

图 6-21　平行搜寻(利用双曲线导航系统)

注: ＊＊＊为双曲线系统的巷。

DME)保持等距离航行,以这种飞行方式搜寻会增加操作难度。

3. 横移线搜寻(Creeping Line Search,简称 CS)

搜寻单位从搜寻区域的一角出发,沿短边保持平行航线搜寻该区域,其他与平行搜寻相同,如图 6-22 至图 6-24 所示。

横移线搜寻方式在搜寻区域长而狭窄、目标的可能位置在已知两点之间并需要连续快速推进而使最可能区域迅速覆盖的情况下采用。

具体搜寻方式是:

(1)如图 6-22 所示为横移线搜寻(一个搜寻单位)(一)。

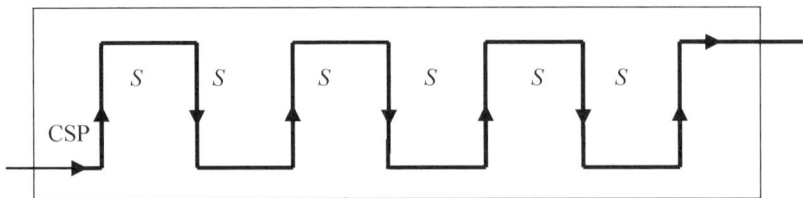

图 6-22　横移线搜寻(一个搜寻单位)(一)

(2)如图 6-23 所示为横移线搜寻(一个搜寻单位)(二)。

(3)如图 6-24 所示为横移线搜寻(多个搜寻单位)。

4. 扩展方形搜寻(Expanding Square Search,简称 SS)

搜寻单位从报告位置或最可能位置以同心方形逐渐向外扩展来搜寻,始终以搜寻起始点作为基准点,故称为扩展方形搜寻。

它在当搜寻目标的位置已经确认的相对有限的范围内(一般不超过 100 平方海里)时使用,尤其适用于船舶或小艇搜寻落水人员或在很小或无风压漂移时搜寻其他目标。如果航行准确,这种方式是一种非常精确的搜寻方式。

具体方法是:

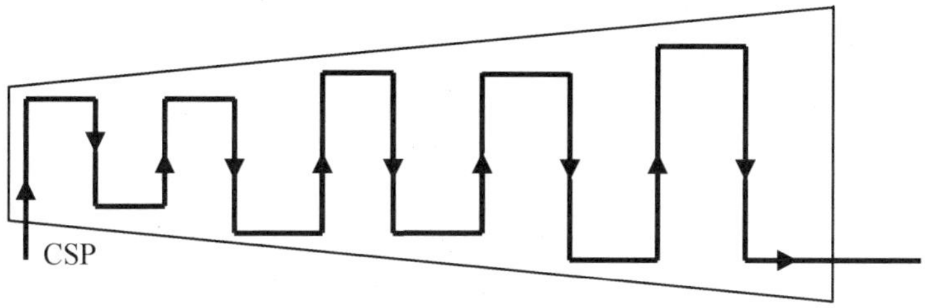

图 6-23　横移线搜寻(一个搜寻单位)(二)

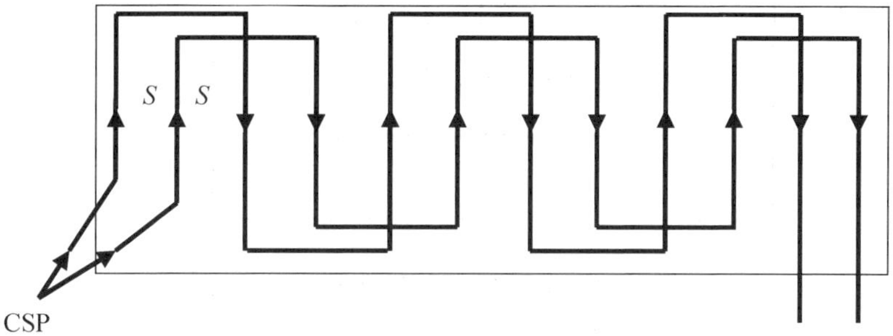

图 6-24　横移线搜寻(多个搜寻单位)

最初两条搜寻线的长度都等于搜寻航线间距,之后每两条连续的搜寻线增加一个搜寻航线间距。

(1)如图 6-25 所示为扩展方形搜寻(一个搜寻单位)。当同一搜寻单位再次进行搜寻时,应将搜寻线的方向转过 45°。如果认为目标在移动,可把方形调整为矩形,矩形的长边平行于假设的漂移方向,但这种方式只能在目标移动很慢时使用。

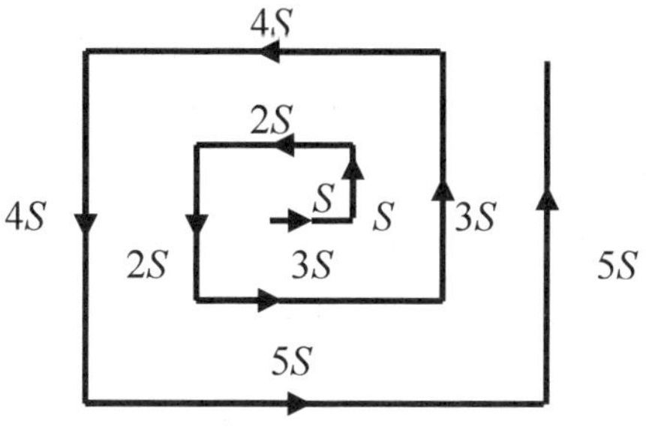

图 6-25　扩展方形搜寻(一个搜寻单位)

(2)如图 6-26 所示为扩展方形搜寻(多个搜寻单位)。这种方式有许多转向,使得两个搜寻单位不可能同时进行工作。在有两架航空器参加的情况下,它们应在不同的高度上按各自的轨迹飞行,并错开 45°。如果需要在同一高度飞行,则两者的飞行时间要充分错开,并始终保持侧向上的间隔距离。

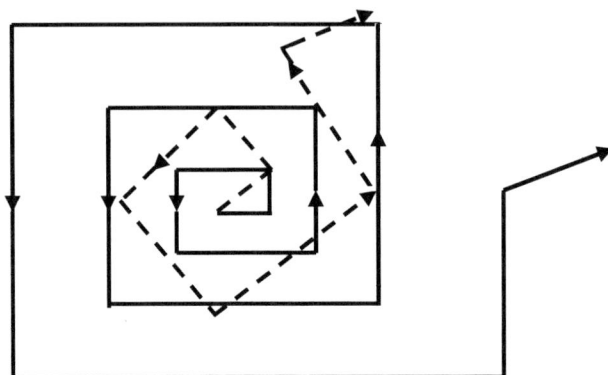

图 6-26 扩展方形搜寻(多个搜寻单位)

5. 扇形搜寻(Sector Search,简称 VS)

扇形搜寻是指按以一个基点为中心的圆形区域进行搜寻。此方法是在已知目标位置,同时搜寻区域的半径相对较小而目标又较难发现时采用。通常的做法是,搜寻设施进入搜寻区域后,在目标最可能处投放一个合适的标志(如浮式烟雾筒或无线电信标),作为每一条航线的参考或导航标志。搜寻始终围绕目标最可能在的点进行,如图 6-27 所示为扇形搜寻(第一次搜寻)。

船舶搜寻时搜寻半径通常为 2~5 n mile,并且每次转向 120°,通常向右转向。当需进行第二次搜寻时,与第一次搜寻线隔开 30°。

飞机搜寻时搜寻半径通常为 5~20 n mile。

这种方法比扩展方形有效,因为靠近中心处的航线间距很小,从而保证了在目标最可能被发现的区域有彻底的覆盖。如果需要再次搜寻,应将航线选在第一次图形中的航线中间,如图 6-27 中的虚线航迹。

6. 降落伞照明弹搜寻(Parachute Flare Search)

降落伞照明弹搜寻方式一般只在夜间搜寻没有灯光显示的遇险者并有飞机参与时使用。

通常的做法是,固定翼飞机飞行在搜寻单位的前上方投放降落伞照明弹,以帮助航行在海面的搜寻单位(最好的搜寻单位是船舶)搜寻目标。在行动中要注意照明弹不会引起船舶火灾,并注意阴影或反射对观测者的影响。

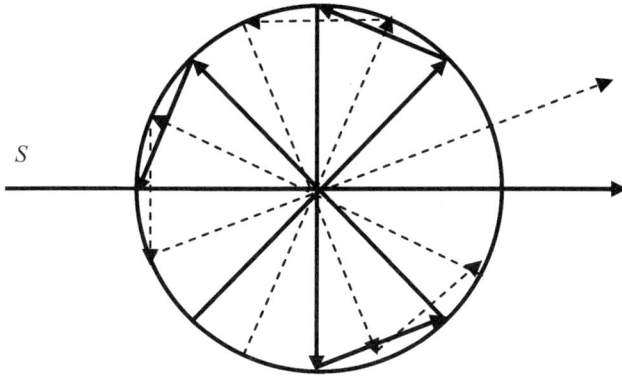

图 6-27　扇形搜寻（第一次搜寻）

（1）如图 6-28 所示为降落伞照明弹搜寻（直升机）。在这种搜寻中，搜寻直升机在 150 m 的高空飞行，投放照明弹的飞机在 900 m 的高空飞行。照明弹在直升机前从 900 m 的高度上投下，最小点燃延时为 90 s。假定照明燃时为 160 s，照明弹正好在直升机高度之上燃尽。图 6-28 中展示了这种飞行方式。当前一个照明弹熄灭时，投放飞机正好处于再次投放照明弹的最佳位置。

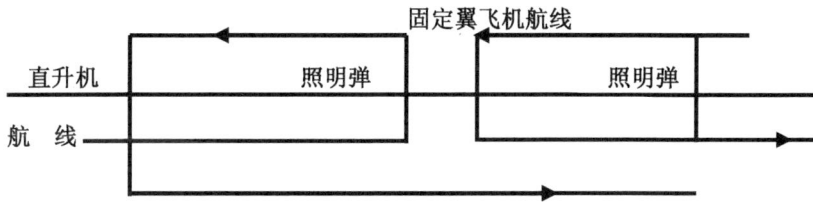

图 6-28　降落伞照明弹搜寻（直升机）

在实际工作中，投放降落伞照明弹不应使其外壳或其他材料落到直升机上。如果所使用的照明弹属于燃尽后自由下落的类型，则投放照明弹的方法必须使它与直升机的上方或前方保持一定的距离。

（2）降落伞照明弹搜寻（固定翼飞机），这种搜寻方式只有在事件万分紧急并且目标较大而明显时才使用。从使用效果上看，该方式搜寻成功率不高。搜寻由两架固定翼飞机来执行，搜寻飞机的飞行高度为 150 m，投放飞机的飞行高度为 900 m，并在搜寻飞机前方 2 n mile 处投放。

7. 特殊设备搜寻

红外线装置搜寻，通常用于夜间探测热体目标。用红外线摄像机或前视红外线雷达探测热量放射物的被动探测系统，通过探测温度差值来产生可视画面。

在救助船、直升机、工作艇上，常利用夜视仪搜寻。

(二)雷达搜寻(Readar Search)

雷达搜寻方式是使用船舶雷达设备进行海面搜寻的工作方式,一般在没有确切的失事地点,而飞机不可能参加搜寻的情况下使用。如果单船搜寻,以雷达探测距离确定航线间距;如果有几艘船同时参与,则各船应采取"分散齐头并进"的方式前进,并保持船舶间距为雷达探测间距的1.5倍进行搜寻。

如表6-7所示为雷达探测距离(目标正面接近)。

表6-7　雷达探测距离(目标正面接近)

目标	雷达扫描器高度	
	15 m	30 m
10 000 总吨船舶	13 n mile	18 n mile
1 000 总吨船舶	6 n mile	8.4 n mile
200 总吨船舶	5.5 n mile	7.7 n mile
9 m 长小船	1.9 n mile	2.7 n mile

表6-7中数据是雷达在天气正常情况下的探测距离,由于天气情况对雷达回波的影响较大,因此上述数据仅供参考。

(三)电子搜寻(Electronic Search Patterns)

飞机可利用专用设备对遇险目标(信号)进行追踪,方法一般有听觉搜寻和仪表读数搜寻两种。

1. 听觉搜寻

如图6-29所示为听觉搜寻与搜寻区域,听觉搜寻是飞机以"转向渐近"追踪遇

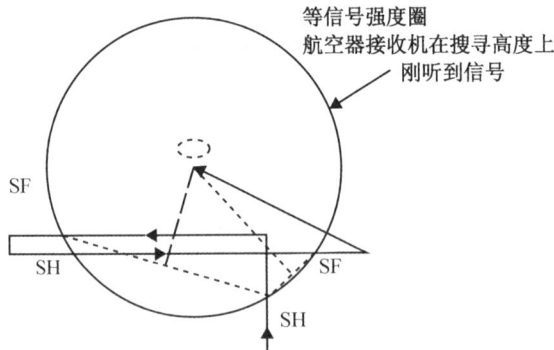

图6-29　听觉搜寻与搜寻区域

险信号声响,并根据信号的强弱来判定搜寻目标。当飞行员第一次听到信号时,立

即将航空器的位置标记下来,驾驶员在保持航向继续飞行一段距离后,左转或右转90°,直至信号消失,再记下该位置;然后,飞机转向180°,重新记下开始听到信号和信号消失的位置。我们知道,等信号强度线是圆弧,"听到信号"和"信号消失"的位置均位于最弱的等信号弧线上。画出每对"听到信号"和"信号消失"位置的弦线;然后作两个弦的垂直平分线,两条垂直平分线交叉处即为信号源位置。飞机向该位置飞行并下降至适当高度进行搜寻。

2.仪表读数搜寻

飞机进入搜寻区域的初始航线上,接收海上遇险信号并由接收机的信号强度表进行测量,标出两个仪表读数相等的位置点,显然,信号位于这两点连线的垂直平分线上。此时,驾驶员将飞机转过180°飞抵垂直平分线处,并向仪表读数渐大的方向飞行;如果仪表读数渐小,则说明飞错了方向,这时,飞机应回转朝相反的方向飞行。在这个航线上,同样标出两个仪表读数相等的点并作垂直平分线,此时,飞机转向飞至两条垂直平分线的中点,该点即为信号源区域,如图 6-30 所示为仪表读数搜寻与搜寻区域。

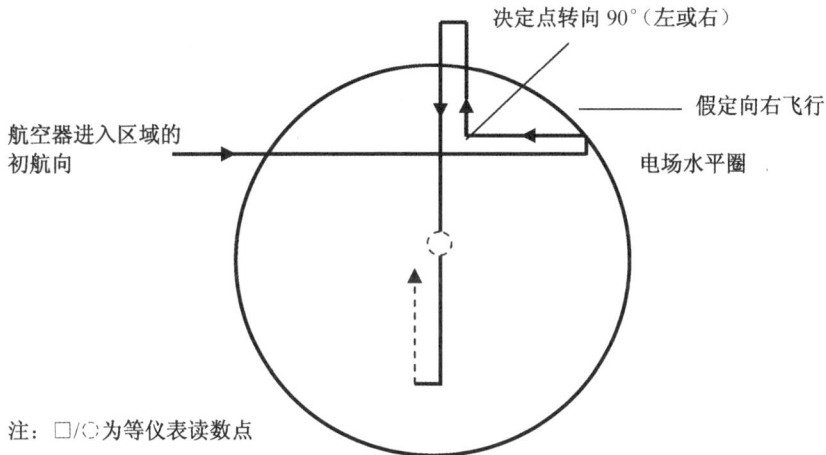

图 6-30　仪表读数搜寻与搜寻区域

(四)空-海协调搜寻方式

空-海协调搜寻方式是在同一个搜寻区域、同一段时间内由飞机和船舶共同参与搜寻的工作方式。

与仅由飞机搜寻的方式相比,这种搜寻方式的好处是船舶可以作为飞机良好的助航对象和参考基准点,当发现目标时,船舶和飞机能互相引导,并在需要时帮助飞机迫降。

空-海协调搜寻方式,通常仅在有现场指挥并能够与参加搜寻的船舶保持通信的情况下使用。使用这种搜寻方式寻找目标比只有飞机进行搜寻更为有效。

空-海协调搜寻方式有三种：

1. 横移线协调搜寻

在搜寻区域内，船舶沿着搜寻区域的主轴行驶，飞机与船舶航线成直角横向飞行，同时，飞机与船舶同步前进。

图 6-31 至图 6-33 给出了常见的编组方式。

(1)如图 6-31 所示为横移线协调搜寻(一架飞机)。

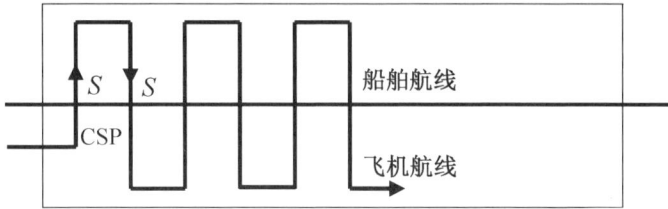

图 6-31　横移线协调搜寻(一架飞机)

(2)如图 6-32 所示为横移线协调搜寻(多架飞机并列编队)。

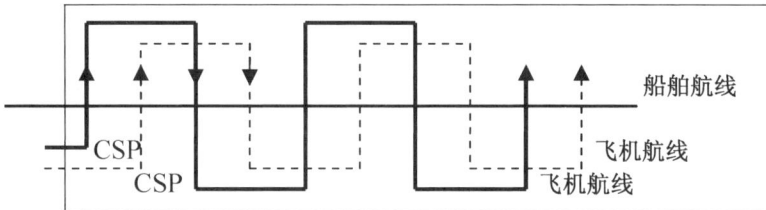

图 6-32　横移线协调搜寻(多架飞机并列编队)

(3)如图 6-33 所示为横移线协调搜寻(多架飞机分侧编队)。

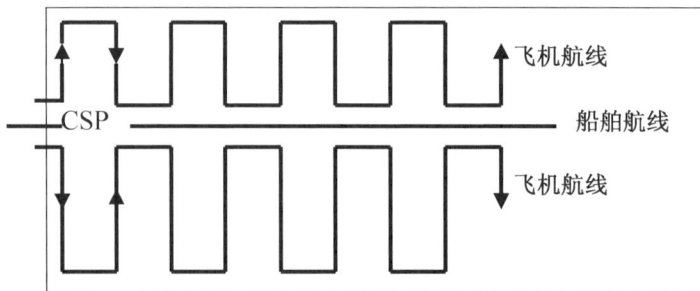

图 6-33　横移线协调搜寻(多架飞机分侧编队)

船舶的速度由下式确定：

$$V_s = \frac{SV_a}{L + S}$$

式中，V_s——船舶速度，kn；

　　S——航线间距，n mile；

　　V_a——飞机飞行速度，kn；

　　L——飞机的搜寻线长度，n mile。

注意：（1）在采用并列编队时，上式中的 S 用 μS 代替，μ 为编队飞机的架数。

（2）在采用分侧法时，上式中的 V_a 用两架飞机空中速度之和替代，搜寻区域的宽度用 $(L+S)$ 代替。船舶的速度一旦求得，可再次运用公式求得每一架飞机的搜寻线长度。此时，代入某一架飞机的空中速度、船舶的速度及航线间距，即可算出 L。

2. 雷达协调的横移线搜寻

在使用一架飞机进行搜寻时，按图 6-31 所示的相应的视力法方式飞行，由船舶雷达跟踪飞机并在其偏离航线时通知它，同时，当飞机到达搜寻线一端的预定点时，协助飞机准确地掉头。

在使用多架飞机搜寻时，飞机按图 6-32、图 6-33 所示方式飞行，船舶只对长机进行追踪。长机应该领先其他飞机一定的距离（通常为 1.5 n mile），以便于船舶对其识别。

3. 降落伞照明弹搜寻

（1）如图 6-34 所示为降落伞照明弹搜寻（一艘船舶）。

在降落伞照明弹搜寻方式中，单船进行搜寻而有一架飞机在上空有规律地投放照明弹。最强的照明是当照明弹正好在船舶上空飘落时。因此，飞机应在上风投放照明弹，这样它飘过船舶上空时正是燃烧过程的中部。

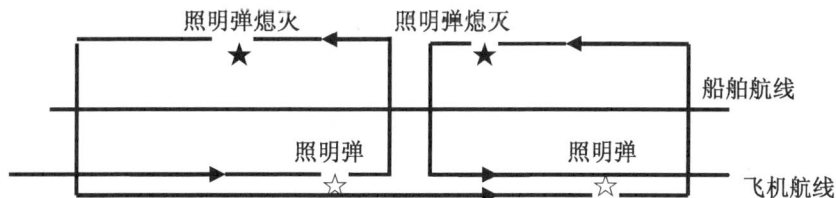

图 6-34　降落伞照明弹搜寻（一艘船舶）

（2）如图 6-35 所示为降落伞照明弹搜寻（多艘船舶）。

采用降落伞照明弹搜寻法时，船舶并列编队，其间距根据目标的大小和情况而定。例如，单人在救生筏内或在水中为 450 m。飞机绕编队飞一个"跑道"，在上风处投放一组照明弹,这样,它们飞到编队上空时正是燃烧过程的中部。前一组照明弹燃尽时,新的一组再投下去。投放照明弹的个数要根据海面上船舶编队长度而定。在实际操作时,照明弹的投放不应使其壳体或材料落到船舶上。如果照明弹燃烧后自由下落,则照明弹的投放必须使它在燃尽时不能位于船舶的前方或上方。

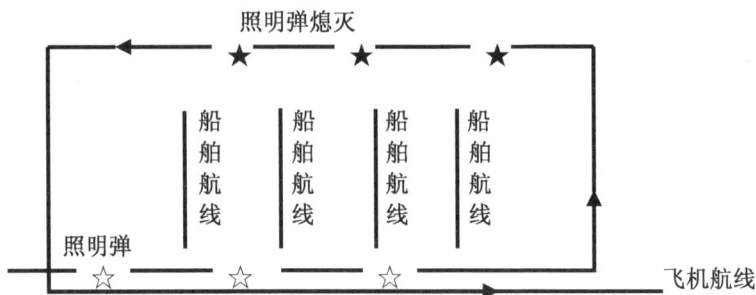

图 6-35　降落伞照明弹搜寻(多艘船舶)

第四节　影响发现目标可能性的因素

搜寻和救助是两项连续的工作,其中搜寻是救助的前期工作,其质量好坏决定整个救助效果。在现场搜寻过程中,影响发现海上目标可能性的因素有多个,但最主要的有四个:

(1)航线间距。

(2)发现概率。

(3)扫海宽度。

(4)覆盖因子。

一、航线间距

相邻搜寻航线间的距离都称为航线间距(Track Spacing,简称 S),是对搜寻努力程度的度量。

无论是几个搜寻单位同时航行还是单一搜寻单位的连续航行,都是为了得到较大的目标发现可能性和最经济地使用搜寻单位而选定的。

在实际工作中,搜寻区域的面积是一定的,它根据海面的风、流及其他实际情况而选定,同时,由于受事故的严重程度、落水人员的构成(是船员还是旅客)、当时的水温及救助单位的航行速度的限制,搜寻的可用时间也是有限的。因此,海上搜寻效果最终由航线间距来决定。

(1) S 越小,在搜寻区域内发现目标的可能性就越大。

（2）S 的减小增加了覆盖整个搜寻区域所需的时间,如果要在指定的时间内有效完成搜寻任务,要求搜寻计划的编制者要么增加搜救单位的数量,要么加大航线间距来覆盖该区域。因此,搜寻计划的编制者如何在限定的时间和可用搜寻单位的前提下,选择发现目标的最佳 S 值是首先要解决的问题。

（3）航线间距一般设定为搜寻能见度的 1.5 倍。

（4）当航线间距大于这个宽度时,就会在航线间留下目力所不及的区域,间距越大,漏掉目标的可能性也越大。

（5）当航线间距小于这个宽度时,除了全部区域为目力所及外,航线间某些区域还能得以重复覆盖,这无疑会增大发现目标的可能性。

为方便起见,可以使用推荐的航线间距,如表 6-8 所示为商船推荐搜寻线间距,如表 6-9 所示为直升机扫视宽度,如表 6-10 所示为固定翼航空器扫视宽度,如表 6-11 所示为各种搜寻单位使用的天气修正系数。

表 6-8　商船推荐搜寻线间距

搜寻目标	气象能见度（n mile）				
	3	5	10	15	20
落水人员	0.4	0.5	0.6	0.7	0.7
4 人救生筏	2.3	3.2	4.2	4.9	5.5
6 人救生筏	2.5	3.6	5.0	6.2	6.9
15 人救生筏	2.6	4.0	5.1	6.4	7.3
25 人救生筏	2.7	4.2	5.2	6.5	7.5
长度小于 5 m 的船	1.1	1.4	1.9	2.1	2.3
长度 7 m 的船	2.0	2.9	4.3	5.2	5.8
长度 12 m 的船	2.8	4.5	7.6	9.4	11.6
长度 24 m 的船	3.2	5.6	10.7	14.7	18.1

表 6-9　直升机扫视宽度

搜寻目标	气象能见度（n mile）		
	150 m	300 m	600 m
落水人员	0.2(0.1)	0.2(0.1)	0.2(0.1)
4 人救生筏	5.2(2.8)	5.4(2.9)	5.6(3.0)
6 人救生筏	6.5(3.5)	6.5(3.5)	6.7(3.6)

续表

搜寻目标	气象能见度(n mile)		
	150 m	300 m	600 m
15 人救生筏	8.1(4.4)	8.3(4.5)	8.7(4.7)
25 人救生筏	10.4(5.6)	10.6(5.7)	10.9(5.9)
长度小于 5 m 的船	4.3(2.3)	4.6(2.5)	5.0(2.7)
长度 7 m 的船	10.7(5.8)	10.9(5.9)	11.3(6.1)
长度 12 m 的船	21.9(11.8)	22.0(11.9)	22.4(12.1)
长度 24 m 的船	34.1(18.4)	34.3(18.5)	34.3(18.5)

表 6-10　固定翼航空器扫视宽度

搜寻目标	气象能见度(n mile)		
	150 m	300 m	600 m
落水人员	0.2(0.1)	0.2(0.1)	0.0(0.0)
4 人救生筏	4.1(2.2)	4.3(2.3)	4.3(2.3)
6 人救生筏	5.2(2.8)	5.2(2.8)	5.4(2.9)
15 人救生筏	6.7(3.6)	6.9(3.7)	7.2(3.9)
25 人救生筏	8.5(4.6)	8.7(4.7)	9.2(4.9)
长度小于 5 m 的船	3.3(1.8)	3.7(2.0)	4.1(2.2)
长度 7 m 的船	8.9(4.8)	9.3(5.0)	9.4(5.1)
长度 12 m 的船	19.3(10.4)	19.3(10.4)	21.5(11.6)
长度 24 m 的船	30.9(16.7)	30.9(16.7)	31.1(16.8)

表 6-11　各种搜寻单位使用的天气修正系数

天气	搜寻目标	
	落水人员	救生筏
无风	1.00	1.0
风力>28 km/h(15 kn)或浪高>1.0 m(3 ft)	0.50	0.9
风力>46 km/h(25 kn)或浪高>1.5 m(5 ft)	0.25	0.6

二、发现概率

发现概率(Probability of Detection,简称 P)是指发现目标成功(或失败)的可能性,是对搜寻效果的度量。

在正常状态下,观察人员能看到近处的大多数目标,距离越远,能看到的目标就越少,如果距离超过最大发现范围,就根本看不到任何目标。

实验表明,虽然随着距离的增加,目标被发现的可能性减小,但不存在固定的下降率,如图 6-36 所示为发现概率与扫海宽度的关系。

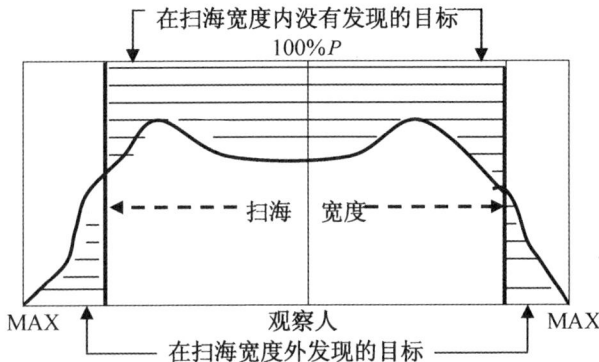

图 6-36　发现概率与扫海宽度的关系

发现概率不能孤立获得,为了获得发现概率值,须运用扫海宽度这一概念,如图 6-37 所示为扫海宽度与最大发现距离。

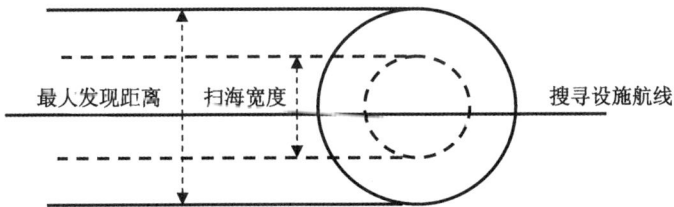

图 6-37　扫海宽度与最大发现距离

三、扫海宽度

扫海宽度(Sweep Width,简称 W)是指设施对海上目标发现能力的度量。

从量上看,扫海宽度是一个以目标特征、气候及其他变量为基础表达发现能力的数学量。

扫海宽度是这样选取的:其值始终小于最大发现范围,并且在 W 以外发现分

散目标的数量等于 W 以内可能漏过的目标数量。

扫海宽度对视力搜寻、电子搜寻以及其他任何形式的搜寻都适用。

确定扫海宽度的基本数据由模拟海上救生实验获取,它随搜寻单位的变化而变化。如表 6-12 所示为发现物体的视力搜寻扫海宽度,该表给出了不同目标(适用于白天)的视力扫海宽度。

表 6-12　发现物体的视力搜寻扫海宽度

物体名称	估计搜寻扫海宽度(n mile)	物体名称	估计搜寻扫海宽度(n mile)
	白天		夜间
红/橙色气球	0.5	电浮灯	1
红色双星焰火	0.5	手电筒	3
橙色飞行组	0.5	示踪弹	4
昼/夜焰火	0.5	航空器海上染色标	8
红色笔式信号枪焰火	0.5	红色"凡立"烟火信号	8
红色反光帆布	2	昼夜/焰火	8
示踪弹	2	脉冲救生衣灯	3.5
绿染色标[1]	2	红色笔式信号枪焰火	10
白降落伞	5	红色双星焰火	10
橙色烟雾[2]	5		
太阳信号镜	5		

注:1——情况恶劣时大大减小;2——大风浪时大大减小。

表 6-12 中所包括的基本因素是:目标的类型、气象能见度和搜寻高度。

使用时应首先查得对应的未经修正的表列值 W_u(用海里表示),然后用白浪花和光照(云层覆盖)修正系数进行修正,即

$$W = W_u \times f_w \times f_l$$

式中,W_u——未经修正的表列值,n mile;

f_w——白浪花修正系数;

f_l——光照(云层覆盖)修正系数。

我们注意到,无风状态下 f_w 小于1,这是由于水面过于明亮对观察小物体有不利影响。另外,表 6-12 中没有给出目标是落于水中的人时的扫海宽度,这是因为

到目前为止尚未做过这样的实验。

经验做法是设定人在水中时的扫海宽度为在相同状态下救生筏的扫海宽度的1/10。尽管得出的结果远小于实际可飞行或可航行的值,但这却为搜寻计划编制人员的工作提供了参考。

必须注意,表 6-12 中给出的遇险幸存者使用有助于发现物体时的扫海宽度是能见度良好时的最佳估计值,可能时应使用更精确的资料。

在电子搜寻方式中,确定合适的扫海宽度与视力搜寻方式一样重要。影响电子搜寻扫海宽度的因素有搜寻目标的信号输出功率、搜寻单位的能力、环境衰减程度、环境大气噪声和地形衰减等。

确定搜寻方式的扫海宽度的前提是获得目标的最大、最小或平均发现范围,此时,搜寻计划编制人员可按下述方法确定 W:

(1)当知道最小发现范围时,W = 1.7×最小发现范围。

(2)当知道平均发现范围时,W = 1.5×平均发现范围。

(3)当知道最大发现范围时,W = 最大发现范围。

(4)当不知道发现范围时,W = 0.5×视地平范围。

如表 6-13 所示为视地平范围表,该表中给出了视地平范围。

表 6-13　视地平范围表

眼 高 (ft)	视地平范围 (n mile)	眼 高 (ft)	视地平范围 (n mile)	眼 高 (ft)	视地平范围 (n mile)
1	1.1	120	12.5	940	35.1
2	1.6	125	12.8	960	35.4
3	2.0	130	13.0	980	35.8
4	2.3	135	13.3	1 000	36.2
5	2.6	140	13.5	1 100	37.9
6	2.8	145	13.8	1 200	39.6
7	3.0	150	14.0	1 300	41.2
8	3.2	160	14.5	1 400	42.8
9	3.4	170	14.9	1 500	44.3
10	3.6	180	15.3	1 600	45.8
11	3.8	190	15.8	1 700	47.2
12	4.0	200	16.2	1 800	48.5
13	4.1	210	16.6	1 900	49.9
14	4.3	220	17.0	2 000	51.2
15	4.4	230	17.3	2 100	52.4

续表

眼 高 (ft)	视地平范围 (n mile)	眼 高 (ft)	视地平范围 (n mile)	眼 高 (ft)	视地平范围 (n mile)
16	4.6	240	17.7	2 200	53.7
17	4.7	250	18.1	2 300	54.9
18	4.9	260	18.4	2 400	56.0
19	5.0	270	18.8	2 500	57.2
20	5.1	280	19.1	2 600	58.3
21	5.2	290	19.5	2 700	59.4
22	5.4	300	19.8	2 800	60.5
23	5.5	310	20.1	2 900	61.6
24	5.6	320	20.5	3 000	62.7
25	5.7	330	20.8	3 100	63.7
26	5.8	340	21.1	3 200	64.7
27	5.9	350	21.4	3 300	65.7
28	6.1	360	21.7	3 400	66.7
29	6.2	370	22.0	3 500	67.7
30	6.3	380	22.3	3 600	68.6
31	6.4	390	22.6	3 700	69.6
32	6.5	400	22.9	3 800	70.5
33	6.6	410	23.2	3 900	71.4
34	6.7	420	23.4	4 000	72.4
35	6.8	430	23.7	4 100	73.3
36	6.9	440	24.0	4 200	74.1
37	7.0	450	24.3	4 300	75.0
38	7.1	460	24.5	4 400	75.9
39	7.1	470	24.8	4 500	76.7
40	7.2	480	25.1	4 600	77.6
41	7.3	490	25.3	4 700	78.4
42	7.4	500	25.6	4 800	79.3
43	7.5	520	26.1	4 900	80.1
44	7.6	540	26.6	5 000	80.9
45	7.7	560	27.1	6 000	88.6

续表

眼高 (ft)	视地平范围 (n mile)	眼高 (ft)	视地平范围 (n mile)	眼高 (ft)	视地平范围 (n mile)
46	7.8	580	27.6	7 000	95.7
47	7.8	600	28.0	8 000	102.3
48	7.9	620	28.5	9 000	108.5
49	8.0	640	28.9	10 000	114.4
50	8.1	660	29.4	15 000	140.1
55	8.5	680	29.8	20 000	161.8
60	8.9	700	30.3	25 000	180.9
65	9.2	720	30.7	30 000	198.1
70	9.6	740	31.1	35 000	214.0
75	9.9	760	31.5	40 000	228.8
80	10.2	780	31.9	45 000	242.7
85	10.5	800	32.4	50 000	255.8
90	10.9	820	32.8	60 000	280.2
95	11.2	840	33.2	70 000	302.7
100	11.4	860	33.5	80 000	323.6
105	11.7	880	33.9	90 000	343.2
110	12.0	900	34.3	100 000	361.8
115	12.3	920	34.7	200 000	511.6

四、覆盖因子

扫海宽度和航线间距都是表达搜寻单位每次寻找范围的量,它们的不同点是:

(1)航线间距的确定只考虑当时的搜寻能见度(取搜寻能见度的1.5倍),而对目标本身不做考虑。

(2)扫海宽度除了考虑上述因素外,更注重发现目标的实际效果,基本数据都是直接从实验中获得,并根据当时云层和海况的实际情况进行修正。

显然,用扫海宽度去"扫海"的效果优于前者,将航线间距与扫海宽度相比较,即代表了这种"优越"效果。

覆盖因子(Coverage Factor,简称 C)关系式为

$$C = \frac{W}{S}$$

如图 6-38 所示为扫海宽度与航线间距的对应关系,表示的是 $C = 1$ 和 $C = 0.5$

之间的差别。

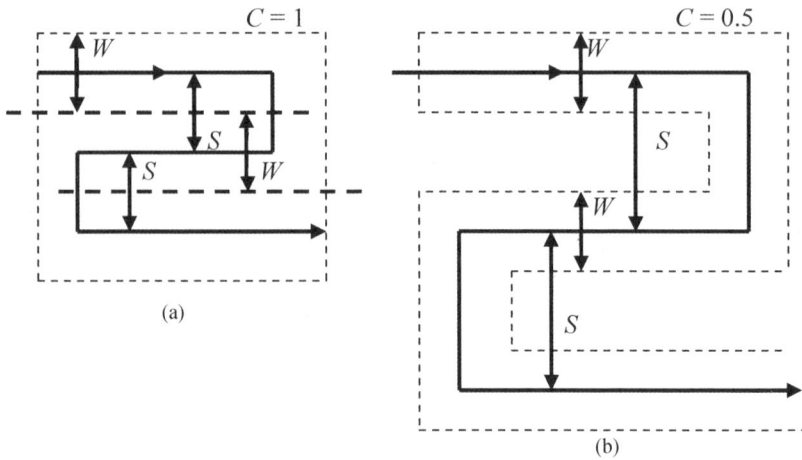

图 6-38 扫海宽度与航线间距的对应关系

由于 C 是由 S 和 W 所决定的,而 S 和 W 直接决定了搜寻效果,所以 C 也就决定了 P。

如图 6-39 所示为覆盖因子与发现概率,P 可以用图 6-39(根据实验数据绘制)予以确定。该图中给出了当 C 给定时从某区域的首次搜寻到在同一区域内进行四次重复搜寻的 P 值。当重复搜寻时,P 应根据已经完成的搜寻的平均覆盖因子查阅相应的曲线而得出。

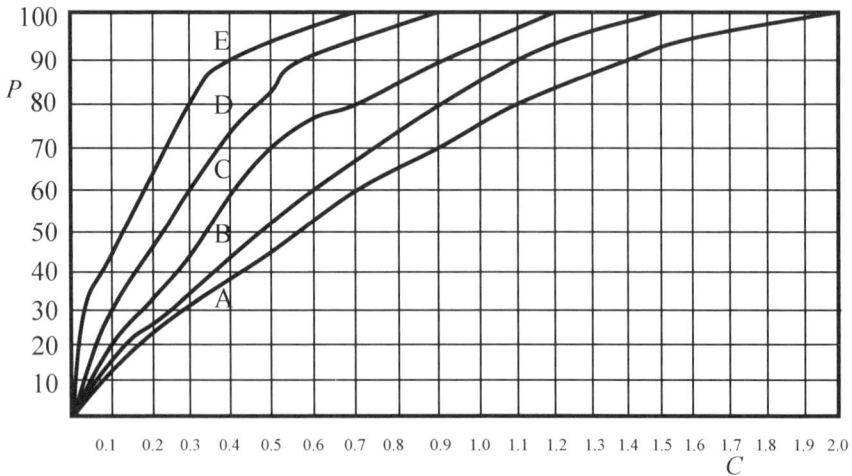

图 6-39 覆盖因子与发现概率

一般来说,根据 C 值来查阅图 6-39 并以此求 P 值,可能引起较大的偏差,但对搜寻计划编制者来说,该图还是十分有价值的。A、B、C、D、E 分别代表第一到第五次搜寻。

例:

某渔船在渤海湾夜间捕鱼作业时遇险,由于船上没有求救信号,只能以手电筒示位。从大连开往天津的商船接警后赶赴该海域。船长查看该海域航行条件并考虑未来天气趋势后,决定以约 5 n mile 的航线间距平行搜寻,以便赶在起风前完成搜寻。其发现概率是:

查表 6-12,发现手电筒扫海宽度

$$W = 3 \text{ n mile}$$

$$S = 5 \text{ n mile}$$

$$C = \frac{W}{S} = 3/5 = 0.6$$

查图 6-39,发现 $P = 52\%$。

应该强调的是:

(1)在制订搜寻计划时,编制计划者应仔细衡量时间、气候、发现目标的可能性、可用搜寻单位数量、搜寻区域的大小和位置、搜寻单位的常驻位置以及当时情况下的发现概率,合理发动搜救行动。

(2)在开始搜寻时,尽可能确定一个足以包含目标在内的区域,考虑时间因素从而设计航线间距(最好取 $C=1$),确定用于执行搜寻任务的时间,并以此为根据派遣足够的搜寻单位,力争在规定的时间内完成整个区域的第一次搜寻。

第五节　编制搜寻计划的用表

一、MINIMAX 搜寻计划作业表

1. 确定基点的时间　　　　　　　　＿＿＿＿＿＿ Z
2. 以前的基点或最后知道位置
(1)时间　　　　　　　　　　　　＿＿＿＿＿＿ Z
(2)位置(用经、纬度表示)　　　　＿＿＿＿＿＿ N
　　　　　　　　　　　　　　　　＿＿＿＿＿＿ E
3. 时间间隔　　　　　　　　　　　＿＿＿＿＿＿ h
4. 海流(SC)
(1)信息来源　　　　　　　　　　＿＿＿＿＿＿

（2）流向   _____ °

（3）流速   _____ kn

（4）海流（SC）矢量   _____ °

    _____ n mile

5. 风生流（WC）

（1）海面风   _____ °

    _____ kn

（2）持续时间   _____ h

（3）流向   _____ °

（4）流速   _____ kn

（5）风生流矢量   _____ °

    _____ n mile

6. 风压（LW）

（1）风向   _____ °

（2）风速   _____ kn

（3）风压（LW）矢量   _____ °

    _____ n mile

7. 总海面漂移 D _____ °

    _____ n mile

8. d_{min} 和 d_{max} _____ n mile

    _____ n mile

9. 基点 D_{minmax} _____ N

    _____ E

二、搜寻区域确定表

1. 海面漂移误差（$de_{minimax}$）

（1）海面漂移距离（d）（d_{min} 和 d_{max}）   _____ n mile   _____ n mile

（2）漂移误差可靠系数（CF）   0. 125   0. 3

（3）漂移误差 M_{min} 和 M_{max} _____ n mile   _____ n mile

    $de_{min} = d_{min} \times CF$ $de_{max} = d_{max} \times CF$

（4）d_{min} 和 d_{max} 位置间的距离

（5）海面漂移误差 $M_{minimax}$（$de_{minimax}$）

    $de_{minimax} = (de_{min} + de_{max} + 距离)/2$

2. 总漂移误差（$D_e = de_{minimax}$） $D_e = $ _____ n mile

3. 初始位置误差(X)

　　航海定位误差 Fixe　　　　　　　　　　_____ n mile

　　航迹推算误差 $DR_e = K×L$　　　　　　　_____ n mile

　　初始位置误差(X)(X = Fixe + DR_e)　　$X =$ _____ n mile

4. 搜寻设施误差(Y)

　　航海定位误差 Fixe　　　　　　　　　　_____ n mile

　　航迹推算误差 $DR_e = K×L$　　　　　　　_____ n mile

　　搜寻设施误差(Y)(Y = Fixe + DR_e)　　$Y =$ _____ n mile

5. 总误差(E)

　　$E = \sqrt{D+X+Y}$　　　　　　　　　　$E =$ _____ n mile

6. 安全系数(f_s)

　　选择一个填入

　　　　　　1.1　1.6　2.0　2.3　2.5　　$f_s =$ _____

7. 搜寻半径(R)

　　搜寻半径($R = E×f_s$)　　　　　　　　$R =$ _____ n mile

　　搜寻半径(约构成下一个较大的海里数) $R_o =$ _____ n mile

8. 搜寻区域面积(A)　　　　　　　　　　$A =$ _____ (n mile^2)

　　$A = 4R_o^2$ 方型区域

9. 搜寻区域点位置　　　　　　　　　_____ N _____ E

　　　　　　　　　　　　　　　　　_____ N _____ E

10. 搜寻区域中心点　　　　　　　　　_____ N _____ E

三、区域覆盖

1. 区域覆盖

(1)搜寻目标_____

(2)搜寻次数　　　　　　　　　　　_____

(3)生存时间　　　　　　　　　　　_____ h

(4)文献来源_____

(5)预计生存终止(生存时间×3)+ 事件日期/时间_____

(6)基点日期/时间　　　　　　　　　_____ Z

(7)天气(报告或预告)

　　云层高度　　　　　　　　　　　_____

　　云层覆盖率(百分数)　　　　　　_____%

　　能见度　　　　　　　　　　　　_____ n mile

  风向   _____°

  风速   _____ kn

(8)搜寻高度   _____ m

(9)未修正的搜寻扫海宽度(W_u) $W_u =$ _____ n mile

(10)白浪花修正系数 (f_w)   _____

(11)光照修正系数(f_1)   _____

(12)修正后的搜寻扫海宽度($W = W_u \times f_w \times f_1$)$W =$ _____ n mile

(13)理想的覆盖因子(C) $C =$ _____

(14)发现概率(P) $P =$ _____%

(15)达到理想的覆盖因子和发现概率所需的

  最佳航线间距(S)$S = W/C$ $S =$ _____

2. 电子声纳区域覆盖

(1)搜寻目标_____

(2)搜寻次数   _____

(3)基点日期/时间   _____ Z

(4)搜寻高度   _____ FT _____ M

(5)天线高度   _____ FT _____ M

(6)最小发现范围 Min   _____ n mile

(7)平均发现范围 Avg   _____ n mile

(8)最大发现范围 Max   _____ n mile

(9)视地平圈(发现范围不知) _____ n mile

(10)修正系数   _____

  Min×1.7 Avg×1.5 Max×1.0 U′nk×0.5

(11)未修正的电子搜寻扫海宽度(W)   _____ n mile

(12)山区、森林等陆上搜寻修正 _____

  (如适用)(0.5)

(13)天线安装在航空器顶部的修正 _____

  (如适用)(0.5)

(14)修正后的电子搜寻扫海宽度(W) $W =$ _____ n mile

3. 多次搜寻

(1)搜寻目标_____

(2)覆盖因子。第一次搜寻   _____ _____

       第二次搜寻   _____ _____

第三次搜寻　　　　　＿＿＿＿＿　＿＿＿＿＿

第四次搜寻　　　　　＿＿＿＿＿　＿＿＿＿＿

第五次搜寻　　　　　＿＿＿＿＿　＿＿＿＿＿

（3）平均覆盖因子（C_{m}）

$C_{\mathrm{m}} = (C_1 + C_2 + \cdots C_n)/n$　　　＿＿＿＿＿　＿＿＿＿＿

（4）累积发现概率　　　　　＿＿＿＿＿%＿＿＿＿＿%

四、搜寻变化因素

1. 搜寻变化/限制因素

　最佳搜寻区域面积（A）　　　　　＿＿＿＿＿　＿＿＿＿＿

　搜寻单位对地速度（V）　　　　　＿＿＿＿＿　＿＿＿＿＿

　搜寻单位数量（N）　　　　　＿＿＿＿＿　＿＿＿＿＿

　搜寻扫海宽度（W）　　　　　＿＿＿＿＿　＿＿＿＿＿

　最佳航线间距（S）　　　　　＿＿＿＿＿　＿＿＿＿＿

　所需搜寻时间 $T = A/VNS$　　　　　＿＿＿＿＿　＿＿＿＿＿

　可用持续搜寻时间（T）

　（选取最大搜寻时间的 0.85 倍）　　　　　＿＿＿＿＿　＿＿＿＿＿

　尚余白天时间（T）　　　　　＿＿＿＿＿　＿＿＿＿＿

　在搜寻持续时间或尚余白天时间小于

　所需的搜寻时间,选取最小者为 T　　　　　＿＿＿＿＿　＿＿＿＿＿

2. 航线间距选择（面积不变,增加航线间距）

　最佳搜寻区域面积（A）　　　　　＿＿＿＿＿　＿＿＿＿＿

　搜寻单位对地速度（V）　　　　　＿＿＿＿＿　＿＿＿＿＿

　搜寻单位数量（N）　　　　　＿＿＿＿＿　＿＿＿＿＿

　持续搜寻时间（T）　　　　　＿＿＿＿＿　＿＿＿＿＿

　可达到的航线间距（S）$S = A/VNT$　　　　　＿＿＿＿＿　＿＿＿＿＿

　可达到的覆盖因子（C）$C = W/S$　　　　　＿＿＿＿＿　＿＿＿＿＿

　发现概率（P）　　　　　＿＿＿＿＿　＿＿＿＿＿

　平均覆盖因子（C）　　　　　＿＿＿＿＿　＿＿＿＿＿

　累积发现概率　　　　　＿＿＿＿＿　＿＿＿＿＿

3. 搜寻区域选择（航线间距不变,减小搜寻区域）

　搜寻单位对地速度（V）　　　　　＿＿＿＿＿　＿＿＿＿＿

　搜寻单位数量（N）　　　　　＿＿＿＿＿　＿＿＿＿＿

最佳航线间距(S)   _____   _____

持续搜寻时间(T)   _____   _____

可达到的搜寻面积(A)$A = VNST$ _____   _____

4. 折中法(减小搜寻面积,增加航线间距)

[最佳A + 可达到的(减小了的)A]/2   _____   _____

[最佳S + 可达到的(增加了的)S]/2   _____   _____

折中覆盖因子(C)$C = W/S$ _____   _____

平均覆盖因子(C)   _____   _____

折中发现概率(P)   _____   _____

5. 搜寻单位速度选择

最佳搜寻面积(A)   _____   _____

最佳航线间距(S)   _____   _____

持续搜寻时间(T)   _____   _____

所需的搜寻单位对地速度 $V = A/NST$ _____   _____

6. 搜寻单位数量选择

最佳搜寻面积(A)   _____   _____

搜寻单位对地速度(V)   _____   _____

最佳航线间距(S)   _____   _____

持续搜寻时间(T)   _____   _____

所需的搜寻单位数量 $N = A/VST$ _____   _____

7. 基点日期/时间   _____   _____

五、航线间距计算

名称:_____   日期:_____

气象状况:能见度_____风_____ K 云层覆盖率_____%

搜寻目标_____   搜寻编号_____

W_u:未修整的视力搜寻扫海宽度_____% Z:总效果的百分数

f_w:白浪花修正系数 A:分区

f_1:光照修正系数 A:搜寻区域面积

W:视力搜寻扫海宽度 S:航线间距

V:搜寻单位速度 C:覆盖因子

T:持续搜寻时间 P:发现概率

Zn:单独效果 p:搜寻方式

Z:可获得的总效果

SRU:搜寻单位

六、搜救任务下达表

1. 搜寻单位类型_____　　　　　　　登记_____
2. 飞行员/指挥官员/船长_____
3. 要求搜寻开始时间_____
4. 遇险或紧急事件的性质_____
5. 搜寻目标说明:

　　航空器:类型_____　　　　　　　登记_____

　　船舶:类型_____　　　　　　　名称_____吨位_____

　　其他:_____

　　颜色和特殊记号及特点_____

　　船东或代理人_____

　　船上人数_____

　　所备应急设备_____

　　备注_____

6. 搜寻区域说明:

　　搜寻起始位置_____

　　覆盖区域_____

　　地面情况(如在陆上搜寻)_____

　　表明搜寻目标存在的线索_____

7. 搜寻类别和方法:

　　采用方式_____位置_____高度_____

　　搜寻能见度_____航线间距_____

　　搜寻方法_____

8. 在邻近区域工作的其他搜救设施:

　　航空器/高度_____

　　船舶_____

　　陆上小组_____

9. 下列通信所采取的频率和呼号:

　　RCC/OSC _____

　　其他搜寻航空器_____

　　其他船舶_____

　　陆上小组_____

遇险船(艇)/遇险幸存者＿＿＿＿＿＿＿＿＿＿＿＿＿＿＿＿＿＿＿

　如不能完成上述通信,用于联系的其他频率＿＿＿＿＿＿＿＿＿

10. 守听遇险幸存者的发信频率＿＿＿＿＿＿＿＿＿＿＿＿＿＿＿＿＿

11. 有关往返搜寻区域的飞行或航路的特别指示＿＿＿＿＿＿＿＿＿

12. 需备空投设备的种类和数量＿＿＿＿＿＿＿＿＿＿＿＿＿＿＿＿＿

13. 发现搜寻目标时的行动:

　向谁报告＿＿＿＿＿＿＿＿＿＿＿＿＿＿＿＿＿＿＿＿＿＿＿＿＿

　空投通信设备、救生用品/空降救助人员＿＿＿＿＿＿＿＿＿＿＿

　如不能营救,引导海面设施或其他航空器到现场＿＿＿＿＿＿＿＿

　对残骸及遇险幸存者拍摄照片＿＿＿＿＿＿＿＿＿＿＿＿＿＿＿

　留在现场,直到让离开或不得不返回＿＿＿＿＿＿＿＿＿＿＿＿＿

　完成营救＿＿＿＿＿＿＿＿＿＿＿＿＿＿＿＿＿＿＿＿＿＿＿＿＿

14. 各项均已告知:

　姓名＿＿＿＿地点＿＿＿＿日期/时间＿＿＿＿

　通过电话/电报/无线电/口头

　签字:＿＿＿＿

　日期:＿＿＿＿

七、搜寻工作汇报收集表

　正确地收集搜寻人员的汇报,也是一项十分重要的工作。在搜寻过程中,SMC首先应将一切收集来的有关情报标明在划有搜寻区域的海图上,然后对收集来的资料进行仔细分析,以便帮助SMC判断某个区域是否已经彻底搜寻。情报应按下表进行收集。

1. 搜寻单位类型＿＿＿＿＿＿＿登记＿＿＿＿＿＿＿＿

2. 飞行员/指挥员/船长＿＿＿＿＿＿＿＿＿＿＿＿＿＿＿

3. 用于搜寻的时间＿＿＿＿＿＿＿＿＿＿＿＿＿＿＿＿＿

4. 分派的搜寻区域＿＿＿＿＿＿＿＿＿＿＿＿＿＿＿＿＿

5. 已实施的搜寻:

　视力＿＿＿＿＿＿＿电子＿＿＿＿＿＿＿＿

　采用方式＿＿＿＿＿＿高度＿＿＿＿＿＿＿

　航线间距＿＿＿＿＿＿＿＿＿＿＿＿＿＿＿

　搜寻开始时间＿＿＿＿＿搜寻停止时间＿＿＿＿＿

　航行方法＿＿＿＿＿＿＿＿＿＿＿＿＿＿＿

　观察者人数＿＿＿＿＿＿是否轮换＿＿＿＿＿

6. 搜寻结果：

　实际搜寻过的区域_____

　发现/未发现目标_____

　如发现,其位置和情况_____

　遇险幸存者人数及情况_____

　其他发现物的位置_____

　发现可能性_____

7. 通信时存在的问题：

　RCC/RSC _____

　其他搜寻航空器_____

　其他船舶_____

　陆上小组_____

　遇险航空器或船(艇)/遇险幸存者_____

8. 从遇险幸存者收到的信号_____

9. 空降救助人员_____结果_____

10. 空投设备,备有_____结果_____

11. 搜寻区域天气情况_____

12. 备注_____

　汇报收集人签字_____

　日期_____

第七章　海上救助力量的选择和施救

第一节　海上险情及救助方式

一、海上船舶的遇险形式

在《中华人民共和国海上交通事故调查处理条例》所列举的海上交通事故中，有碰撞、触碰、触礁、搁浅、火灾、爆炸、沉没、浪损及影响适航性能的机件或重要属具的损坏或灭失等遇险形式。加拿大运输部海事调查局列举的海事有碰撞、搁浅、触碰、触礁、沉船、火灾、爆炸、冰损。国际海事组织(IMO)海上安全委员会(SMC)第433号通函列举的海事有碰撞、触礁、触碰、搁浅、浸水、沉没、横倾、火灾、爆炸、其他、不详。另外，为方便报警，在GMDSS设备中预先设置的事故种类有未指明、火灾、爆炸、进(浸)水、碰撞、倾覆、下沉、失控、漂浮等形式。

根据对其他有关资料的参阅，船舶在海上的遇险形式大体上与上述相同，综合起来有16种，它们是碰撞、触礁、触碰、搁浅、火灾、爆炸、沉没、浪损、倾覆、冰损、进(浸)水、失控、漂浮、弃船、其他和未指明。

二、海上船舶遇险后果与救助方式

船舶遇险的形式有多种，每一种遇险形式都可能产生不同的后果，仅看遇险形式，难以判断船舶存在的真正风险。因此，救助单位在接到遇险报警后，应进一步核实确认遇险后果，选择有针对性的救助方式。

实际上，不同的遇险形式也可能出现同一种后果，这样，同一种救助方式也就可以应对不同的遇险形式。

遇险后果主要有：

船体受损；机器受损；人员伤亡；人员落水；在救生艇(筏)上漂浮；缆绳绷断及其他设备损坏；船体倾覆；操纵效果差；随冰漂浮；失控；漂浮；其他。

救助方式主要有：

排水；堵漏；拖航；运送备件；脱浅；伴航；卸货(减载)；灭火；破冰；医生指导救

助伤员;送医生上船;撤离伤员;救助落水人员;切割分开镶嵌部位(主要是碰撞);其他。

遇险后果及应实施的救助方式对应如下:

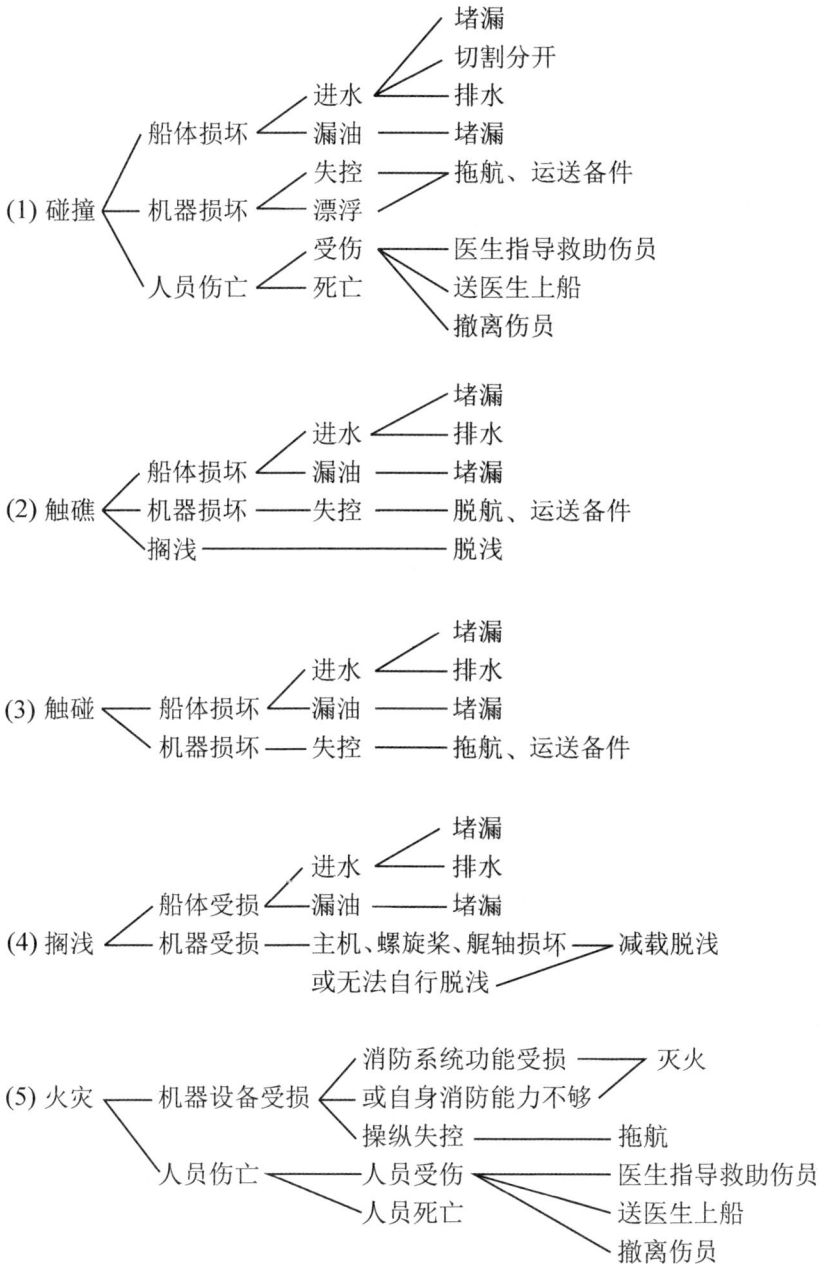

```
                            ┌── 堵漏
                      ┌ 进水┼── 切割分开
                      │     └── 排水
              ┌ 船体损坏┴ 漏油 ── 堵漏
              │       ┌ 失控 ── 拖航、运送备件
(1) 碰撞 ┼ 机器损坏┴ 漂浮
              │              ┌── 医生指导救助伤员
              └ 人员伤亡┬ 受伤┼── 送医生上船
                        └ 死亡 └── 撤离伤员
```

```
                            ┌── 堵漏
                      ┌ 进水┴── 排水
              ┌ 船体损坏┴ 漏油 ── 堵漏
(2) 触礁 ┼ 机器损坏 ── 失控 ── 脱航、运送备件
              └ 搁浅 ──────────── 脱浅
```

```
                            ┌── 堵漏
                      ┌ 进水┴── 排水
(3) 触碰 ┼ 船体损坏┴ 漏油 ── 堵漏
              └ 机器损坏 ── 失控 ── 拖航、运送备件
```

```
                            ┌── 堵漏
                      ┌ 进水┴── 排水
              ┌ 船体受损┴ 漏油 ── 堵漏
(4) 搁浅 ┤ 机器受损 ── 主机、螺旋桨、艉轴损坏 ── 减载脱浅
              └ 或无法自行脱浅
```

```
                        ┌ 消防系统功能受损 ── 灭火
              ┌ 机器设备受损┤ 或自身消防能力不够
              │             └ 操纵失控 ──────── 拖航
(5) 火灾 ┤                        ┌── 医生指导救助伤员
              └ 人员伤亡┬ 人员受伤┼── 送医生上船
                        └ 人员死亡 └── 撤离伤员
```

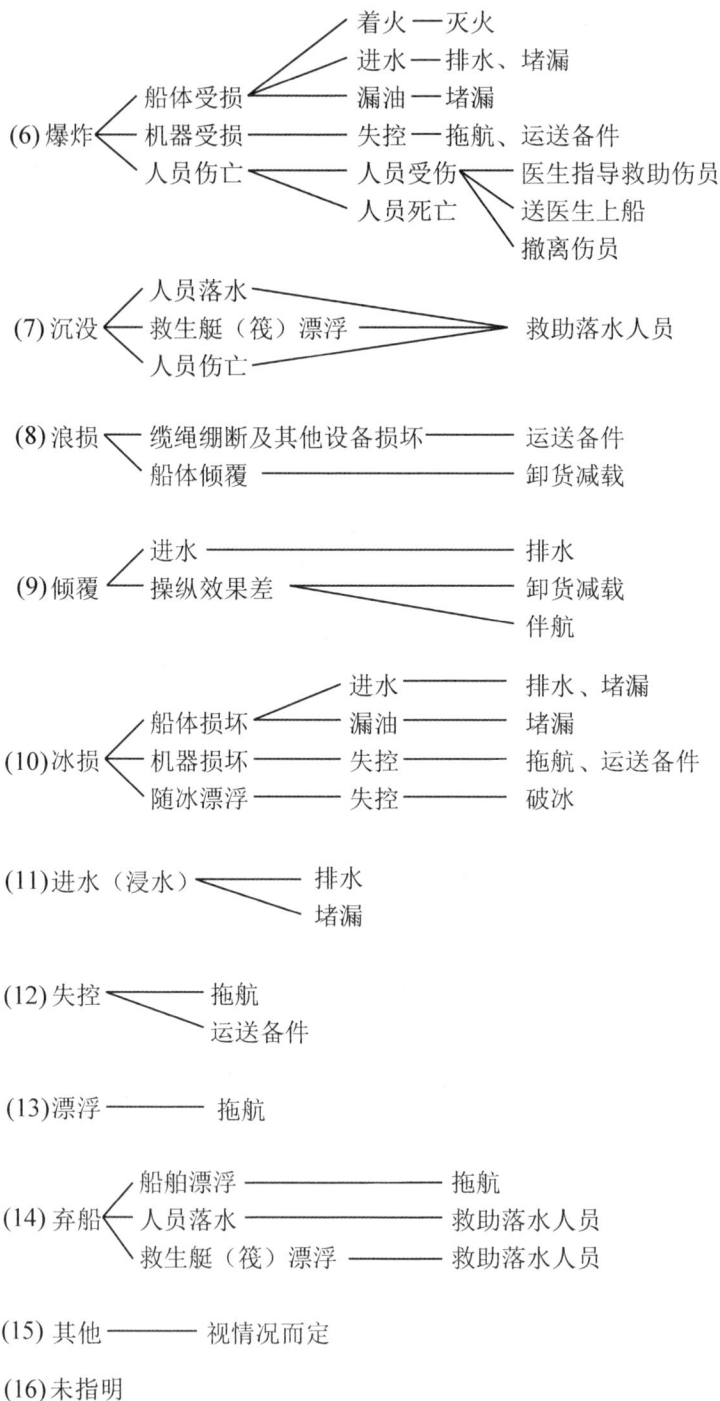

(6)爆炸
- 船体受损
  - 着火 — 灭火
  - 进水 — 排水、堵漏
  - 漏油 — 堵漏
- 机器受损 — 失控 — 拖航、运送备件
- 人员伤亡
  - 人员受伤 — 医生指导救助伤员
  - 人员死亡 — 送医生上船
  - 撤离伤员

(7)沉没
- 人员落水
- 救生艇（筏）漂浮 — 救助落水人员
- 人员伤亡

(8)浪损
- 缆绳绷断及其他设备损坏 — 运送备件
- 船体倾覆 — 卸货减载

(9)倾覆
- 进水 — 排水
- 操纵效果差
  - 卸货减载
  - 伴航

(10)冰损
- 船体损坏
  - 进水 — 排水、堵漏
  - 漏油 — 堵漏
- 机器损坏 — 失控 — 拖航、运送备件
- 随冰漂浮 — 失控 — 破冰

(11)进水（浸水）
- 排水
- 堵漏

(12)失控
- 拖航
- 运送备件

(13)漂浮 — 拖航

(14)弃船
- 船舶漂浮 — 拖航
- 人员落水 — 救助落水人员
- 救生艇（筏）漂浮 — 救助落水人员

(15)其他 — 视情况而定

(16)未指明

第二节　救助力量的种类及特征

从参与救助单位的专业性来看,救助力量分为专业力量和非专业力量两种,每种力量根据其规模和工作要求而配备多种不同的设施。海上搜救协调中心和遇险船舶应根据实际情况进行选择。

一、专业力量

专业力量是指专门用于海上救助或打捞的船舶、飞机及其他设施。

1.专业救助船舶

这里所指的船舶是指专门用于海上救助的船舶或称专业救助船舶。中国北海救助局、东海救助局、南海救助局和烟台打捞局、上海打捞局、广州打捞局及海洋机构、海事机构、海军也拥有类似的救助船舶。

救助船属于特种船,它航速快、抗风浪能力强,并能在海上通信频率上与任何遇险船或艇建立无线电通信。较大的救助船能完成包括远距离搜救的一切搜救工作,如图7-1所示为海洋救助船,如图7-2所示为专业救助船,如图7-3所示为快速救助船,如图7-4所示为双体穿浪型专业快速救助船。

图7-1　海洋救助船

图 7-2　专业救助船

图 7-3　快速救助船

　　救助艇一般较小,不能容纳大量遇险幸存者,通信能力及救生设备的配备都不及救助船,但救助艇比较灵活,航速快,适合近海区域救助。所以,当遇险人员较多时,应派出多艘救助艇并多配一些救生用具,以使尽可能多的落水者登船并保证那些不能立即获救的幸存者在等候下次来艇过程中保持漂浮。

图 7-4　双体穿浪型专业快速救助船

　　如图 7-5 所示为专业救助快艇,如图 7-6 所示为高速救助艇,如图 7-7 所示为港内工作船。如表 7-1 所示为"南海救 101"搭载的机械装备表,如表 7-2 所示为"北海救 201"搭载的机械装备表。

图 7-5　专业救助快艇

图 7-6 高速救助艇

图 7-7 港内工作船

表 7-1 "南海救 101"搭载的机械装备表

柴油主机	7 000 kW×500 r/min×2 台	泡沫舱	14.48 m³×2
推进器	2 个可调螺距螺旋桨	泡沫枪	300 m³×80 m
艏侧推器	2×120 kN	燃油舱	1 290 m³
艉侧推器	1×120 kN	对外供油速度	100 m³/h×0.8 MPa
发电机	500 kW×3 台	对外供水速度	100 m³/h
轴带发电机	2 000 kW×2 台	消防克星装置	2T
拖缆机	2 000 kN,5 m/min	直升机平台	可供中型以下直升机降落
拖缆	80 kN,16 m/min,φ70× 1 500×2	医疗设备	满足简易手术和医疗护理
锚机	2×1 100 kN,0~18 m/min	救助艇	2 艘,航速 28 kn/h,载员 18 人
锚/备用锚	2×3 300 kg/1×3 300 kg	救生艇	2 艘,航速 6 kn/h 载员 30 人
舵机	Type:SR732-FCP.300,2×300 kn·m	气胀式求生滑道	1 套
绞车	2×150 kN	救生吊篮	1 个,载员 10 人
绞盘	2×120 kN	救生捞网	(5.0×9.0)m²
鲨鱼钳	5 000 kN,φ≤120 mm	可吊式转载救助筏	2 个,载员 25 人
甲板克令吊	50 kN,16 m;120 kN,9 m	气动撒缆枪	9 套
对外消防泵	2×2 250 kW×4 200 m³/h	海上溢油回收器	1 套
消防水炮	2×1 800 m³/h		

表 7-2 "北海救 201"搭载的机械装备表

柴油主机	型号:TBD620 V16;功率:224 0 kW;转速:1 800 r/min;台数:2
推进器	喷水推进器
发电机	221 kW×2 台
锚机	1 台
锚	480 kg
救助艇	1 艘(封闭),航速 15 kn/h,载员 9 人
救生艇	1 艘(敞开),航速 15 kn/h,载员 6 人
救生吊篮	1 个,载员 10 人
救生捞网	2×(9.0×5.0) m²
可吊式转载救助筏	1 个,载员 25 人
气动撒缆枪	2 套

2. 救助飞机

专业救助飞机一般为救助飞行队、海警、军队、民航、海洋勘探、森林消防部门所拥有。救助飞机根据其有效活动范围和构造特点分为多种类型。如表 7-3 所示为搜救航空器在不同目标下的搜寻情况,该表列出了它们的特点和适合的工作条件及环境。

表 7-3 搜救航空器在不同目标下的搜寻情况

搜寻次数	搜寻方式	时间	目标	适宜的飞机	航速(kn)	间距(n mile)	高度(ft)
最初	航迹线	昼/夜	残骸无线电标	喷气式	300/600	50	10 000~40 000
1	电子	昼/夜	无线电标	喷气式	300/600	50	10 000~40 000
2	视觉	夜	火/焰火/火炬等	涡轮螺旋桨飞机	150/300	20	1 500~3 000
3	视觉	昼	反光镜/染色标/烟雾等	螺旋桨飞机	130/190	10	1 500~2 000
4	视觉	昼	筏	螺旋桨飞机/直升机	100/180	3.1	300~1 500
5	视觉	昼	残骸/幸存者	螺旋桨飞机/直升机	75/130	0.3	200~500

救助直升机从事的海上救援作业主要有：

（1）利用目视、雷达、方位搜索仪（追踪应急示位标信号）、卫星定位系统或红外线探测方式对遇险目标实施快速搜寻。

（2）施放搜救基点浮标。

（3）引导水面救助船（艇）。

（4）降放直升机救生员/急救医生救助水面或船上的遇险人员。

（5）利用救生吊篮、担架或吊带等吊运设施吊救遇险人员。

（6）专业遇险人员或救助人员。

（7）移送排水泵、灭火工具等救助设备。

（8）对失火船投放灭火剂。

（9）空投或吊放救生设备和生命维持品。

（10）提供救助现场夜间照明。

（11）协助救助拖船带缆。

（12）执行各种巡航巡护、指挥、拍摄及无线电通信任务。

固定翼救助飞机从事的海上救援作业主要有：

（1）固定翼救助飞机装有 360°搜索雷达、前视红外线（FLIR）系统等仪器，能够在白天和夜间长时间地快速进行远距离、大范围搜寻，并增大通信联络范围。

（2）能够迅速发现目标，投下标示信号和应急物品，引导救助船舶或直升机对目标进行核实和施救。如图 7-8 所示为 EC225 大型直升机，如图 7-9 所示为 S-76D 中型直升机。

（3）可在水上降落、滑行、起飞的固定翼飞机在一定条件下也可执行直接救生任务。

图 7-8　EC225 大型直升机

图 7-9　S-76D 中型直升机

二、非专业力量

非专业力量是指过路船及其附近水域(包括港口)航行、作业和停泊的各种船舶,是潜在的救助工具。对远海域搜救来说,过路船可能是唯一能迅速到达的救助工具。

由于此类船舶并非专为海上救助所设计,故不能直接列出其适合的工作。但是,根据海上事故险情的特点,参与救助的船舶应该具有比较快捷地到达救助地点、能够在该水域航行并具备胜任某种性质的救助工作的特点。

(一)参与救助的船舶应具备的基本特征

1. 高速性能

船舶遇险程度可能随时间的延长变得更加严重,要求救助船能在最短的时间内到达出事地点;在需要时能以最快的速度将船员送上岸或将船舶拖至安全地点。

2. 良好的适航性

根据有关救助法律及考虑到救助的危险性,救助船应该在"不严重危及自身安全"的前提下参与救助,故参加救助的船舶本身应首先适航。

3. 横摇慢

无论从事何种性质的救助工作,救助船都必须有一个"平稳的工作环境"。

4. 能压载

能够调节吃水、稳心,使之更适合于救助工作。

5. 低速航行时操纵灵敏

许多救助工作要求船舶在静止或慢速状态下进行,如果船舶不能在低速时操纵灵敏,则无法完成一系列动作。

6. 直线型

船体外形为直线型,目的是当从水中救起落水人员时,方便收放救生设备及使用网具、软梯。

7. 干舷低

方便从水中救起落水人员及收放救生设备。另外,干舷低时船舶比较平稳。

实际上,参与救助的船舶除了应具有上述基本特征外,还应针对遇险形式、需要提供的救助方式、当时的水文气象条件等实际情况进行综合考虑。

例如:

(1)深吃水船无法靠近搁浅或触礁的船舶。

(2)油船、化学品船不宜参与灭火救助。实际上,即使在正常航行的条件下,油船、化学品船也应与其他船舶保持相当的距离。

(3)船速慢、没有船医的船舶不适合救助伤员。

(4)满载船舶无法帮助搁浅的船舶卸货减载等。

(二)选择的船舶

在选择船舶参与救助活动时,不但应了解遇险船需要什么方式的救助,还应了解遇险性质及周围环境才能合理地选择救助船,即按照需要的救助方式、遇险性质、能够从事该项救助的船舶来选择船舶的思路进行工作,如表7-4所示为救助活动表。

表 7-4　救助活动表

救助方式	遇险性质	船舶特征
排水(提供设备并向他船补充人员)	碰撞	一般船舶
	触礁	浅吃水船舶
	触碰	浅吃水船舶
	搁浅	浅吃水船舶
	爆炸	依破损程度选择一般船舶(不包括油船、化学品船)
	倾覆	一般船舶
	冰损	大马力(P)、深吃水(D)船舶

续表

救助方式	遇险性质	船舶特征
堵漏(提供堵漏器具;提供消防器材;提供合理建议)	碰撞	一般船舶
	触礁	浅吃水船舶
	触碰	浅吃水船舶
	搁浅	浅吃水船舶
	爆炸	一般船舶(不包括油船、化学品船)
	冰损	大马力(P)、深吃水(D)船舶
	浸水	一般船舶
拖船(拖带驶往安全地点)	碰撞	大马力船舶
	触礁	大马力船舶
	触碰	大马力船舶
	火灾	大马力船舶
	爆炸	大马力船舶
	冰损	大马力船舶
	失控	大马力船舶
	漂浮	大马力船舶
	弃船	大马力船舶
运送备件(按预定要求运送急需物品)	碰撞	海况允许,有能力到达并有所需备件的一般船舶
	触礁	基本条件同上,但要求浅吃水船舶
	触碰	同上
	搁浅	同上
	爆炸	海况允许,有能力到达并有所需备件的一般船舶
	浪损	同上
	冰损	同上
	失控	同上
脱浅(由外来力量帮助卸货减载或帮助拖曳离滩)	搁浅	大马力、浅吃水船舶
	触礁	大马力、浅吃水船舶
伴航	倾覆	一般船舶
卸货减载(通过减载使船舶减小吃水或纠偏)	搁浅	非专业船舶的可能性不大
	浪损	半载或空载的一般船舶
	倾覆	非专业船舶的可能性不大
	触礁	同上

续表

救助方式	遇险性质	船舶特征
灭火(洒水或提供消防器材),救助落水人员[直接从艇(筏)或水中救起人员],破冰(破冰开出航道)	火灾 爆炸 沉船 弃船 冰损	除油船、化学品船之外的一般船舶 同上 一般船舶 同上 大马力(P)、深吃水(D)船舶
切割(分开镶嵌部分)	碰撞	一般船舶
撤离伤员(将伤员运送上岸)	碰撞	一般船舶
送医生上船	碰撞 火灾 爆炸	同上 同上 同上
医生指导救助伤员	碰撞 火灾 爆炸	通信设备良好的船舶 同上 同上
其他	不详	视情况而定

注:当船舶同时具备海况、续航能力及备件条件时才能选择,而当有多艘船舶符合上述条件时,在船舶特点上无特殊要求。

三、船(艇)使用数量

船(艇)使用数量也称使用规模。使用数量不足,将减小发现搜寻目标概率,可能导致搜寻失败。使用数量过多,除了造成资源浪费,还影响在其他紧急场合的使用。

(一)搜寻船舶的数量

搜寻的目的是尽快发现目标。

在确定了搜寻面积(A)、第一次搜寻的截止时间(T)(如计划在 $2h$ 的遇险人员生存的平均临界时间、赶在天黑前的剩余时间)后,根据搜寻船(艇)的搜寻航速(该速度通常为当时最慢船舶的最大速度 V)和航线间距(S),计算出所需的船(艇)数量(N)。

在一定量时间(T)内单船所覆盖的区域:

$$A = SVT$$

数艘船舶所覆盖的全部区域 At 是每一艘船舶覆盖区域的总和：

$$At = A_1 + A_2 + A_3 + \cdots$$

如果所有船舶都以同一速度搜寻同样的时间，那么：

$$At = N \times A$$

需要注意的是：标准的航线间距应按照《国际航空和海上搜救手册》"商船推荐搜寻线间距（表）"来确定。在可用的搜寻资源明显不足或众多时，也可以设置一个认为合适的航线间距。

（二）救助船舶的数量

在发现搜寻目标后，海上救助对象可能既有对遇险人员的救助，又有对遇险船舶的救助和对污染环境的救助，为了防止救助作业危害通航安全，还要指派船舶来维持现场交通秩序。即在救助现场的船舶数量应该能够满足上述人员救助、船舶救助、环境救助和维持交通秩序4个功能需求。

在人员救助方面。遇险人员可能存在在遇险船上、在释放的艇（筏）上、在水中（包括沉入水中）3种待救情况。当遇险人员在遇险船上时，可以通过直接救助遇险船舶来实现人员的救助目的，此时人员仍然在船上，也可以接收遇险船上的人员并将其转移到安全的船上。当遇险人员在艇（筏）上和在水中时，发现目标后救起并将其转移到安全的船上。

在船舶救助方面。针对不同的险情，可以通过灭火、脱浅、堵漏、移货、运送备件、潜水作业和打捞作业等形式来对其施救。

在环境救助方面。主要是防止燃油泄漏污染环境和危险货物污染环境。需要救助船接收驳出的燃油和货物、需要救助船释放围油栏、需要救助船回收海面的油品、需要消防船防止发生火灾等。

在维持交通秩序方面。救助现场可能出现遇险船舶沉没、漂航、走锚、散落货物等碍航情况，如果航经船舶误入救助现场，可能再次发生交通事故，因此需要由现场的救助船或海事船（艇）来维持附近的交通秩序，保证可航水域的通航安全。

1. 救助船基准数

（1）对脱离本船的人员救助

对于成功登上救生艇（筏）的人员，由现场的搜寻船实施救助，其数量等于搜寻船的艘数。

（2）对在遇险船上的人员救助

首先，按照每种功能使用1艘船舶共计4艘船舶进行安排。其次，满足每种功能所需的船舶数量：根据险情不同，每种功能所需的资源数不同，如表7-5所示为各种险情救助使用的船（艇）数。

表 7-5　各种险情救助使用的船（艇）数

功能＼险情	碰撞	搁浅/触礁	触碰	火灾/爆炸	翻扣	进水	失控	倾斜	冰困
人员救助	接收(1)转移(1)	接收(1)转移(1)	/	接收(2)转移(2)	接收(1)转移(1)	接收/转移(1)	接收/转移(1)	接收/转移(1)	接收/转移(1)
船舶救助	顶推/监护(2)	驳油/货(1)脱浅/拖带(1)	/	消防(2)	潜水保障(1)浮吊(1)	驳油/货(1)拖带(1)	拖带(1)	驳油/货(1)脱浅/拖带(1)	破冰/拖航(1)
环境救助	防污/清污(2)	防污/清污(2)	防污/清污(2)	防污/清污(4)	防污/清污(2)	防污/清污(2)	/	防污(1)	防污(1)
交通秩序	1	1	1	1	1	/	/	/	/
总计	7	7	3	11	7	5	2	4	3

2. 救助船使用数

表 7-5 给出的是全部 4 种功能所使用的救助船基准数,根据下列情况进行减少:

(1)功能减少

如果险情没有出现某种功能需求,可以减少该种功能所使用的船舶数。

(2)使用数减少

①人员救助。当人员接收和转移可以由同一条救助船完成时,可以只保留接收船舶。

②船舶救助。当遇险船舶没有出现表 7-5 列举的危害或需求时,可以减少对应的船舶。提醒遇险船召请专业单位开展商业救助。

③环境救助。当没有出现船壳损害时,可以减少对应的船舶。提醒遇险船召请专业清污单位开展防污工程作业。

④交通秩序。除火灾爆炸事故外,当救助现场发生在码头或航道以外以及非可航水域时,可以减少对应的船舶。

第三节　救助船舶的择优选取方法

从海上安全的意义上来说,海上救助的对象是人命和财产(船舶、货物)。针对每一个具体的遇险事件,救助行动应依其遇险性质和遇险程度而定。

由于人命救助与财产救助无论是在时间上、手段上,还是在经济上均有较大差异,因此,对救助船的选择应该是在分清是人命救助还是财产救助的前提下进行综合考虑。

一、人命救助

(一)选择救助船应考虑的因素

在接到求救信号后,主管机关应首先对可以召集的船舶进行比较,从中选出合适的船舶到遇险现场进行救助,这种分析和比较实际上是一种优化过程,可供选择的船舶越多,可优化的空间也越大。救助的对象不同,优化时考虑的因素也不同。在海上人命救助时,优化应考虑的主要因素一般有救助船到达事故现场的时间、船舶吨位、船舶种类、船上是否有医生、船舶干舷高度、船速及目的港等。

(1)时间。时间是人命救助时首要考虑的因素。对遇险船来说,随着时间的推移,船舶的损伤程度会逐步加重,船员赖以生存的空间减少并最终导致弃船。而对登上救生艇(筏)的人员来说,由于救生设备的抗风浪性较差,其生存条件完全取决于自然条件的优劣,加之艇(筏)上的救生用品有限以及遇险者的精神状态不良,及时救助可以避免上述情况的出现。对落水人员来说,及时到达遇险现场显得尤为重要。

(2)船舶吨位。船舶吨位决定了其抗风能力及操纵性,同时,船舶吨位还决定了船员人数、通信条件以及船舶用品及备件配备水平。

(3)船舶种类。船舶种类决定了船舶是否有参与救助某类性质事故的能力(如上文所述)。另外,船舶种类还决定了船型,如绝大部分集装箱船和客滚船是救助时的首选船种,因为这类船的船体平直,有利于收放救生艇(筏)、网具、缆绳及其他救生设备。

(4)船医。船上配备船医能够及时救助落水者和受伤者。在事故发生地离岸较远时,良好的船上医疗能有效地减少生命损失。

(5)船舶干舷高度。船舶干舷高度是当救助船从海上搭救落水人员时决定其工作难易程度的重要指标。干舷高不利于救助操作;干舷过高则可能出现螺旋桨外露,容易对救生艇(筏)或人体造成意外伤害。

(6)船速。船速是与时间相关联的一个因素。船速快不但能使救助船迅速到达事故现场,而且也能迅速把遇险者送往陆地。尽管在实践中,最先到达事故现场的船舶往往是离难船最近的船而非船速最快的船,但在有对救助力量的选择余地时,具体选择哪一艘船舶进行救助应根据人员落水时间长短、受伤情况及事故地点离岸远近等实际情况而定。

(7)目的港。从经济利益出发,对救助船的目的港也要有所考虑。当目的港较近时,船舶可以将所救助的人员送往此地,这既可以减少救助船由于绕航和耽误船期而造成的经济损失,也减少了由于临时进港而给有关部门造成的麻烦。

(二)择优选择方法

在选择救助船时,要对上述因素综合考虑。择优选择方法是在全面考虑人命救助中所涉及的各种因素的前提下,确定各种因素对目标(人命救助)的影响程度,以此对可选择的船舶进行单因素评价并将单因素评价结果综合累加、排序,最终选取救助船舶的方法。对救助船的择优选择是在充分了解海上船舶的基础上进行的。

在实施了船舶报告制度的国家,报告中心掌握其管理水域内的船舶情况,因此有能力根据其决策系统迅速做出判断供救助协调中心(RCC)或难船进行合理选择。大连海事大学在"中国船舶报告制(CHRISREP)"课题研究中提出了一种综合判断方法。

1. 选择评价因素

(1)到达难船所需的时间[由距离(S)/救助船船速(V)确定]。

(2)吨位。

(3)船舶种类(依遇险船的遇险性质而选择)。

(4)船医。

(5)干舷高度。

(6)航速。

(7)目的港。

2. 综合评价

首先,确定各因素对目标的影响程度即权重。向有关专家发放调查表,要求其任取上述两个因素,相对比较其对人命救助的影响。将影响程度分如下级别,即"同样重要""稍微重要""较为重要""强烈重要""绝对重要""处于两个判断之间"。其次,依据"优越指标表"列出如下矩阵:

$$T = \begin{bmatrix} 1 & 9 & 9 & 9 & 9 & 9 & 9 \\ 1/9 & 1 & 1/7 & 1/5 & 1/3 & 1/5 & 1/3 \\ 1/9 & 7 & 1 & 3 & 5 & 3 & 5 \\ 1/9 & 5 & 1/3 & 1 & 3 & 2 & 3 \\ 1/9 & 3 & 1/5 & 1/3 & 1 & 1/3 & 3 \\ 1/9 & 5 & 1/3 & 1/2 & 3 & 1 & 5 \\ 1/9 & 3 & 1/5 & 1/3 & 1/3 & 1/5 & 1 \end{bmatrix} \begin{matrix} \cdots\cdots 6.575 \\ \cdots\cdots 0.255 \\ \cdots\cdots 2.091 \\ \cdots\cdots 1.187 \\ \cdots\cdots 0.580 \\ \cdots\cdots 1.048 \\ \cdots\cdots 0.394 \end{matrix}$$

对上式进行归一化处理,得各因素权重 $T_a \sim T_g$:

$$T_a = 0.542$$
$$T_b = 0.002$$
$$T_c = 0.172$$
$$T_d = 0.097$$
$$T_e = 0.047$$
$$T_f = 0.086$$
$$T_g = 0.032$$

通过计算可以看出,在人命救助中,各因素所起的作用不同,而且差异较大,其中时间权重最大,其他依次是:船舶种类、船医、航速、干舷高度、目的港、吨位。

(1)对单因素按先后次序排队

$$a_1, a_2 \cdots a_n$$
$$b_1, b_2 \cdots b_n$$
$$\vdots \quad \vdots \quad \cdots \quad \vdots$$
$$g_1, g_2 \cdots g_n$$

(2)单因素的次序相同,赋同样的分值

$$a_1 = b_1 = c_1 = \cdots g_1 = m_1$$
$$a_2 = b_2 = c_2 = \cdots g_2 = m_2$$
$$\vdots \quad \vdots \quad \cdots \quad \vdots$$
$$a_n = b_n = c_n = \cdots g_n = m_n$$

注意: n 值依遇险船周围可供选择的船舶数量而定。 $m_1 \sim m_n$ 值取适当的整数。

3.综合计算(值)

将单因素所赋分值与该因素具有的权值相乘,并将各因素值累加,求综合值 A_i (i 为船舶编号)。

$$A_1 = T_a \times a_1 + T_b \times b_1 + \cdots + T_g \times g_1$$
$$A_2 = T_a \times a_2 + T_b \times b_2 + \cdots + T_g \times g_2$$

$$\vdots \qquad \vdots \qquad \cdots \qquad \vdots$$

$$A_n = T_a \times a_n + T_b \times b_n + \cdots + T_g \times g_n$$

综合值 A_i 大者所对应的船舶为最优救助船舶,其中,排队次序按以下原则进行:

(1)救助船到达难船的时间越短越好。

(2)气象及海况良好的情况下,吨位越小越好(但要考虑受载能力);气象及海况恶劣的情况下,吨位越大越好。

(3)救助船的种类视难船的遇险性质而定,在触礁、触碰、搁浅的情况下,吃水越浅越好。

(4)船种为专业救助船、集装箱船、客滚船最好,其他船种无特殊差别。

(5)救助船拥有的船医越多越好。

(6)救助船干舷越低越好。

(7)救助船船速越快越好。

(8)救助船目的港越近越好。

二、财产救助

1. 选择救助船应考虑的因素

对财产(船舶、货物)的救助是在船舶没有即刻的危险、人命财产有一定保证的前提下开展的。因此,财产救助的首要工作是船舶脱险,主要考虑因素如下:

(1)救助船的种类。

(2)救助船到达难船的时间。

(3)救助船的吨位。

(4)救助船的国籍及单位。

(5)救助船的通信设备状况。

(6)救助船的船员数量。

(7)救助船是否绕航。

(8)救助船有无救助器材。

2. 各因素在救助行动中的重要程度(权重)

同样,根据上述方法求权重:

$$T = \begin{bmatrix} 1 & 3 & 7 & 9 & 7 & 7 & 9 & 5 \\ 1/9 & 1 & 5 & 7 & 7 & 7 & 9 & 7 \\ 1/9 & 7 & 1 & 5 & 5 & 5 & 7 & 4 \\ 1/9 & 1/7 & 1/5 & 1 & 1/5 & 1/5 & 1/3 & 1/7 \\ 1/7 & 1/7 & 1/5 & 3 & 1 & 1/3 & 5 & 3 \\ 1/7 & 1/7 & 1/5 & 5 & 3 & 1 & 5 & 3 \\ 1/9 & 1/9 & 1/7 & 3 & 1/5 & 1/5 & 1 & 1/5 \\ 1/5 & 1/7 & 1/4 & 7 & 1/3 & 1/3 & 5 & 1 \end{bmatrix} \begin{matrix} \cdots\cdots & 5.040 \\ \cdots\cdots & 3.711 \\ \cdots\cdots & 1.778 \\ \cdots\cdots & 0.237 \\ \cdots\cdots & 0.705 \\ \cdots\cdots & 0.989 \\ \cdots\cdots & 0.284 \\ \cdots\cdots & 0.500 \end{matrix}$$

对上式进行归一化处理,得各因素权重 $T_a \sim T_h$

$T_a = 0.380$　　　$T_b = 0.280$　　　$T_c = 0.134$　　　$T_d = 0.017$

$T_e = 0.053$　　　$T_f = 0.074$　　　$T_g = 0.021$　　　$T_h = 0.034$

救助船权重大小排列次序为:船舶种类、时间、吨位、船员数量、通信设备、救助器材、是否绕航、国籍及单位。

3. 择优选择方法

财产救助择优选择方法与人命救助所使用的方法相同,即将权重与该因素所赋分值相乘并求综合值的方法,所不同的是对单因素排列次序的改变。

具体要求如下:

(1)专业救助船优于一般船舶,应首选;如果只有一般船舶,参见第二节,其中,表中标识出的船舶为首选,未标识出的船舶地位相同。

(2)救助船到达难船的时间越短越好。

(3)救助船吨位越大越好。

(4)救助船与难船同单位最好,同国籍次之,不同国籍更次之。

(5)救助船的通信状况优劣程度依次为:A4>A3>A2>A1。

(6)救助船的船员数量越多越好。

(7)救助船的绕航里程越短越好。

(8)救助船有救助器材最好,无或救助器材量少次之。

注意:A1、A2、A3、A4 为救助船所能够航行的航区。GMDSS 设备的配置情况依上述航区而设定,功能依次为 A4>A3>A2>A1。

第四节　海上船舶自救

船舶自救是指遇险船舶在没有外来力量帮助的情况下,船员按照应变部署表(应急计划)在船长的指挥下,自行进行抢险救助的过程。良好的船舶自救既可以减少或避免人命和财产损失,也可以为外来力量的救助赢得时间和创造条件。

一、初始反应与救援准备

(一)船舶火灾

(1)当船员发现火情时应立即拉响火灾警报,大声呼喊。

(2)迅速利用着火位置附近的消防器材和覆盖物等一切有效手段(手提式灭火器、消防水枪、黄沙和毛毯等)进行扑灭,尽力防止其火势扩展蔓延。

(3)迅速果断地将火灾附近的易燃物,如油漆、松香水、汽油、棉纱、破布、缆绳等易燃易爆物品搬移,远离火源位置。

(4)迅速关闭着火场所的水密门、舷窗、天窗、通风筒、空气流通管等,并立即停止所有通风。

(5)开始灭火程序,直到火灾被扑灭。

(6)如果需要救助,发送遇险呼叫和电报。

(二)搁浅

(1)检查船体破损。

(2)如果需要救助,发送"PAN PAN"紧急信号。

(3)确定深水区位于哪一侧。

(4)确定风浪是否正使船舶搁浅加剧。

(5)减小船舶吃水。

(6)倒车脱浅。

(7)如果在救助船到达或潮水变化之前不可能退出,应尽量减小船体破损和进水。

(三)船体破损

(1)确认进水位置。

(2)切断通过该船体部分的所有电源。

(3)隔断该船体部分以阻止水流。

(4)检查舱底泵,准备操作。

(5)检查辅助泵以便在需要时备用。

(6)迫不得已才可以弃船。

(四)医疗紧急事故

(1)实施伤亡评估,进行初步的医疗处置。

(2)利用船上的医疗设施和药物尽可能好地治疗。

(3)如果需要医疗转移,向相关部门报警。

(4)将要疏散的病人准备好。

(5)收集有关病人的有关文件、证明,随病人一起放好。

(五)弃船

1.船舶准备

(1)弃船仅作为最后的手段。

(2)发遇险呼叫和电报。

(3)安排船员准备好救生艇(筏)和保温服(尤其在环境水温低于16 ℃时)。

(4)确信首缆系于船上。

(5)船员登艇,然后施放。

(6)使救生艇(筏)尽可能拴在船上。

2.人员入水准备

(1)确保遇险报警已经发出,如果有紧急定位信标(包括个人信标),其应一直处于打开状态。

(2)如果可能,保持应急定位信标一直在身边。

(3)尽可能多穿几层保暖衣物,确保覆盖到头、脖子和手脚;系牢衣服以隔绝热量并将冷水进出衣物的可能性降到最低;如果有防浸服,穿在保暖衣服的外面。

(4)穿上救生衣并正确系牢,如果是自动充气式,在离开船舶时手动打开。

(5)如果时间允许,在离开船舶之前多喝热的甜饮品,并在身边带上一些额外的水。

(6)在离开船舶之前或者进入救生艇(筏)之后,立即服用抗晕船药。

(7)如果必须浸入水中,避免跳下去。可使用舷外舷梯、绳子或者消防皮龙将自己缓慢放入水中。

(8)如果必须跳入水中,在跳之前看清下方情况,确认没有障碍物,避免跳到救生艇(筏)的帐篷上。

(9)落水后自己尝试找到船舶、救生艇(筏)、其他幸存者或者其他漂浮物,确定在水中的方位。

(10)保持静止以保存热量,不要尝试游泳,除非为了接近其他幸存者、附近的海岸、艇(筏)及漂浮物。

(11)如果要游泳,尽可能仅用双腿仰泳并用手臂抱住躯干以防止冷水浸湿身体(活动手臂是热量流失的关键)。

(12)顺风接近漂浮物。

(13)漂浮的身体会朝着浪来的方向,此时的腿就像锚。如有需要,应轻轻划水,使自己保持背对着海浪。

(14)如果可以,与其他幸存者连在一起以有助于定位和搜寻。

(15)对生存和获救保持积极的态度,信念会对存活产生重要影响。

3. 进入救生艇(筏)准备

(1)尽可能保持身体"干燥"地进入救生艇(筏)。穿着湿衣服时,水分蒸发会带走身上的热量。即使穿着防浸服或者所谓的"干爽"衣服,你仍然有被打湿的可能。

(2)在没有顶棚的救生艇(筏)里,如果没有合适的衣服,可以使用如塑料布或者塑料袋等材料给自己做一个防水防风的罩子。

(3)尽快观察附近有没有其他幸存者,然后在双手变冷变僵之前尽快关闭艇门。

(4)避免坐在水中。若无其他选择,可以坐在自己的救生衣上。

(5)在更换衣服之前,尽量把浸满水的衣物拧干,减少水汽蒸发而带走身体的热量。

(6)与救助艇(筏)里的其他获救者紧挨在一起可以保存身体热量,但要确保救生艇(筏)的稳性没有变差。

(7)按照救生艇(筏)训练的要求待救,例如,如何分配水和食物等。

(8)对于生存和获救保持积极的态度。

二、不同种类事故的自救方法

(一)碰撞事故

1. 应急部署

船长上驾驶台,根据目前的危险程度决定是否发出应急部署(对客船而言,在发出应急部署后,旅客应集中到救生艇附近。在碰撞仅有局部损失而无危险的情况下,这种部署并无必要)。当情况紧急时,船长应及时启动应变程序,船员按应变部署表各就各位,关闭舷窗。针对客船应全力救助旅客。

在船上人员各就各位后,各部门报告人数,检查是否有异常。没有船长的命令,船员不得离开自己的岗位。在自救无效,当船舶有沉没危险时,船长应及时下达解除部署的命令,宣布弃船。

2. 堵漏

船舶发生碰撞后,首先,确认是否漏水,其次,如有进水可能,立即发出进水警报,命令水手堵漏,关闭水密门,封妥所有舷侧开孔,全力开动排水泵。当船体相嵌并未脱离时,为防止他船大量进水,应适当用车或带缆固定,使他船有充裕时间进行排水堵漏。如附近有浅滩,可将他船顶推至浅滩处坐滩。若碰撞造成本船严重损坏,应及时驶离航道抢滩。

为降低船舶进水速度,若破损处在水线附近,可将船向另一舷倾斜;若破损处在船首或船尾,可采取倒车和后退等手段来控制进水量。

在某些情况下,碰撞有可能造成爆炸、火灾等事故,尤其是船舶载运危险品或遇水膨胀的货物时,因此,船长除了注意碰撞造成的一般后果外,还要注意事故可能造成的连带影响。

3. 弃船

在船长采取一切必要手段抢救船舶后,船舶仍有沉没的可能性,船长除发送遇险信息外,还应及时请示船东下达弃船命令,从而保证人命安全。

(二)搁浅、触礁事故

搁浅或触礁事故发生后,应立即关闭舷窗、水密门(如管弄和轴弄水密门、水压计程仪盖等)、舱口等开口处,按规则在船上悬挂相应的标志。

1. 脱浅

当船舶没有即刻倾覆、断裂危险时,船长应首先调查损害部位及损害程度、浸水量、天气情况、潮汐、周围水深及地质情况,计算是否具有自身脱浅的能力。

当确认不能脱浅或需要等待时机时,为防止船体移位及摇晃而造成更大损失,应及时固定船身。

固定船身一般有以下几种方法:

(1)抛锚。大型船舶应借助拖船将锚运到指定的位置抛锚。锚的位置在脱浅一侧的深水、出拖方向水域。另外,锚位还应考虑风流、潮汐,以免船舶在上述因素的作用下冲向更浅的滩涂。

(2)注入压舱水。若船舶搁浅在平坦的浅滩,向舱内灌水是固定船舶最有效的措施。但压水前应进行强度计算,防止应力集中。

(3)拖船。用大马力拖船顶推来固定船舶(大型船舶尤为适用),以避免船舶在打横后,在潮汐作用下进一步移向高位。

(4)使用本船动力。通过了解周围水深,确知船尾尚未搁浅并有一定的水深时,可用车、舵来固定船身。

2. 坐滩

在脱离危险礁区后,为防止进水造成沉没,应选择安全水域坐滩。坐滩应注意以下操作:

(1)选择安全场所。水浅、无波浪、地质优良(按沙、泥、珊瑚礁、脆弱的岩石、硬地质的顺序选择)、无潮流处为最佳坐滩处。

(2)与海岸成直角全速坐滩。这样做是为了防止波浪将船舶两头的泥沙掏空,造成船中坐高而使船舶中拱甚至出现断裂的危险。

(3)固定船体。

(三)火灾事故

当船舶发生火灾事故时,船舶应做到:

(1)立即进入防火部署,尽力灭火。

(2)控制船速,将火灾现场保持在下风处或相对风速为零。

(3)隔离有关通道和关闭防火门。

(4)当载运危险货物时,要及时采取灌水或抛货等措施。

(5)停泊中鸣号或报警器(五长声)求救。

(6)及时发送遇险信息求救。

(7)在近陆地航行时,如火灾可能造成船舶沉没,应驶离航道冲滩。

(四)船舶故障

影响船舶安全性的故障主要是船舶主机或舵机失灵。当船舶发生故障时,船舶应采取如下措施:

1. 故障情况调查

因主机或舵机失灵而使船舶失去操纵性能时,应首先对故障原因及状况进行调查,以判断船舶的危险程度及自修能力。

2. 船舶自修

当决定船舶自修时,应尽力将船舶驶离主航道并抛锚,以避免发生搁浅或碰撞事故。如果事故发生在远海区域,可停车漂航,并在悬挂规定信号后进行修理。

3. 申请拖航

如果通过自修仍无法消除故障,船长应与船东联系申请拖航。当时间不允许(如船舶有搁浅危险)时,船长可自行决定召请附近航行的船舶直接拖航。

(五)船舶(体)倾斜

由于配载不当或海上风浪造成货物移位或倒塌,使船体倾斜,进而影响船舶的操纵性,严重时可能引起船舶倾覆。

当船体倾斜时,应采取以下应急措施:

1. 船体倾斜复原

船长应首先查明倾斜原因,然后采取施救措施。复原措施主要有:翻舱、固定货物、弃货、舱内注水或排水等。

2. 临时进港

当救助工作困难或效果不明显时,应考虑将船舶驶向附近港口避难。

3. 有意搁浅

当船舶有翻沉危险或自然条件不允许时,船舶应选择附近浅滩进行有意搁浅。

(六)弃船

弃船是当全力施救无效时,为保全人命安全而采取的最后措施。船长一般在如下情况下宣布弃船:

(1)船舶在海上遇险不能自行脱险,无外来力量及时救助,船舶处于严重危急状态时。

（2）虽竭尽全力，仍无法挽救该船时。

（3）船长宣布弃船是善意的。

（4）船东命令弃船时。

船长在宣布弃船时应做好以下工作：

（1）检查和落实各部门应急部署。

（2）关闭所有水密门窗、舱口、甲板开口等。

（3）各类人员在离船前，应穿好保暖衣服，并带足规定用品，保证旅客有秩序离船。

（4）组织人员按应变部署施放救生艇(筏)，风浪大时，落放下风舷的救生设备。如有可能，将救生筏系在救生艇舷旁。

（5）人员在登救生艇时，艇上人员要拉紧绳梯，以防梯上人员踩空落水。

（6）当船舶触礁搁浅弃船时，可派水手先行下船并游上岸或在露出水面的礁石上系牢救生绳以备运送人员登陆。

（7）保持照明常开，有关信号灯、桅灯可用油灯同时点亮，以便来往船舶避让和船员撤离后守候观察。

（8）如水深和时间允许，可抛下双锚并系上锚标，以减少漂移距离。撤离前应测准船位，为日后打捞和勘测做准备。

（9）撤离后，救生艇(筏)应及时驶离难船，以免船舶沉没时产生的旋涡造成意外。

第五节　船舶实施救助

船舶实施的救助是指当船舶遇险时，为确保海上人命、船舶以及货物安全和防止海洋污染，通过海上船舶救助力量救援并使之脱离险境的操作程序和措施。根据海上遇险人员处境，分为三种情况实施救助：

（1）遇险者在救生艇(筏)上。

（2）遇险者在水中。

（3）遇险者在遇险船上。

一、接到遇险报警后的初始准备

1. 紧急行动

（1）确认收到遇险信息。

（2）进一步了解遇险位置、识别标志、船舶呼号和名称、人数、遇险或事故伤亡性质、所需救助的类别、死亡人数、遇险船航向和速度、货物情况。

（3）在国际频道上保持连续值守。

（4）通知遇险船本船识别标志、呼号和名称；本船船位；本船船速和 ETA；遇险船与本船的真方位和距离。

（5）安排人员瞭望。

（6）协调遇险船与搜救任务协调员建立联系，传递所有可获得的信息。

2. 驶往遇险区

（1）与驶往同一遇险区的船舶建立交通协调。

（2）开启雷达对附近船舶进行雷达标绘。

（3）估计其他救援船抵达遇险现场的时间（ETA）。

（4）评估遇险情况以便准备现场行动。

3. 准备船上救助设施

（1）救生和救助设备。

（2）信号设备。

（3）医疗救助设备。

（4）其他设备。如夜间作业，在适当位置装好强力泛光灯。

二、救助现场准备

1. 对落水人员的准备

（1）系好攀网。

（2）施放救生艇（筏）。

（3）使船员适当装备以进入水中救助幸存人员。

（4）做好准备提供初步医疗处置。

（5）恶劣天气时，准备洒油镇浪。

（6）在船舷系靠一只救生筏作为登船站。

2. 接近遇险船

（1）船舶火灾时，必须从上风靠近。

（2）从下风靠近救生筏和水中幸存人员。

三、遇险者在艇（筏）上的救助行动

利用起重设备将艇（筏）一起吊上船，以减少幸存人员的体力并使之及早得到护理。

有动力的救生载具有能力自己（和它们自己拖带的单元）靠上救助船并保持靠在船边，救助船应准备好碰垫和艇索，告知救生载具上面的人员不要为了靠近船边而跳入水中,等待吊起。

(一)起吊设备和准备

1.起吊设备

(1)吊杆(包括食品吊等)、龙门吊、甲板吊等。

(2)吊艇架。

(3)绞缆机和绞锚机。

(4)专用营救设备。

2.起吊准备

(1)应装配吊具以便把被营救人员安全吊到船上。

(2)只要有可能,应将绳索系到绞缆机或者绞锚机,以便伤员能被吊上甲板边缘。

(3)吊杆的底端应系上稳索,防止吊杆在船舶舷边晃荡。

(4)吊杆的底端应至少配上一条带索或者安全环。

(5)专用或者临时提供的救助吊篮,或者专用的营救设备,通常比带索或者索环更好。

(6)落水者受伤或无体力,应尽可能以水平或者接近水平身位吊上来(例如,在吊篮里或者用两条带索,一条穿过手臂,一条在膝盖下),从而避免突然从水中转移和低温产生的休克。

(7)穿着保护装置的船员可以沿吊杆从营救船下去,帮助那些没有能力自己进入带索、带环、吊篮或者其他设备的人。

(二)起吊操作

(1)操纵船舶与风的相对运动,减少船舶纵摇和横摇,并使操作位于下风舷。如果时间允许,通过尝试找出营救目标最合适靠拢的位置。

(2)操纵船舶慢速向前移动。

(3)当吊起人员时,吊杆应装稳索以减少摆动。

(4)如果艇太重或救生筏无吊放装置,可将幸存者转移到救助船的救生艇中再吊起。

在高海况下要谨防开启救生艇(筏)舱门使其进水沉没,救助船可洒油(最好是润滑油或植物油)镇浪,为救助工作提供比较平稳的环境。试验表明在船舶缓慢前进的情况下,通过一个橡胶皮龙靠近海面慢慢排放数量为200 L的滑油,可以在 5 000 m^2 左右的海面有效镇浪。

四、遇险人员在水中的救助行动

(一)施救步骤和准备

1. 施救步骤

(1)将遇险人员带到船边以便营救。

(2)将遇险人员救上船。

(3)一旦遇险人员上船,照顾幸存者。

2. 施救准备

(1)救生圈、救生衣和救生筏之类的漂浮物。

(2)探测仪器,如高清晰度反光物、灯、SART 和 EPIRB。

(3)遮蔽物、衣服、饮料和急救物品等救助物料。

(4)通信设备,如手提无线电话。

(5)备妥下述攀爬设施:

①引航软梯和吊具。

②生活区舷梯。

③本船的救助艇(筏)登乘梯。

④其他软梯和攀爬网。

(6)所有的软梯和攀爬网应状态良好;梯子和攀爬网应远离船首和船尾,安置在干舷最低的地方或者船舷合适的开口处,高船舷的船舶可以利用低干舷区域或者诸如船体上的开口,如引航、燃料或者货舱门,使攀爬距离最小;攀爬网的底端应有重量以便悬垂至水线下大约 2 m,确保水中人员可以爬上去;应在梯子上布放好带有救助环或环套的安全绳,供遇险人员使用,这些安全绳应正确系牢并保持状态良好;可以在软梯或攀爬网的底部布设一只艇(筏)作为转移平台。

(7)确保有足够的瞭望人员跟驾驶台联系,并确保瞭望人员清楚他们的职责。

(二)利用攀爬网、救生绳施救操作

(1)操纵船舶慢速前行,尝试找出营救目标最合适靠拢的位置。

(2)操纵船舶以减少因受风而产生的运动,使营救目标靠近下风舷,减少船舶纵摇和横摇。

(3)在最后靠近期间,考虑在船停止/低速时风、海浪和涌浪的影响后,在离遇险人员一定距离停住船。

(4)当艏上风舷处的重要因素(风、浪或涌)有利且下风舷处营救目标也有利时,再靠近。

(5)救生圈可以从附近过往船舶上抛投或抛投给遇险人员,当船舶周围没有障碍时,它们漂到遇险人员位置。也可通过传送的方式将救生物件传送给遇险人

员(例如,使用火箭绳、救助抛绳或者撇缆)。

(6)将浮力物件和绳索一起系于救生圈上,或者拖带它们到遇险人员可以抓住的位置。

(7)如果施救作业会拖得较久,应释放本船的一个或更多救生筏。救生筏的漂移速度可能比遇险人员的漂移速度快,在释放救生筏前必须在筏上固定一条牵引绳索,将救生筏牵引给遇险人员。

(8)使用火箭救生绳、救助抛绳和撇缆,将遇险人员拉到船舷边。

(9)拉回系上绳索漂给遇险人员的救生圈或者充气救生筏之类的浮具。

(10)施救船船尾拖带漂浮缆绳(系上浮具和醒目的物件,譬如夜里带灯的救生圈),在遇险人员上风附近绕行,以便遇险人员可以抓住绳索。一旦人员抓住了绳索,船舶可以停下来将需要营救的人员拉到船边。

(11)如果遇险人员没能力攀爬,施救船上应派出一名穿着个人保护装置、系安全绳的船员下去协助;或将他们系牢于梯子或者攀爬网上,用人力、绞车或者使用其他动力源收攀爬网。

(三)利用救助艇(筏)施救操作

当施救船直接靠近水中人员会不安全或者不可能时,释放本船救助艇(筏)进行救助。

由于救助艇(筏)更容易最后接近目标,而且因为干舷低和相对于目标的运动简单,遇险人员比较容易进入救助艇(筏)。当救助艇(筏)救起人员后返回时,使用本船的回收系统将该艇(筏)回收。

1. 施放救助艇(筏)的条件

使用救助艇(筏)必须由船长根据事件的具体情况决定,主要考虑天气状况和救助艇(筏)性能。

(1)对大部分船来说,释放救助艇(筏)是良好天气状况下的可行办法。在中浪或更差海况下,释放或者回收可能很危险。

(2)现场天气状况:特别是海况,但也包括风力和风向、环境温度和能见度。

(3)救助艇(筏)的性能包括:

①救助艇(筏)的释放和回收设备的性能。

②救助艇(筏)船员的技能和经验。

③救助艇(筏)船员个人保护装置的可用程度。

④救助艇(筏)和施救船舶之间通信的有效性。

⑤救助艇(筏)周围的航行风险。

⑥救助艇(筏)的航行能力。

2.释放和回收

操纵船舶形成最好的下风舷供释放和回收救助艇(筏),使船尾舷后部受浪,缓慢前行,在相对舷侧操作收、放艇(筏)。

(四)立即照顾获救人员

安排人员陪护获救者进入医疗处置处所,特别注意突然从水中转移上来的人可能出现休克风险和低温状态。对在寒冷水中受伤或者没能力的人,应以水平方式从水中救出,并以水平或接近水平的方式转移。

对救上来的所有人员检查重要的生命体征,包括有无呼吸、神志清醒还是无意识,按照急救要求迅速开展医疗救治。

(五)守候待救

当不能进行营救时,守候在遇险人员附近以便提供帮助,直到其他救助力量过来或者等外界环境状况改善。

(1)给生存者安慰,特别是在能够建立通信的情况下。

(2)协助救助协调中心提供现场更新情况或详细报告。

(3)帮助其他搜救力量,也可以转移获救人员到本船。

(4)本船相比救生艇更容易被发现。

(5)释放救生设备以便遇险人员特别是水中人员使用。

(6)绳索可以递送给救生艇(筏),使之脱离直接危险,或拖带到安全地带及更加适合营救的地方。

(7)为救生艇(筏)提供下风舷,使之避开恶劣海况,并使上面的人感觉舒服些。

(8)可以提供更多的直接帮助,如运送包括医疗用品在内的必需品给救生艇(筏)等。

五、遇险者在难船上的救助行动

(一)旁靠

在海况较平静时,救助船可旁靠遇险船。

如果遇险船较大,救助船在遇险船下风旁靠;如果遇险船较小,应在上风旁靠。驶靠之前,在靠船的一舷放下碰垫,并备妥灵活碰垫。

(1)如果遇险船为大型船舶且有操纵能力,由遇险船保持稳定的航向微速前进,为救助船(艇)创造一个下风位置,大船螺旋桨停转后,当排出流平息时,救助船(艇)以大约30°角从大船后方追上,逐渐调整航速与大船同步,调整航向平行靠向大船的人员离船点。

(2)如果大船失控随风漂移,根据大船的漂移姿态,救助船(艇)旁靠后应使船首处于顶风方向,据此来确定驶靠大船的方向。如果大船姿态不利于旁靠,可考虑要求大船抛锚或拖锚,然后用驶靠锚泊船的方法旁靠。

(3)如果大船锚泊,无论大船首向是随风还是随流,救助船(艇)均应从大船尾部方向驶近。如果大船不是首正顶风,救助船(艇)可选择大船的下风舷侧旁靠。

旁靠后,向大船递送首缆,然后缓慢减速,将首缆引回,系成回头挽缆。

大型救助拖船也可像旁拖一样将尾缆及横缆系成回头缆;艇体较小的救生快艇,应从首侧靠近大船的一舷出首回头缆。

救助船(艇)应使本船甲板或上层建筑平面与大船离船点高度相近的位置相靠。

救助船(艇)在遇险船人员离船点旁靠就位后,使用可利用的过舷设备将遇险船人员转移到救助船上。

过舷设备一般有可升降的舷梯、引航梯、克令吊、担架、可吊式救生筏、吊货网等,有的客船配置救生滑道或滑梯等。

在人员转移完毕后,救助船(艇)转动以尾侧部顶住大船,使船首逐渐偏开大船一定角度后,缓慢加速,待尾部清爽后,迅速驶离大船。

(二)触靠

高海况时,利用浪群间较平静的间隙,以首侧或尾侧适当部位和角度短时间接近至遇险船离船点位置,触靠遇险船。触靠后,快速接救遇险人员,一触靠就离开。触靠适用于转移少量人员,并且待转移的人员有独立登船的能力。

最好触靠遇险船舷侧平缓且不受浪击之处,避开遇险船首位凹进部位。

当需要救助船停留在待转移人员离船点几分钟时,救助船不要系任何缆于遇险船,但应在触靠点备妥灵便碰垫。

人员转移完毕后,救助船(艇)立即以合适的操纵方式拉开与遇险船的距离,迅速离开。

现代三用船型拖船以尾侧触靠接近,比较容易操纵。

(三)近距离转移

1.遇险船船首抛锚靠近

遇险船船首抛锚靠近方式适用于抛锚的遇险船。

在遇险船的上风抛锚,控制出链的方向,逐步放出锚链,慢速接近遇险船,到达预期的作业位置前,刹住锚链。此时,两艘船可以在近距离上长时间保持稳定位置,救助船甲板上浪轻,后甲板作业相对安全。

案例:2003年10月11日,渤海湾当年下半年出现第一次寒潮,风力为9~10级,"翼滦渔3199"号在天津港外海域遇险,抛锚待救。"北海救195"号船运用上述方法接近遇险渔船后,又用尼龙缆将该船绞近船尾,将遇险的7名船员成功接到船上。

2. 船尾带八字缆靠近

船尾带八字缆靠近方式适用于吨位较大的遇险船,如从大型客船、客滚船上,通过救生滑道、绳索接遇险人员。

吨位较大的遇险船,其下风处会有一个风浪相对较小的遮蔽区,救助拖船在其下风的遮蔽区内,尾迎风接近遇险船,船尾左、右舷各出一根尼龙缆带到遇险船上,与遇险船之间保持适当的距离进行接人等救助作业。

(1)如果遇险船是失控漂流船,一般横吃风,可以靠该船的下风舷。

(2)如果遇险船是抛锚船,首向迎风,可以船尾对船尾靠近该船的下风舷。

救助拖船以这种方式靠近遇险船,尾找风的特性利于两船相对态势的稳定,救助拖船还可以适时地用进车排出流保持与遇险船之间有一定的安全距离,防止发生碰撞。

3. 动态旁靠接近

操纵救助拖船首迎风平行接近遇险船,当基本平行于遇险船、纵向位置适合甲板作业时,稳住船位,然后用侧推器、车、舵调整船首迎风流的角度,或首偏左迎风流或首偏右迎风流,利用风流对船体的侧压力控制本船靠拢或远离遇险船。这样,在小范围内不断地调整救助船的迎风流角度,保持船位在小范围内相对稳定,较长时间与遇险船保持较近的距离,而不互相接触,保证甲板接救遇险人员的安全作业。

案例:2005年8月5日,台风"麦莎"在舟山登陆过程中,沈家门附近海域里扬帆集团的三艘在建集装箱船"扬帆3号""扬帆4号""扬帆2号"相继走锚。三艘船上共有84人,现场风力为11~12级,浪高为6 m,需要迅速撤离人员。东海救助局"德翔"船采用动态旁靠方法,用左舷靠遇险船右舷,横距保持在1~5 m,甲板上大副指挥船员使用救生吊篮将全部遇险人员接下船,救助船与遇险船之间没有发生明显的擦碰。

4. 过缆渡送

由于风浪大或其他原因使救助船与遇险船无法靠近时,可用抛绳枪或其他方法(如传递拖缆法)在两条船之间带好缆绳,用救生裤(在救生圈下缝制一个帆布短裤)使人员骑在上面转移到救生船上。

救助船先在抛射绳的末端连上一只辫子滑车,滑车内穿好长度不少于2倍两船间距的来回辘绳。来回辘绳的两端均事先固定在救助船上。遇险船接到抛绳后应收紧抛绳,将滑车系妥在桅上的适当位置处,救助船再准备长度足够的拉索和大缆各一根以及一只能穿过大缆的滑车,并通过拉动来回辘绳将它们传递到遇险船上。两船把大缆在适当位置固定好后,遇险人员用卸扣将救生裤、辘绳的一端及拉索与大缆滑车上的眼环相连。救助船控制辘绳的力端及拉索,便可将坐在带裤救生圈内的遇险者救到救助船上。由于风浪很大使两船间绷紧大索有困难时,可直接从水面上用救生裤渡送,如图7-10所示为带裤救生圈。救生裤用滑车挂在两艘船之间的大缆上,拉动另一条系在滑车上的回收索,就能往返渡送遇险者脱离难船。

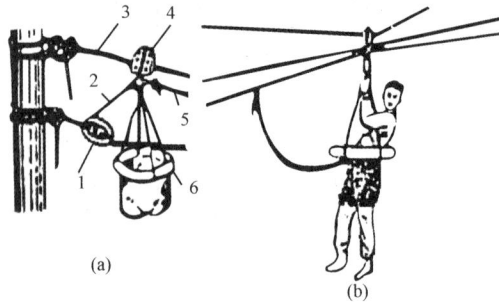

图 7-10　带裤救生圈

1—辫子滑车;2—辘绳;3—大缆;4—滑车;5—拉索;6—带裤救生圈

第六节　飞机实施救助

一、航空器现场视觉联络

视觉通信是搜救现场视觉联络的一种形式,当无线电通信设备与船舶通信调制(调频/调幅)不同、损坏、缺失或受客观条件限制,无法进行无线电通信以及现场情况需要时,视觉通信是表达相互之间要求的有效办法。

(一)航空器与船舶和海面浮动工具的联系信号

当航空器与海面船舶通信时,可以选择空投信件或采用《国际信号规则》或利用明码信号灯进行。当航空器指引海面船(艇)驶往遇险现场时,可以使用任何方式发出正确的指示进行引导。如果不能发出上述指示,则可以按顺序完成下列操作以达到同样的目的。

1.航空器对水面的视觉信号

参加搜救行动的航空器用于引导船舶至遇险航空器、船舶或人员的信号,如图7-11所示为空中对水面的视觉信号示意图。

(1)盘旋船(艇)飞行至少一圈。

(2)在接近船首处,以低高度横越船(艇)航线的延伸方向,并且:

①摇摆机翼。

②打开和关闭气阀(发出声响)。

③改变螺旋桨节距。

航空器的动作顺序			意义
 1.环绕船舶盘旋至少一圈	 2.在船舶航向前方接近船头的较低高度摆动双翼穿越船舶航线	 3.将机头指向引导船舶的方向	航空器正在引导船舶至遇险航空器或船舶
4.在接近船尾的较低高度摆动双翼穿越船舶尾迹 注：也可用打开或关闭节流阀或改变螺旋桨的俯仰角作为引起注意的措施而替代摆动双翼的方法。但由于船上噪声较大，这种声号方法通常比摆动双翼的视觉信号方法差。			船舶不再需要援助（重复该信号表示相同意义）
船舶用于应答搜救航空器的信号			意义
 悬挂"代码"旗	 改船首向至所需要的方向	用信号灯发送莫尔斯信号"T"	表示确认已收到航空器的信号
 悬挂国际信号旗"N"	—	用信号灯发送莫尔斯信号"N"	表示不能执行

图 7-11　空中对水面的视觉信号示意图

值得注意的是,由于船舶的噪声大,②、③中的音响信号不如①(视觉信号)的效果好,因此,通常把它们作为引起注意的替代方法。

(3)飞向船(艇)应前进的方向。

重复上述动作,其意义相同。

(4)航空器用在低空、接近船尾处,横越船(艇)的航迹,并且选择摇摆机翼、打开和关闭气阀或改变飞机螺旋桨节距操作方式之一时,表示已不再需要该海面船(艇)的援助。

2.*海面船(艇)对飞机的视觉信号*

应用图 7-11 所示方式来回答。

(1)当表示看到或听到并执行时

①悬挂国际信号旗(红、白直纹),并升到桅顶以示"明白"。

②用信号灯打出莫尔斯信号"T"(—)。

③将航线改到所指示的航向上。

(2)当表示看到或听到但无法执行时

①悬挂国际信号旗(蓝、白方格)。

②用信号灯打出莫尔斯信号"N"(—·)。

(二)航空器与遇险幸存者的联系信号

当航空器希望通知或指示遇险幸存者时,它应选择空投电文或空投适于直接联系的通信设备以及其他任何商定的适当信号进行联络。

当遇险幸存者明白航空器所投信件时,应用下列方法确认:

(1)用信号灯打出莫尔斯信号"T"(—)(表示字或码组已收到)或"R"(·—·)(表示收到或我已收到你最后的信号/信文)。

(2)打出"肯定"信号。白天为一面白旗或双臂垂直移动;夜间为一盏白灯垂直移动。

当遇险幸存者不明白所投信件时,应用下列方式表示:

(1)用信号灯打出莫尔斯信号字母组"RPT"(·—·—·—·—·—)(表示我重复你所发送的信号)。

(2)打出"否定"信号。白天为一面白旗水平移动或双臂水平伸出;夜间为一盏白灯水平移动。

当航空器明白海面船(艇)发出或显示的信号时,航空器应用下列方式确认:

(1)空投信件。

(2)摇摆机翼(白天)。

(3)飞机着陆灯闪光两次,或开、关航行灯两次。

(4)用信号灯打出莫尔斯信号"T"(—)(表示字或码组已收到)或"R"(·—·)(表示收到或我已收到你最后的信号/信文)。

(5)其他任何商定的信号。

当航空器不明白海面船(艇)所发出或显示的信号时,航空器应该平直飞行且不摇摆机翼,或者用信号灯打出莫尔斯信号字母组"RPT"(·—·—·—·—·—)(表示我重复你所发送的信号)以及其他任何商定的信号来表达,如图7-12所示为空中对水面的应答信号示意图。如图7-13所示为幸存人员所使用的信号示意图。

航空器观察到水面船舶/航空器或幸存人员的上述信号后的应答信号					意义
 投下一个信件	 摆动双翼(白天)	 打开、关闭着陆灯或航行灯两次(夜间)	或 用灯光发出莫尔斯信号"T"或"R"	使用任何适当的其他信号	信息理解
 不摆动双翼水平直线飞行	用灯光发出莫尔斯信号"RPT"	使用任何适当的其他信号	—	—	信息不能理解

图7-12 空中对水面的应答信号示意图

航空器的动作顺序			意义
 投下一个信件	 投下一个用于建立直接联系的通信设备	—	航空器试图通知幸存人员
接到航空器投下的有关信息后，幸存人员的应答信号			意义
 或 用灯光发出莫尔斯信号"T"或"R"	使用任何适当的其他信号	—	幸存人员理解所投下的信息
用灯光发出莫尔斯信号"RPT"	—	—	幸存人员不理解所投下的信息

图 7-13　幸存人员所使用的信号示意图

（三）水面单位与空中的联系信号

海面船（艇）与航空器通信可采用《国际信号规则》或利用明码、手电、信号灯或信号旗进行，也可在船（艇）甲板上将如表 7-6 所示水面对空中的视觉信号中的字母显示给航空器，以表达其特殊的含义。

表 7-6　水面对空中的视觉信号

信息	IACO-IMO 视觉信号	信息	IACO-IMO 视觉信号
需要援助	V	是或肯定	Y
需要医疗援助	X	按此方向前进	↑
不需要或否定	N		

二、直升机空投物品

直升机空投物品的基本要求是：

（1）从上风处与风呈垂直风向缓慢接近。

（2）用一根 200 m 长的浮绳系固在投放物品上作为曳绳，将物品投放在幸存人员上风 100 m 处。

（3）让曳绳下落以便顺风漂移至幸存人员处。

空投的物品是帮助遇险幸存者求生的食物、用品及设备。救助用品一般以基本包件的形式储存和提供,而求生设备则分散储存,视遇险性质和遇险者要求分别提供。

基本包件是提供给遇险幸存者应急用的各种用品和某些求生设备的包装件,它可能包含若干个小包件。基本包件内一般有下列物品:

(1)医疗用品:急救包、驱虫剂、阿司匹林、防晒液、太阳镜或闪光护目镜。

(2)食品:压缩食物或各种食物罐头,储于密封罐或螺丝盖聚乙烯容器中的淡水、炼乳、糖、盐等。一般来说,向遇险者提供淡水比食物更为重要。

(3)信号设备:便携式收发信机、烟火信号(烟雾和红光火焰信号)、烟火信号枪弹、哨子、信号镜、信号码语卡。

(4)火和照明:防水火柴、点火透镜、点火片、应急炉、蜡烛、手电筒及备用电池和电珠。

(5)其他物品:罐头刀、炊具和餐具、无火星斧、绳索、罗经、拍纸本、铅笔、肥皂、洗脸纸和手纸、香烟、求生须知等。

容器和包装一般应水密、坚固并易于开启,在水中应具有漂浮性。每一个容器或包装的内容,至少应印有三种文字的说明,并用说明符号和按下列规定颜色(国际通用)的彩带加以标示:

(1)红色:医疗用品和急救设备;

(2)蓝色:食物和水;

(3)黄色:毛毯和防护服;

(4)黑色:其他用品,如斧子、炉子、罗经、炊具等;

(5)混合颜色:多种物品混合。

救生设备一般包括救生艇或救生筏、救生衣、救生圈和救生裤、抛绳器、漂浮救生绳和引索、钩篙和多爪锚、无火星斧、救生篮、担架、登船梯或攀登网及无线电设备和测向装置等。

由于对每一个搜救设施都供给上述用品和设备是不经济的,有时甚至是不可能的,所以必须在适当的地点建立补给库,并应在搜救单位通常活动的港口和机场保存足够数量的此类物品和设备。如果做不到这一点,则应做出安排,保证能从附近的补给库将上述物品及时送到。

另外,未经使用的存货应定期检查并重新包装,必要时进行换新。

三、直升机救援

1. 转移人员装置及其使用

转移装置连在绞缆的端部,有救助吊带、救助吊篮、救助吊网、救助担架和救助吊座。

（1）救助吊带。最广泛采用的用于转移人员的装置,适于迅速救起没有受伤的人员,但不适合于受伤人员。系救助吊带与穿外套基本一样,应保证带环从背后绕过并夹在两腋下。人员应面对吊钩,双手紧抱在前。完成后,进行绞缆作业,如图 7-14 所示为救助吊带示意图。

图 7-14　救助吊带示意图

（2）救助吊篮。适用于人员体温下降,特别是在水中浸泡过的人员。人员只需爬入吊篮、坐好并抓牢即可。吊篮应保持水平位置,因为竖起位置可能引起严重的休克或心脏停止跳动,如图 7-15 所示为救助吊篮示意图。

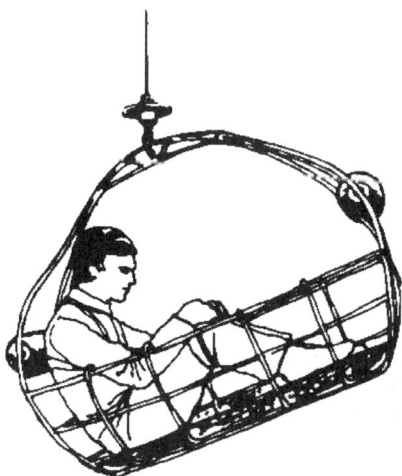

图 7-15　救助吊篮示意图

（3）救助吊网。具有一个锥形的"鸟笼"外形,一侧敞开。人员只需从开口处进入、坐入网中并抓牢即可,如图 7-16 所示为救助吊网示意图。

图 7-16　救助吊网示意图

（4）救助担架。多数情况下,用于将病人从船上转移。这种担架装有可迅速和安全使用吊钩的系带。转移过程中应特别注意保持水平位置,如图 7-17 所示为救助担架示意图。

（5）救助吊座。外形像一个带有两个平的爪或座位的三爪锚。人员只需跨坐在其中一个或两个座位上,双臂抱住锚杆即可。这种设备可以一次吊起两个人,如图 7-18 所示为救助吊座示意图。

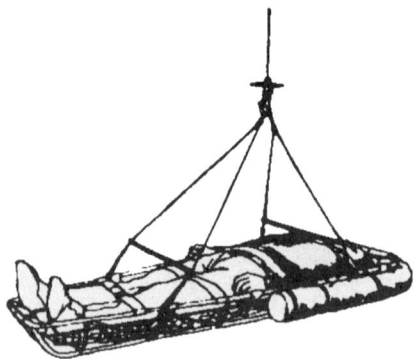

图 7-17　救助担架示意图

图 7-18　救助吊座示意图

2. 直升机和船舶的救助准备

（1）船舶与直升机之间应建立直接的无线电联系。

通常，直升机配备 VHF16 频道和两个备用频道，船舶值班人员在 VHF16 频道上守听等候直升机的到来。《国际信号规则》总则中，"航空器—直升机"的遇险中应急部分，给出了船舶与直升机之间的联系方式。

直升机到来前，应交换船位、到达指定集合地点的航向和航速、当地的气象情况、如何从空中识别本船等信息。本船的识别方式有旗、橙色烟雾信号、聚光灯或日光信号灯。

（2）提供一个清爽的操作区。

①应安排在主甲板上，如果可行，船两舷都要安排。

②最好在船的左后侧，一般不要靠近船首区域。

③在载运易燃、易爆性货物的船上，应远离气体泄漏或油舱通风区。

④操作区由外部作业区和内部清爽区组成，内部清爽区应靠近船舷，但不能延伸至舷外；外部作业区可以延伸至舷外。

⑤留出从船舷边顺利进、出操作区的通道。

在作业区内确定最佳位置，以保证最大清爽区。由于船舶航行所产生的增强气流的扰动，如图 7-19 所示为船舶航行增强气流示意图，建议不要在靠近船首的地方建立上述区域。

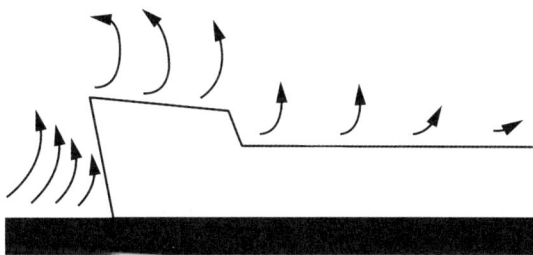

图 7-19　船舶航行增强气流示意图

⑥较大的船舶可以标出一个区域，用白漆涂出带有字母"H"的圆圈，或涂成黄色内圈的圆圈用于绞盘作业，如图 7-20 所示为直升机绞盘作业操作区。

降下所有可降落的桅杆和吊杆；紧固所有松动的传动装置；衣物或其他散放的东西应清除干净或系牢；撤离所有不必要的人员；在直升机快要到达时，关闭船上的雷达或将雷达处于备用位置。

（3）夜间照明。

将所有可用灯光指向作业区；强力泛光照明灯的布置和朝向应保证不直射直

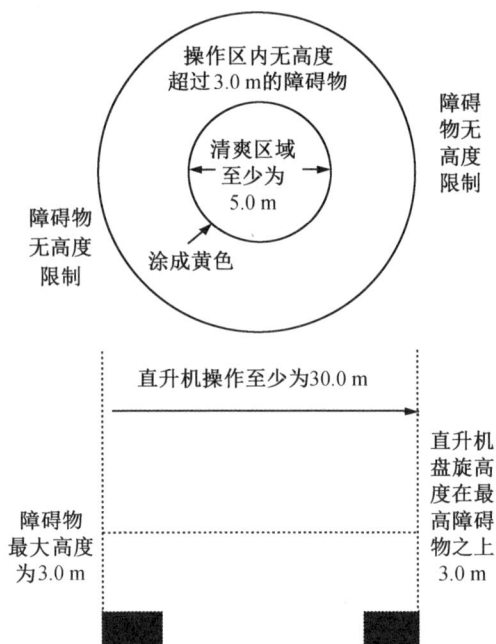

图 7-20　直升机绞盘作业操作区

升机并尽可能使阴影最小;光线分布应保证正确识别表面和障碍物标志;障碍灯应能明显识别障碍物。

（4）安全准备。

①准备好消防设备或等效设备。

②悬挂好三角旗或其他旗帜,以便飞行员识别本船方位、观察风向,注意风向指示,如图 7-21 所示为直升机作业环境示意图。

③所有有关的船员或需要疏散的人员都应穿好救生衣。

④船舶应悬挂号型表明将开展绞盘作业,如图 7-22 所示为直升机作业的船舶悬挂号型。发给直升机驾驶员如图 7-23 所示的直升机向前双臂示意图信号,表明船已做好准备。

3.绞盘作业

（1）直升机盘旋进入相对风中,并从飞行员一侧（右舷）靠近船舶。

（2）直升机从船尾接近本船,船舶调整航向,使风向在船首偏左 30°并且保持稳定的航向和航速;从船中接近本船,使风向保持相对于两舷正横 30°;从船首接近本船,使风向保持相对于船尾右舷 30°。

（3）直升机吊下一根拖绳供船员导引下放救助装置。

（4）在触摸救助装置前,先让这些装置接触本船以释放静电;否则可能发生触电。

（5）解开救助装置的绳索，将解开的吊钩放在甲板上以便直升机收回；起吊装置不得与船舶的任何部分固定，或者与固定设备的索具绞缠。

（6）帮助伤病人员穿好救生衣后装入救助装置，带好重要的记录以及已经采取的医疗处置记录。

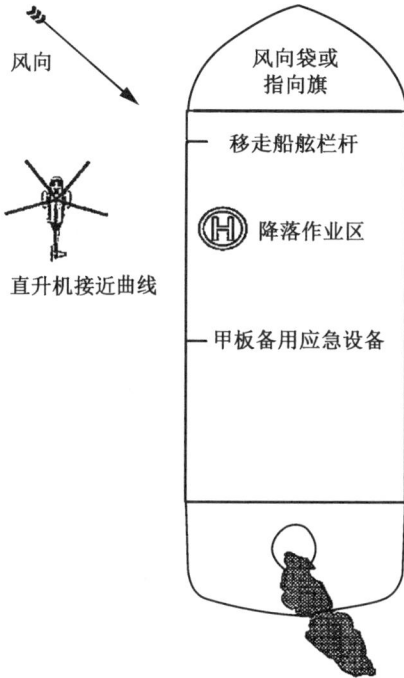

图 7-21　直升机作业环境示意图

图 7-22　直升机作业的船舶悬挂号型

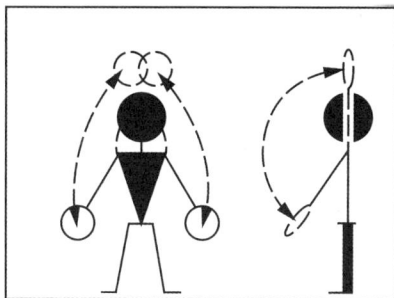

图 7-23　直升机向前双臂示意图

(7)向直升机发出信号,示意移动到位,放下吊钩;将吊钩重新与救助装置固定;用"拇指向上"向绞盘操作人员(绞车手)示意开始绞盘作业。

(8)在救助装置吊起后,使用拖绳防止救助装置摇摆;上升到拖绳尾端时,轻轻地将拖绳甩到舷外。

(9)发给直升机驾驶员如图7-24所示的结束作业双臂示意图信号,表明作业结束。

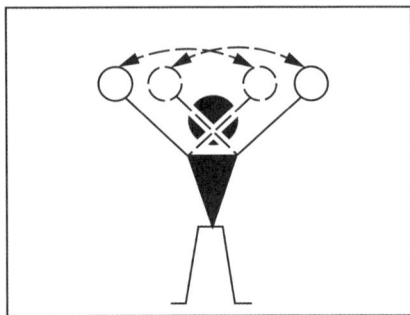

图7-24 结束作业双臂示意图

第七节 对获救人员的医疗和护理

对获救后的遇险人员进行及时的医疗和护理,是整个救助过程的重要组成部分。由于获救后的遇险人员可能出现各种不适症状,如果医疗或护理不及时或方法不正确,极易发生新的人命伤亡。下面介绍常见症状及其治疗、护理注意事项及对死亡人员的处理。

一、常见症状及其治疗

1. 溺水

溺水是导致遇险人员死亡的主要原因。当溺水人员停止呼吸时,必须就地做人工呼吸,而不必等到排出肺中的积水后再进行。恢复呼吸的遇险人员可能会呕吐,此时应将其放置在"昏迷"的位置上(头部轻轻向后伸开,下面一侧的胳膊和腿伸直,另一侧的腿和胳膊支撑身体,或将其胸部和腹部靠在垫子上),以保证呼吸道畅通。在此之后要仔细观察,因为患者有再次停止呼吸的可能。

2. 极度疲劳

由于脱水、暴露、饥饿和缺乏睡眠,遇险人员会变得极度疲劳和衰弱。此时,最先考虑的是恢复体液。最初要慢慢地服用饮料,然后再供给流食,如牛奶、浓汤、稀饭等(绝对不能饮酒)。早期吃得过多会引起致命的呕吐和腹泻。

3. 温度过低

临床低温是因为遇险人员体内温度降到 35 ℃/95 ℉,也就是体温丧失了 2 ℃/3.5 ℉。

遇险人员浸入寒冷水中的初始反应可能包括:没能力控制呼吸;无意识的喘气,跟着不受控的呼吸;心脏压力增加。这些反应是由皮肤瞬间温度降低引起的,这些反应持续时间大约为 3 min。此后,四肢变冷导致没有能力做肢体运动(游泳能力严重受损),长时间浸水使身体深处(心脏、肺、大脑等)温度下降至过低的程度,意识将逐渐削弱和消失,甚至最后死亡。

对温度过低人员(冷得发抖或已经失去知觉)应立即恢复体温。有条件的船舶可用蒸汽浴,如无此条件,可将其放在环境温度较高的机舱中或进行 42 ℃ 的热水浴(为防止虚脱,四肢应暴露在浴缸外面,并搅动水以保持水温。每次不超过 10 min),擦干后用毛毯盖好。上述方法可反复进行,直到体温恢复到 35.5 ℃。

温度过低人员在迅速变暖时可能会虚脱,当出现这种状况时,应将其从水中抬出来,放到暖和的床上并使其仰面平躺,抬高双腿,慢慢地暖和过来。需要指出的是,沉船或弃船后对生命最大的威胁不是溺水而是低温——因寒冷致死,许多海难充分说明了这一点。1912 年"泰坦尼克"号沉船事件发生后,救助船(过路船)在大约 1 h 50 min 后赶到现场,发现浸在 0 ℃ 海水中的 1 489 人无一幸存。第二次世界大战期间,英国皇家海军在海上损失了 45 000 人,其中约有 30 000 人死于溺水和低温,后经调查发现,溺水丧生人员也大多由于寒冷而丧失了浮水能力。

对低温获救人员的医疗和护理,可按如图 7-25 所示的从冷水中营救上来人员的处置程序进行。

4. 烧伤

绳索摩擦双手、身体经受日晒及暴露在油火里都会形成烧伤。烧伤部位常常出现红肿甚至脓毒症状,治疗不及时会进一步引发败血症。处置时应首先用消毒液或开水清洗烧伤部位,然后用抗菌软膏和无菌敷料敷裹伤口。如果伤口是脓毒性的,又没有医疗条件,应尽量用无菌的方法更换敷料,其原则是不要让操作者的手或不干净的材料给伤口带来新的感染,并立即服用抗生素(如有)。

5. 水肿

长时间浸泡在冷水中会破坏身体组织,通常表现为下肢或手水肿。遭破坏处开始时出现发红、麻木等症状,续之发肿、发黑,甚至皮肤开裂、出血。此时应先将幸存人员的衣服脱掉,用毛毯盖好,并将热水袋放入毛毯中,以促进全身的血液循环,但热源切勿放置在患处。不要对水肿处进行快速加热或按摩,因为温度升高太快和挤压会引起肿胀。对所有伤口、红肿、发黑的部位都要小心擦干后敷上消炎遇险人员有无呼吸？ ——没有—→ 检查/清洁呼吸道，如果还没有呼吸，给予 2 大口人工呼吸，开始心肺复苏。每分钟按压 100 次，伴随每 30 min 2 次人工呼吸。如果是独自实施，持续到精疲力尽。如果有人帮助，每 2 min 互换以避免疲惫。如果不能证明心脏停搏，并且 30 min 后仍无生命体征，可停止心肺复苏。如果证实心脏停搏，则维持心肺复苏直到精疲力尽或者接受到医疗指导为止

有

幸存人员是否清醒？ ——否—→ 转移到遮蔽处所并检查是否有其他伤害；将人体摆放成复苏体位。小心呕吐；监控和记录呼吸和心率；如果可以，提供氧气面罩；提供保暖措施防止体温降低

是

是长时间还是短时间侵入水中？有无颤抖？

长时间，没有颤抖 —→ 保暖防止进一步体能损失，包裹在毯子和/或被单里。
移到温暖、有遮蔽的处所，以水平或半水平的姿势放置，直到清醒和身体暖和。
如果可以，尽量提供氧气。若已呛水，鼓励深呼吸和咳嗽。
监控和记录呼吸和心率，给予温和甜饮料(不能含酒精)。
如果状况变差，参考上述处理昏迷幸存人员的程序

短时间，有颤抖 —→ 如果幸存者神志清醒，移除湿透衣服，用毯子等给予保暖。
如果浸入水中低于 30 min 并有颤抖，泡入热水缸或坐在花洒下取暖，同时监控水过热引起的头昏眼花和瘫痪的早期症状。
对于哆嗦和清醒的幸存人员，可以通过做体操来使身体暖和

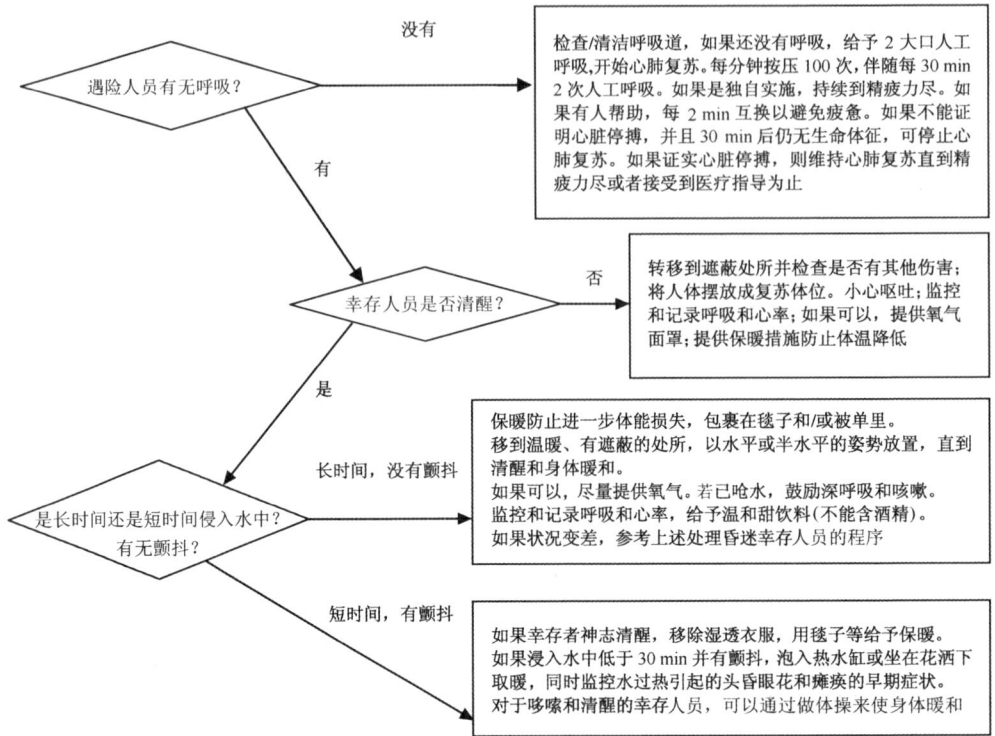

图 7-25 从冷水中营救上来人员的处置程序

粉,用纱布覆盖并保持干燥,以便于医生做进一步的治疗。

6. 骨折

发生骨折时要尽快包扎。由于骨折部位周围的软组织通常会肿起来,所以应经常检查,并放松必要部位的绷带,以最舒服和可行的办法将其固定。

如果骨折部位有未愈合的伤口,要特别注意保持伤口的清洁。

7. 燃料油污染

当身体遭受油污染时,可使用蘸了桉树油、柴油或煤油的抹布进行擦拭。在没有医生在场时,不要轻易擦抹未愈合伤口上的油,以免引起感染。

二、护理注意事项

1. 基本要求

对有伤或有心理障碍、生理衰竭征兆的人员要不间断监护。

遇险幸存人员需要医院治疗的,必须尽快将他们送到岸上,并向医院提供记有

对其已经采取的急救治疗记录,内容包括:受伤类别;已经采取的治疗方式,特别是吗啡或其他类似的麻醉药的用药剂量和时间;用止血带、夹板或压力绷带的时间。

在因伤势较轻或无法及时到达岸上等原因而需要医疗建议或援助时,应及时通知 RCC。

2. 对幸存人员的简要询问

由于幸存人员可能掌握许多对进一步搜救有价值的信息,因此,待情况稳定后,应适时对其询问以了解:

①遇险人员的总数。

②他们的可能情况及位置线索。

③事故发生的日期和时间。

④发生事故的原因。

⑤落水人员是否穿着救生衣。

⑥遇险人员的病史,特别是有关复发疾病、心脏病、糖尿病、癫痫症或其他可能患过的类似病症。

⑦如果救助因飞机失事而落水的人员,询问内容应包括落水过程,比如是迫降还是跳伞以及跳伞高度等。

对上述情况应做笔录,以便为医疗人员的进一步治疗提供资料。询问时应告知幸存人员询问的目的是为了进一步寻找和救助其他人员,以免被询问人员因心存疑虑而不愿意提供,同时还要注意询问语气和时机恰当,不要生硬或过多,以免导致伤员的病情恶化。

三、对死亡人员的处理

通常认为搜寻和打捞尸体不是搜救作业,但有时有必要对遗骸进行处理。

除非迫不得已,未经搜救任务协调员许可,不要触动或移走航空器坠毁现场的遗骸。

1. 设法识别死亡人员身份

从每一具尸体上移走或是在其附近发现的每样物品都应分别保管,最好放在一个容器中并加好标签以便事后与该尸体放在一起。所有这些物品应尽快移交给有关部门。

2. 对每一位死亡人员都制作明细表

注明死亡人员的全名和年龄(如了解),死亡日期、时间、地点,以及死亡原因(如可能)。明细表中的文字应使用官方语言,并且只要可能,用中文(英语)书写。

3. 运送遗骸

搜救航空器通常不运送遗骸。到达搜救中心指定的基地后,应迅速将遗骸及明细表移交给有关部门。如果确认或怀疑死亡人员有传染性疾病,应对所有与死亡人员接触过的材料和物品进行清洁、消毒或者销毁。

第八章　典型险情救助

第一节　船舶火灾救助

一、火灾种类及特点

1. 火灾种类

火灾主要分为普通火灾、油类火灾、电器火灾和爆炸。

2. 特点

(1)普通火灾。由普通可燃固体燃烧所产生的火灾,如煤炭、木材、绳索和衣物等着火。这类火灾的特点是不仅在表面燃烧,而且深入到物体内部,火扑灭后常有余烬或火星,如与空气接触容易引起复燃,再次引起火灾。

(2)油类火灾。由各种油类、脂肪燃烧所产生的火灾,如汽油、柴油、动植物油、酒精等。这类火灾一般只限在液体表面上燃烧,但若内部温度升高到一定程度,将有爆炸的危险。

(3)电器火灾。主要由电器设备、线路、开关等因电路老化及内阻增大而发热、过载引起发热、绝缘损坏引起短路着火。这种火灾在未切断电源前不可盲目救火,会有触电危险。

(4)爆炸。爆炸是指物质发生变化的速度不断急剧增加,并在极短时间内突然放出大量的热能和机械能的现象。爆炸的原因主要有以下几种:一是受压容器、锅炉和压缩空气瓶等损坏或超压;二是储存可燃气体的容器受热或遇到火花;三是通风不良的舱室中可燃气体浓度过大,又遇火星,如电瓶间、油舱、油柜等处。

二、火灾救助的岸基支持

1. 了解失火船的基本信息

(1)船舶资料(包括船东、船舶主尺度等资料)。

(2)船舶货物的名称、性质、数量、装载情况。

(3)评估险情大小及其次生、衍生事故隐患。

(4)事故现场海域周边的环境等。

2. 提供技术指导

(1)建议失火船管理人员正确操纵船舶。航行中发生火灾,应先停车或调整航向,将着火位置置于下风一侧,并将航速控制于接近风速,以防止火势迅速扩展蔓延,并积极组织自救。

(2)建议失火船管理人员有秩序地组织人员撤到安全部位。

(3)建议失火船管理人员在确认发生火灾的位置和燃烧物质的基础上,可根据火灾性质和种类选择最佳的灭火方法。使用船上消防水、大型 CO_2 灭火系统、泡沫灭火系统等现有的消防设备控制火势等待援助。

(4)当无法控制火势并严重威胁到船员、旅客的安全时,建议失火船管理人员有组织地弃船,并携带航海日志、通信日志、轮机日志、国旗、应急无线电示位标、雷达应答器和各种救生信号等。

(5)岸基人员协调消防船舶立即全速前往现场;提醒备妥救生艇(筏)、救生网等各种救生设备,做好救助遇险人员的准备;做好防火和对外灭火的准备工作和应急拖带准备工作。

三、救助方案

1. 火势在可控范围内

(1)货舱失火

可根据起火货物的性质决定使用何种灭火剂。

首先,使用消防水龙进行灭火,并喷水冷却失火部位周围甲板。其次,灭火时注意观测船舶吃水变化,防止船舶倾斜和储备浮力的减少,同时及时检查其他舱室排水情况,确保船舶稳性处于正常范围。

大风浪中短时间内不能控制火势且船舶出现大角度倾斜时,应考虑人员安全撤离,再考虑将遇险船拖往就近的安全地点继续实施灭火。

(2)机舱失火

如果探明火情不能控制,立即撤离机舱人员实施封舱灭火。辅助使用喷射海水对机舱周围进行降温冷却。

当估计机舱火已经扑灭时,开舱前要先进行探火,确认明火已经熄灭后方可打开通风,同时要预先准备适宜的其他灭火器具防止复燃。

(3)住舱失火

立即封堵门窗,控制火势。

如火势较小,可穿着隔热服、佩戴呼吸器深入住舱使用水枪或泡沫灭火,并喷淋冷却附近火源未燃烧的区域,防止火势扩大。

如火势较大,能封舱的则进行封舱灭火或由救助船向失火部位释放泡沫灭火。

当用水灭火时,需注意失火船储备浮力损失情况。一般通过观测船舶吃水变化、船舶倾斜程度等船舶姿态变化进行判断。

2. 火势无法控制或存在爆炸危险

(1)如距离、天气等客观条件许可,应考虑选择直升机救人方案。动用救助吊篮、救助吊网、救助吊座、救助担架等手段直接将遇险人员解救到直升机上,然后转移到附近机场或救助船舶上。

(2)救助船傍靠失火船上风舷,救助人员登上着火船直接救助遇险人员。

(3)若救助船上装备有高性能救助艇,可酌情吊放小艇靠近失火油船进行救助。

(4)如既无法傍靠也无法派救助队员登上失火船,可考虑建议遇险人员弃船逃生,救助船应提前做好从水面救助遇险人员的各项准备工作。

(5)救助船保持适当安全距离进行监视,围绕失火船巡视火情发展态势,警告附近航行船舶远离失火船,待时机好转后再进行扑救。

第二节　翻扣船救助

一、概述

1. 船舶翻扣起因

(1)船舶因漏水、破损、触礁等自身原因或船员操纵失误导致船舶稳性丧失而发生倾斜,继而翻扣沉没。

(2)两艘船舶相撞导致翻扣。

(3)风浪过大引起船载物品出现位移,导致船舶稳性丧失。

(4)抗风浪能力较小的船舶受到恶劣天气影响。

2. 气穴中被困人员生存时间参考数据

船舶在丧失稳性后翻扣具有突然性,个别船舱内存在的生存空间较多,被困人员被困后存活的概率较大,进行救助时必须争分夺秒。

(1)普通人着衣落入海水中,躯体完全浸泡,生存时间参考"表3-4 没有专用保护服的人在不同水温下的生存时间参考数据"。

受过特殊训练或采取了逃生保暖措施会大大延长在水中的生存时间。

躯体不完全浸泡,也会大大延长生存时间。

(2)普通成人休息时每分钟会呼吸 7~8 L 的空气,24 h 呼吸用空气总量约为

11 m^3。在密闭空间生存的时间,建议:按每人 24 h 消耗空气 10 m^3 估算。也就是长 2 m、宽 2 m、高 2.5 m 的空间,一个人可以呼吸 24 h。

小型船舶或渔船翻扣,幸存者所滞留位置剩余空气立方米量,机舱按露出水面体积的 1/2 估算,其他舱室按露出水面预估的舱室体积估算。

大型船舶翻扣,机舱的剩余空气立方米量,按预估机舱露出水面体积的 2/3 估算。

二、救助前应该了解的关键信息

1. 船舶类型

船舶类型主要包括木质渔船、钢结构渔船、钢结构散货船、拖船、玻璃钢游艇或大型油船和客滚船等。根据不同的船舶种类制定现场救助作业的具体实施方案。

2. 获救和失踪人数

该信息用以确定舱内受困的待救人数和所处的可能位置。

3. 现场水文气象情况

潜水作业有一定的限制条件。SCUBA(Self-Contained Underwater Breathing Apparatus)称水肺潜水或轻潜水,其潜水装备性能适应最大水流速度小于 0.5 m/s (参考《美国职业安全和健康标准》),管供式空气潜水不得潜入的最大水流速度上限是 0.75 m/s(参考《挪威大陆架暂行潜水条例》),蒲式风力大于 3 级、浪高超过 1.5 m 时不适合潜水作业。现场海域水深情况超过下潜能力则不能开展有关工作。

4. 获取船舶相关图纸资料

船舶相关图纸资料主要是总布置图、基本结构图等。根据人员被困的重点区域,制定相应的水下搜寻方案和作业方案。

三、到达现场后固定难船作业

(1)带缆固定。一般在翻扣船的首、尾各带一条缆绳(钢丝),将其临时固定在救助船舶上,防止难船随风、流过快地移动或暂时稳住难船沉没的速度。船首可以考虑固定在船头缆桩,船尾考虑固定在螺旋桨位置。为了防止难船沉没给拖船或救助船带来危险,建议使用快速脱钩完成带缆作业。

(2)大型浮吊船固定。在可以承受难船重量的前提下,可以采用兜底钢丝 "夹吊"(难船位于两条船舶中间,利用适当粗细的钢丝从难船底部穿过至少两道,能保持难船稳定,钢丝固定于两条作业船上)或吊稳的方式固定难船。

(3)坐浅固定。不适合立即潜水作业的应判断难船是否继续下沉,在难船暂时处于较稳定的状态时,若浅滩距离现场不远,可以选择拖航至较浅水域,使其水下部分搁浅、抵滩,之后采取破舱作业。

(4)无法固定。中大型邮轮或客滚船发生倾斜继而有沉没危险,船舶无法进行固定又无法拖航,被困人员多、情况紧急时,救助潜水员应果断做出合适的作业方案,用最短时间搜寻可疑区域。在未搜寻结束的地方需要系上导向绳,以方便其他潜水员进入继续搜寻。

四、救助行动

1. 准备工作

固定难船作业的同时,救助人员应第一时间登上难船,敲击船体和使用生命探测仪探测方式,初步判断难船内有无求救信号回复。

查看能够进入舱内的各个入口的位置。

发现船体漏气的地方,如排气孔、排污孔要及时封堵。

2. 破舱救助

(1)判断被困人员的位置后,制定切割方案。钢质船舶采用氧碳气切割和汽油无齿锯切割(热切割),木质船可以使用链锯(冷切割)。

(2)防止出现着火、爆炸等危险情况。在对船舶油舱和高浓度油气舱室动火作业时,可以考虑先用冷切割的方式开一个小孔,再用相关仪器测量油气浓度,确认满足安全条件后采用热切割方式进行开孔作业。

(3)开洞作业后救人必须与船舱内空气泄漏的速度抢时间。热切割后要做好船体的冷却和降温处理,破洞大小应该完全能够满足一人进、出。如果利用冷切割的方式开洞,则开洞后应尽快将人员救出。

(4)就近的救助船将被困人员救起后进行现场急救并送至最近医院。

3. 水下救助

在作业条件允许的情况下,潜水员应尽快开始救助作业。作业从最有可能存在空气的翻扣船底层开始搜寻。侧翻的船舶,可以从露出水面的舱室开始搜寻。

水下救助是个艰难的作业过程。水下作业计划应根据船舶种类等实际情况,按照有关操作规程进行。对救助风险的防控应该做到:

(1)固定难船的艏、艉缆应选择在紧急情况下能够快速解脱的带缆方式。

(2)观察好船舶情况和气象情况,在情况比较稳定的情况下派遣潜水员进舱。如果出现下沉迹象,潜水员应立即出舱避险。

(3)清理通道外和通道内杂物时要仔细,防止潜水员被杂物缠绕发生危险和船舶状态发生变化使舱内物体发生位移而堵塞通道。

(4)密切注意潜水员的呼吸胶管不被挤压和缠绕。

(5)如果气象条件不好,支持保障人员要处于相对安全区域。

五、作业结束后的工作

(1)确认没有被困人员后,水面人员协助救助潜水员尽快离开难船,到达安全地点后脱卸装备。

(2)确定难船没有被困人员和遇难者,回收作业工具,协助做好船舶的整体打捞工作。

(3)认真做好救助过程中资料的整理,并归档保存好。

第三节　邮轮大规模人员救助

一、概述

国际海事组织(IMO)对海上大规模人命救助的定义为:"当大量的人员处于危险中时需要立即做出反应,以至于搜救组织缺少这样的能力。"即由于"能力差距",搜救组织没有足够的资源来使他们进行大规模的救援行动。

客船事故、海洋产业突发事件、大型客机迫降、多个事件同时发生以及难民或移民在不适航船舶上等都需要大规模海上搜救行动。

客船事故是大规模海上搜救行动的主要对象,其中,与普通客船相比,在船舶结构上邮轮更为复杂、需要救助的人员更多,邮轮上发生大规模人员救助的方法和应急准备,对其他类型的大规模人员救助也有参考意义。

邮轮救助具有如下特点:

1. 邮轮结构特点造成逃生困难

(1)邮轮发生火灾、翻沉等船体安全性能遭到破坏的险情时,由于舱室、门窗众多,船舶结构容易变形,旅客被困舱内时很难通过自救出舱。

(2)当遇险船舶发生搁浅、进水、倾斜等险情时,近水舷人员面临着出舱落水的危险,而远水舷人员面临着如何靠自身力量出舱的难题。

(3)由于海洋环境的威胁,只有当乘客最终撤离至陆地时才算是真正意义上的安全撤离。邮轮的撤离策略通常意味着弃船向海洋环境撤离,而撤离至海洋环境与最终获得援救尚有诸多风险需要克服。

2. 多点救助导致救助困难

邮轮救助通常会出现海面、船上、舱内多目标同时待救的情景,多点救助导致多项决策和多种类资源的投入。

(1)船舶倾斜时,对舱内被困人员救援困难。救援人员在无法确定船舶倾斜状态和趋势的前提下不敢贸然进入舱内救援;进入舱内受不熟悉遇险船舶结构、舱内杂物移位等因素影响,难以进入舱室内搜救遇险被困人员。

(2)船舶翻沉后,水下救援面临极大困难。邮轮翻沉和倾斜入水后,由于舱内结构复杂、物件移位、舱门变形难以打开。

(3)火灾救援技术要求高。火灾事故后,浓烟、高温、毒气等障碍均需要具有消防技术的专业人员携带专门装备和穿着专门防护服装来处置。

3. 人员转移困难

(1)船上人员缺乏专业逃生训练,一旦发生海难事故,很难在短时间内抵达指定集合区域或通过就近通道抵达舱外逃生。

(2)需要在救助现场接收大量旅客,救助船上能安置人员的空间紧张,旅客上船后管理难度大。

(3)需要其他救援船舶在现场或港外接收、转运旅客,二次救助作业存在极高风险,容易发生次生事故和伤害。

(4)如果事发地点远离海岸,救助船需要长距离航行,在此期间需要向大量旅客提供住宿、食品、医疗等援助。

二、邮轮人员救援方式

(一)自主撤离

1. 撤离滑道(紧急撤离系统)

撤离滑道是客船撤离人员最重要的逃生设备,一般客船每舷配备 2 套垂直滑降系统,每套系统有 2 个滑道。根据设计,滑落速度可达 1 人/7 秒。受船舶倾斜或摇晃的影响,在通常单舷可用的情况下,每降落 100 名旅客至少需要 25 min,即平均 4 人/分。

2. 救生设备撤离

邮轮在最初设计阶段就预先制定了对应的撤离方案。通常集合站和登乘站位于同一处所或相邻处所,且集合和登乘同时进行。船载人员登乘至救生艇并释放救生艇后,乘客就会彻底离开事故客船,等待下一步的海上救援直至返回陆地。

3. 通道撤离

通过甲板其他通道把人员转移到救助船上。紧急情况下,任何可以使人脱离危险的路径都应该是可用的逃生通道。

4. 跳海求生

极端情况下的人员撤离。极端情况下,会发生少数人员不慎坠海或情急之下大量人员跳海求生的情况。因此,救助船要准备相当数量的救生设备抛投入海,再组织救捞。

5. 安全返港

除弃船撤离外,当事故未突破事故临界时,船长会采取安全返港的策略。安全返港是指当浸水或火灾区域不超过事故临界时,船舶自身可以作为一艘大型救生艇,依靠自身剩余能力安全返回港口。安全返港策略下,乘客需逃离浸水或失火的主竖区,并撤离至能提供安全居住和基本服务的安全区域。在客船最终安全返回港口后,乘客再进一步撤离至陆地,并最终达到安全状态。

(二)外部撤离

1. 救助船撤离

(1)使用救生步梯。部分救助船配备有救生步梯,布置在船首两舷。它是钢制直梯,长 10 m,展开后搭在客船合适部位建立连接,可以成为人员快速撤离的通道。该方法对控制船位的精度要求高,偏离稍大就可能造成严重事故。

(2)使用充气式救生滑道。所有专业救助船都配有供遇险船舶撤离的充气式救生滑道。该设备充气成型后,垂直高度 3 m 左右,底部平台面积为 $5 \sim 10$ m^2,在客船逃生通道高度合适的情况下,布置在后甲板上可以快速撤离人员。

(3)使用救生吊篮。功率为 14 000 kW 的救助船配备的救生吊篮最大高度可达水面上 18 m,功率为 8 000 kW 的救助船略低一些。如果邮轮有合适的甲板层可用,一次可转移 $5 \sim 10$ 人,尤其对于伤员、行动不便的老人更为有效。

(4)其他救助方式。救助案例和演练结果表明,在事故现场,救助力量众多,海面空间有限,大船的活动有诸多不利。救助艇由于船体小、速度快、操纵灵活,往往会起到很大作用。因此,只要条件许可,救助船应把救助艇全部投入使用,实现在遇险船与救助船之间人员的快速转运。

2. 直升机撤离

救助直升机可以悬停在救助目标上方,通过释放和回收救助吊带、吊篮、吊网、吊座、担架,转移水面或船上的遇险人员。

S-76C+救助直升机通常作业半径为 110 n mile,可载人员 14 人。S-92 救助直升机通常作业半径为 120 n mile,可载人员 28 人。

三、邮轮紧急援助

紧急援助是指在还没出现大规模人员救助情景前,通过提供外部支持(辅助救助)来消除邮轮上发生的危险。紧急救助的形式和所需的救助资源如下所述。

1. 消防救助

通过救助直升机和水上船舶为遇险船舶提供陆上消防员,以便为遇险船上的船员提供消除船上火灾、烟雾等危害的救助建议和帮助。

2. 解救受困人员

不管人员是被困于沉船,还是处于火灾及烟雾或其他恶劣的环境区域,或在机械处所、楼梯和走道等限制区域,救捞队员和消防队员都可以使用较合适的救捞设备进行救助。

3. 打捞救助人员和设备援助

由训练有素和装备精良的救捞队员将遇险船舶保持浮态和稳性并加以固定,是挽救船上乘客和船员生命的最佳方式。

4. 紧急拖航

拖航救助是一项救援措施,通过拖带受损船只使之摆脱航行危险,保证船舶和船上人员到达安全地点。

5. 对损害控制设备的援助

损害控制设备可以防止船体的进一步损伤,控制进水,恢复稳性,或者可以进行临时性维护,从而使遇险船舶在其自身或拖船动力作用下到达安全地点。

6. 工程援助

若主推进系统或其他关键设备出现故障,提供额外船舶工程人员和设备的修复支持可以使船舶和船员到达安全地点。

7. 医疗援助

运送医疗人员和医疗设备或供应设备上船可以协助对病员和伤者进行初步治疗,控制伤员病情达到稳定的程度以便人员达到安全地点。这样可以避免救助直升机和船舶运送伤病员上岸的额外风险和新的创伤。

8. 清污专家队伍救援

在船舶被污染的情况下,清污专家和设备可以上船维护船体,保护海上搜救设施和救援人员。

9. 福利援助

在人员疏散的过程中,除了医疗援助,可能需要提供其他基本性质的人道主义服务。此类服务可能包括提供临时住所、水、食物、暖气、衣服和额外的可更换的救生设备。特别是在照顾乘客方面,训练有素的人员也可以协助船员提供服务。

10. 维护船上治安

根据事故的详细情况提供额外的专家支持。这些专家均为安保力量(警察、军队等),他们可以上船处理特定的安全威胁,维护安全秩序或协助控制处理乘客的问题。

11. 通信援助

提供额外的通信设备和人员协助不仅使船上人员免于疏散,而且服务于提供其他救援反应的通信需求。

12. 海上搜救联络援助

在应对海上事故时,额外的人员和专业设备可能需要运送上船,通常协助现场协调员和/或通信、物流。此项支持不仅可使船上人员免于疏散,而且可以提供其他应急救援反应的支持。

13. 其他特殊援助

当事故船舶船员丧失工作能力时,可能需要来自沿海国家引进船员和其他工作人员的人力支持来接替这些船员。

四、邮轮救助能力

1. 救助能力的构成

邮轮救助能力的构成是由救助作业过程中对救助各环节的能力需求所决定的。邮轮救助能力由船舶接收能力、海上转移能力、海上搜救能力、海上待救能力、海上紧急援助能力所构成。

(1)船舶接收能力是指当邮轮通过滑道、救生艇(筏)、船舷通道等逃生手段离船时,现场施救船舶在难船舷边安全接收人员登船的能力。

(2)海上转移能力是指现场施救船舶接收完成离难船人员后,将其安全转移到他船或安全航行到岸上的能力。

(3)海上搜救能力是指能够搜寻到海上落水待救人员并成功救起的能力。

(4)海上待救能力是指能够充分储存、快速运输、准确投放海上浮具的能力,以延长有效救援时间的能力。

(5)海上紧急援助能力是指在还没真实出现大规模人员救助情景前,提供外部支持(辅助救助)来保住邮轮,以避免发生大规模人员救助的能力。

2. 各种救助能力的标准

(1)船舶接收能力

以现场船舶不间断接收离开难船人员,且各艘到达现场船舶的合计安全载额数大于额定载员数时,首先考虑所需船舶的艘数,其次要考虑到达现场的时间。

(2)海上转移能力

接收完成离难船人员后,船舶具备的抗风等级,能够在恶劣气象环境下,将其安全转移到客船或大型船舶上;能够在气象恶劣或人员拥挤环境下,安全航行到达安全地点。

(3)海上搜救能力

以现场救助资源在当时水温下人员存活时间内,能够有效完成搜寻的船舶艘数或飞机架数为标准。

（4）海上待救能力

以投放浮具的载员人数大于1/2邮轮载员数为标准,倾斜状态下或恶劣天气下单舷有效释放救生艇和救生筏,且浮具与搜救船舶同时到达现场。

（5）海上紧急援助能力

将该标准设计成"技术工种",首先,确定"有"或"无";然后,再评估能够实施该工种作业的工程规模和工程质量。

五、救助资源的补充措施

在大规模人员救助中,搜救资源不足是普遍面临的问题。根据国际海上人命救助联盟(IMRF)大规模人员救助研究项目得出的结论,计划通过以下方式填补:

1. 区域合作

区域合作的目的是寻求相邻、相近区域的救助资源。为使区域安排能有效地进行,必须在区域伙伴之间达成协议并制定操作程序。同意共享资源中重要的是商定完成细节,从而显著改善所有救援能力。预警和协调程序应事先决定通信工作的安排、已有资源能承担的工作和特定的船队,例如,渡船和渔船。通过向在现场的人们提供支持来减轻事故的影响,能够在做出接船安排的同时生存更长时间。这种方法的实用性是有限度的,主要与距离、搜救单位能力范围,以及预期的生存时间有关。

2. 使用额外的救助资源

额外的救助资源主要来自本辖区的航运资源,是指在早期的一般的搜救能力资源准备上没有被选择的一些资源。例如,渡船、政府公务船或海上作业船舶。这些船舶可以在邮轮航行附近等特定区域内识别。

3. 延长生存时间

延长生存时间是指通过对现场遇险人员提供支援以延长实施救助的时间。

（1）现场物资支援。将物资提供给遇险人员以改善他们的生存机会,直到他们可以获救。例如,从固定翼飞机或在当前条件下无法救人的船上投放救生筏、食物、水和其他生存设备,使遇险人员的生命维持到其他搜救设施到达现场,该行动必须预先计划,且能够随时提供。

（2）把对遇险船舶的救助作为重点。不要等到人们在救生艇或水中才做出反应。及时提供适当的专业援助可以防止事故升级到需要撤离的程度,如实施紧急拖带,或对船舶实施消防救助。

第九章　船舶报告制度

第一节　船舶报告制度的发展和基本要求

一、船舶报告制度的发展

船舶报告制度是指海上航行船舶在一定区域内,以一定的通信程序和报告格式向船舶报告(制)中心提供航行信息,这些信息是为了遇险搜寻和救助、交通服务、气象预告和防止海洋污染等用途。

船舶报告制度起因于海上搜救工作的实际需要,即

(1)在没有建立船舶与岸上部门联系制度时,岸上部门(尤其是船公司)无法了解船舶的航行安全情况。

(2)已知或推测船舶遇险,无法确定其遇险地点。

(3)已知船舶遇险地点,但由于距基地较远,救助船无法及时到达。

(4)由于对海上船舶动态缺乏了解,即使考虑到这些船舶是有效的救助力量,也无法及时组织利用。

为改善海上搜救的组织工作,一些国家在 20 世纪 50 年代末期开始着手建立旨在对船舶的航行安全进行动态监护的系统——船舶报告制度,该制度在自愿和免费的基础上参加,并仅仅致力于搜救工作。

1960 年海上人命安全会议建议,《1960 年 SOLAS 公约》的各缔约国政府应鼓励船舶在为搜救用途而做出搜集船位的区域中免费报告其船位,但尚未制定适用的原则及报告程序和报告格式。1972 年 IMO 对《国际海上避碰规则》的瞭望条款做出重大修改。该《规则》第五条要求:“每一艘船舶应随时利用视觉、听觉以及适合当时环境和条件的一切有效手段保持正规的瞭望,以便对航行局面和碰撞危险做出充分的估计”。这里的“一切有效手段”包括了由船舶报告制度以及船舶交通服务(VTS)提供的信息,这对船舶报告制度的进展起了特别重要的作用。

由 IMO 大会通过的关于或影响船舶报告制度的大会决议包括:

(1)建议载重 4 000 总吨以上的船舶通过波罗的海入口时,参加由丹麦政府实

施的无线电船舶报告制度(SHIPPOS)[A.620(15)号决议]。

(2)关于船舶航经马六甲海峡和新加坡海峡的规定,建议在该海峡中航行的超大型船舶和深吃水船舶自愿参加现行的船舶报告制度[A.375(X)号决议]。

(3)建议使用 IMO 标准航海用语[A.380(X)号决议]。

(4)关于 Bonifacic 海峡中船舶的交通监控和信息系统的规则[A.430(XI)号决议]。

(5)报告涉及有害物质的事故的指南[A.477(XI)号决议]。

(6)建议参加美国商船自动互助救助制度(AMVER)[A.487(XII)号决议]。

IMO 于 1979 年 4 月在汉堡召开了国际海上搜救大会,会上制定并通过了《1979 年国际海上搜寻与救助公约》和相应决议,船舶报告制度这一议题受到极大的重视。该公约第六章中建议各缔约方,在认为对促进搜救工作有必要和可行时,应建立船舶报告制度,以供在其负责的任何搜救区域内实行,并考虑 IMO 通过的有关决议。此外,该会议决议还提出:

(1)建议对参加船舶报告制度的船舶免费发送信息。

(2)要求 IMO 研究制定为搜救目的而建立的船舶报告制度的国际统一的报告格式和程序,并保证为非搜救目的而建立的其他所有报告制度尽可能与该报告制度的格式和程序保持一致。

为响应上述要求,IMO 于 1983 年 11 月 17 日通过 A.531(13)号决议,并将"船舶报告制度的一般原则"作为该决议的附件。该决议被 1987 年 11 月 19 日通过的 A.598(15)号名为"船舶报告制度和船舶报告要求的一般原则"的决议所代替。此后,IMO 第十六届大会又以 A.648(16)决议对其进行了修改。

1998 年 5 月 18 日 IMO 海上安全委员会第 MSC.70(69)号决议通过了《1979 年国际海上搜寻与救助公约》1998 年修正案,船舶报告系统被置于该修正案的第五章,并相应地通过了"关于参加船舶报告系统船舶的费用"和"船舶报告系统需要一个国际统一的格式和程序"两个大会决议。

二、船舶报告制度和船舶报告要求的一般原则

1. 总则

船舶报告制度和报告要求系用以通过无线电报告来提供、搜集或交换信息的。这些信息被用来提供数据资料,供包括搜救、船舶交通服务、气象预报和防止海洋污染在内的多种目的的使用。船舶报告制度和报告要求应尽可能符合下列原则:

(1)报告中应仅列有达到本制度之目的所必需的信息。

(2)报告应简单,使用国际船舶报告标准格式和程序;在有语言困难时,使用的语言应包括英语,在可能的情况下应使用标准航海词汇或使用国际信号代码。

(3)报告次数应保持在最小数量上。

(4)不应对报告征收通信费用。

(5)与安全或污染有关的报告应及时做出;但是,为了避免干扰主要的航行任务,对于做出非紧急性报告的时间和地点应有充分的灵活性。

(6)当因遇险、安全和防污染目的而需要时,应向其他制度提供从本制度中得到的信息。

(7)基本信息(船舶特点、船上设施和设备等)应报告一次,保留在本制度中,当被报告的基本信息发生变化时由船舶加以更新。

(8)对本制度的目的应有明确的规定。

(9)建立船舶报告制度的政府,应将要满足的要求和要遵循的程序的全部细节通知海员。有关船型、适用区域、送交报告的时间和地理位置、负责本制度业务操作的岸上机构的详情应得到明确的说明。应向海员提供标明本制度边界和载有其他必要信息的小海图。

(10)在确立和实施船舶报告制度时应考虑到:

①国际和国内的责任和要求。

②船舶营运人和主管当局的花费。

③航行危害。

④现有的安全设施和计划使用的安全设施。

⑤及早和不断与有关方面进行磋商的必要性,包括留有足够的时间试验、熟悉和评价使用,以确保令人满意的作业和对本制度做出必要的改动。

(11)各国政府应确保负责本制度的岸上机构配备了经过适当培训的人员。

(12)各国政府应考虑船舶报告制度与其他制度之间的相互关系。

(13)船舶报告制度最好使用单一的无线电工作频道;当需要额外的频道时,应将频道的数目限制在本制度的有效作业所需的最低程度上。

(14)本制度向船舶提供的信息应局限于本制度的适当作业和安全所需要的信息。

(15)船舶报告制度和要求应对船舶提供的有关船体、机械、设备或配员方面的故障或缺陷,或有关严重影响航行的其他限制的特别报告及有关已经造成或可能造成海洋污染的事故特别报告做出规定。

(16)各国政府应向其负责船舶报告作业的岸上机构发出指示,确保有关已经造成或可能造成污染的任何报告均能及时转发给被指定接受和处理这种报告的官员或机构,确保这种官员或机构及时把这些报告转发给有关船舶的船旗国和可能受到影响的其他国家。

(17)受到或可能受到污染事故影响的国家和要求得到有关事故信息的国家

应考虑到船长的处境,尽量限制其提供额外信息的要求。

2. 危险货物事故的报告指南

(1)本指南及其附录所载指南的宗旨是:当发生包装危险货物从船上落入或可能落入海中的事故时,使沿海国和其他有关方及时了解情况。

(2)报告应发送给最近的沿海国。当船舶处于已建立船舶报告制度的区域中或在其附近时,应将报告发送给该制度的指定电台。

3. 有害物质和海洋污染事故的报告指南

(1)本指南及其附录所载指南的目的是使沿海国和其他有关方及时了解引起海上环境污染威胁的任何事故以及援助和救助措施,以便采取适当行动。

(2)根据《MARPOL 公约》73/78 议定书第 I 条第 V(1)款,应向最近沿海国提交报告。

(3)当一艘船舶从事或被要求从事援助或援助发生经修订的《MARPOL 公约》73/78 议定书第 II 条第 1(a)或(b)款所述事故的船舶时,救援船舶的船长应及时报告所采取的行动的详细情况,还应使沿海国及时了解事态的发展。

(4)当因船舶或其设备的损坏而有引起排放的可能性时应做出报告。

三、船舶报告制度的具体要求

实施船舶报告制度应达到的目的是减少在从与船舶失去联系至再未收到任何遇险信号的情况下开始搜救行动之间的间隔;能迅速查明可能被要求提供援助的船舶;在遇险人员、船舶或其他航行器的位置不知或不明时,能划出一定范围的搜寻区域及便利提供紧急医疗援助或咨询。

在船舶报告制度中,要求工作系统能确定参与船舶的当时和以后位置的信息,包括航行计划和船位报告并保持船舶航行的标绘;接收参与船舶的定期报告;系统的设计和运作应简单以及使用国际议定的标准船舶报告格式和报告程序。

工作系统要求具有一个或几个海岸电台接收或转送报告电文,为记录、标绘和储存船舶报告以及对收到最新信息的报告的处理所需要的设施和人员。设备等级和工作人员数量取决于本制度所包括的区域范围大小和需要标绘的船舶数量。对于区域范围大和所需标绘船舶数量多的制度,一般采用计算机处理。处理船舶报告的设备,可以设在救助协调中心(RCC)内,也可以设在与 RCC 有通信联系的另一个中心内。

除此之外,船舶报告制度还要求有严格的工作程序,包括制度覆盖的区域(该区域一般是主管机关所管辖的施救水域,以经度、纬度标出)、报告的时间和时间制式(标准时、世界时或格林尼治时)、标准报告格式及通信要求等。

第二节　IMO 船舶报告制度标准报告格式

一、船舶报告格式

在 1983 年以前,已实施的国际性的或一国的船舶报告制度为搜救、航行安全或防止污染服务,使用不同的报告格式并涉及不同类型的船舶,报告的数量剧增并且报告内容十分复杂,给船长带来很大的负担。为解决上述问题,IMO 强调使用国际上统一的报告格式和原则,并要求其他为非搜救目的而建立的一切报告系统,在报告格式和程序上尽可能与为搜救而建立的报告系统相一致。

船舶报告格式是指船舶报告在内容编排和内容表达等方面的要求。由不同国家实施的船舶报告制度使用不同的名称,船舶报告包括不同的报告种类,每一种类的报告对应不同的内容。格式要求也就是针对上述内容的要求。

每一报告制度都有固定的表达,如:

(1)AMVER——美国船舶自动互助救助制度,是目前唯一的全球性船舶报告系统,由美国海岸警卫队进行管理。

(2)MAREP——美国海运管理局报告制度[根据美国法规第 46 部的规定,凡美籍商船与某些(按规定的)船舶均应向美国海运管理局报告其船位]。

(3)JASREP——日本船舶报告制度,由日本海上保安厅管理。

(4)AUSREP——澳大利亚船舶报告制度,由澳大利亚联邦海上安全监视中心主管。

(5)SISCONTRAM——巴西海上交通管理报告制度,由负责巴西海上交通管理的海军司令负责。

(6)格陵兰(丹麦)船舶报告制度。

(7)秘鲁船舶报告制度——由秘鲁港口总理事长和海岸警卫队负责管理。

(8)智利船舶报告制度。

(9)阿根廷船舶报告制度——阿根廷海军要求所有航行于阿根廷领海的船舶参加阿根廷船舶报告制度,并要求向 SECOSENA(航行安全通信中心)做出报告。

(10)马达加斯加船舶报告制度。

(11)新西兰船舶报告制度。

(12)斐济船舶报告制度。

(13)所罗门群岛船舶报告制度——由所罗门设在霍尼亚拉(Honiala)的搜救中心(SAR Center)管理,也都有其固定的格式。

(14)CHISREP——中国船舶报告制度。

船舶报告内容分为必报项和任选项。必报项是指该类报告中必须完整表达的内容;任选项是在该报告中对某些信息的补充,但不做强制要求。报告栏目由具有固定含义的英文大写字母抬头,后续紧跟要求的内容(最好用标准航海用语)。每一栏目之间做适当的分隔。

二、船舶报告制度的报告种类

1. 航行计划报告(Sailing Plan,简称 SP)

SP 是船舶发送给船舶报告(制)中心的第一份报文,该报文既是船舶加入船舶报告制度的正式申请,也是船舶报告(制)中心对船舶进行跟踪标绘的依据,并按要求发送其他报告。

船舶必须在船舶报告区域内发送 SP;否则,船舶报告(制)中心将不予受理。基于这种考虑,当船舶在船舶报告区域内港口并准备加入船舶报告系统时,应在船舶离开港口之前或尽可能接近离开之时发送 SP(船舶报告制度对此应有明确规定)。当船舶从非报告区域进入报告区域并准备加入船舶报告系统时,应在接近报告线或进入报告线后发送 SP。

SP 的内容包括船名、船舶呼号或船台识别码、出发日期和时间(UTC)、出发地点、下一停靠港、计划航线(航法和重要转向点)、航速及预计到达时间(ETA)和到达日期等详细情况。

2. 船位报告(Position Report,简称 PR)

PR 是由船舶发出的表示船舶当时所在位置的报告。发送船位报告的目的有两个,一是用于船舶报告(制)中心更正跟踪的船位。因为船舶报告(制)中心是根据 SP 推算船位的。由于船舶航行受船舶条件、交通条件和风、流、雾等自然条件的影响,船舶的航线、航速、航向与 SP 中的推算计划可能出现不同,导致船舶报告(制)中心的推算船位与实际船位有误差。二是表达船舶航行安全状态即船舶是否遇险。因为在船舶报告制度中,船位报告是必须按时发送的,一般在发出第一个船位报告后,以固定的时间间隔发送下一个。如果船舶未按要求发送 PR,就意味着船舶遇到了无法克服的困难甚至已经遇险,这时会引起船舶报告(制)中心的警觉,并按程序进行寻找,也可能由此引发救助行动。这正是船舶报告制所要达到的目的。

PR 的报告次序在 SP 之后,但首次的报告时间和报告的时间间隔,按报告的要求而定。从目前已经实施的报告制度来看,首次报告一般在 SP 之后 24 h 或 48 h 做出,此后每隔 24 h 或 48 h 发送。当船舶所处的航行环境恶劣或船长认为有必要时,可以缩短时间间隔。

PR 的主要内容包括船名、船舶呼号或船台识别码、日期和时间(UTC)、船位、航向和航速。

3. 变更报告(Deviation Report,简称 DR)

DR 是当船舶严重偏离了根据以前的报告所能推算的船位或由于其他原因而使新计划与原航行计划(SP)有不符时所发送的报文。船舶报告(制)中心根据变更项目重新跟踪该船,以达到尽量减少误差的目的。

影响船位误差的主要因素是航向和航速,所以,当航向或航速有变化或船位有"严重偏离"时,应及时发送 DR。根据《1979 年国际海上搜寻与救助公约》决议 3 的附件"船舶报告格式和程序"的规定,推算船位(计划船位)与实际船位偏离 25 n mile 时,即为"严重偏离"。照此推算,当航速变化 1 kn 时,即使是每隔一天报告一个船位,也有 24 n mile 的误差。因此,目前大多数船舶报告制度都将航速变化 1 kn,或到下一次船位报告时,船位可能出现 25 n mile 的误差(不管是什么原因引起的)作为发送 DR 的时机。

DR 的报告内容包括船名、船舶呼号或船台识别码以及变更的项目。

4. 最终报告(Final Report,简称 FR)

船舶报告(制)中心收到该报文后,将停止对其进行的跟踪和标绘。

FR 是船舶必须发送的报文,它与 SP、PR 和 DR(如果有变更项目)组成一套完整的报文。如果船舶漏发 FR 或由于其他原因未能发送 FR,如某些港口无线电管理规则规定,船舶到港后不允许使用船舶无线电设备,船舶报告(制)中心会始终认为船舶在海上,并可能因此引起查询或救助行动。

船舶在离开本制度所覆盖的区域或到达目的地时发送 FR,船长应根据港口的有关规定,决定船舶是在靠泊后还是在接近港界线时发送。

FR 的报告内容有船名、船舶呼号或船台识别码,离开本制度覆盖区域或到港的日期和时间(UTC)等。

根据船舶报告制度和船舶报告要求的一般原则,报告应简单,基本信息应报告一次,但是,包括船名、船舶呼号或船台识别码等基本信息,必须反映在每次的报告当中,只有这样,船舶报告(制)中心才能在众多参加报告的船舶中进行识别,而船舶特点、船上设施和设备等应只报告一次。

为搜救目的而建立的船舶报告制度只涉及上述四种报告,而当船舶报告制度还同时具有防污染目的时,则还应包括如下特殊报告:

5. 危险货物报告(Dangerous Goods Report,简称 DG)

当发生包装危险货物在离领海基线不超过 200 n mile 的海域中灭失或可能灭失的事件时,应及时发出 DG。

6. 有害物质报告(Harmful Substances Report,简称 HS)

当发生排放或可能排放油类(《MARPOL 公约》73/78 议定书附则 I)或散装

有毒液态物质(《MARPOL 公约》73/78 议定书附则Ⅱ)的事件时,应及时发出 HS。

7. 海洋防污染报告(Marine Pollutants Report,简称 MP)

当包装有害物质落于或可能落于水中时,如"国际危规"中认为是海洋污染物(《MARPOL 公约》73/78 议定书附则Ⅲ)时,应及时发出 MP。

三、IMO 船舶报告格式和程序

船舶报告格式和程序是根据 IMO A851(20)号决议的要求来执行的。

电信识别号: SHIPREP(船舶报告)(区域或系统的标志)。

报告种类:用 2 个字母表示,即

　　　　　"SP"(航行计划);

　　　　　"PR"(船位报告);

　　　　　"FR"(最后报告)。

船舶:A 表示船名和呼号或船台识别号。

日期/时间(格林威治时):B 用 6 位数字组表示,前 2 位数表示日期,后 4 位数表示时分;

船位:C 或 D 表示出发港发 SP 或到达港发 FR;

　　　 4 位字母组,尾部标有"N"或"S"的表示纬度的度和分;

　　　 5 位数字组,尾部标有"E"或"W"的表示经度的度和分。

真航向:E 用 3 位数字组表示。

航速(节):F 用 3 位数字组表示。

上一停靠港:G 表示最后一个停靠港的名称。

引航员:J 表示远洋或当地引航员是否在船。

退出船舶报告制的时间地点或到达目的地:K 表示按上述 B 项表示的时间;按上述 C 或 D 项表示位置航线情报;L 表示计划航线(见以下附注 2)。

加入船舶报告制时间和位置:H 表示按上述 B 项表示时间;按上述 C 或 D 项表示位置。

预计到达时间和目的港:I 表示按上述 B 项用 6 位数字组表示日期和时分,接着发目的地。

值守海岸无线电台:M 表示电台名称。

下次报告时间:N 表示按上述 B 项用 6 位数字组表示日期和时分。

杂项:X 表示任何其他情报。

附注 1:船舶报告格式中有不合适的部分应从报告中删除,如表 9-1 所示为船舶报告格式。

表 9-1　船舶报告格式

航行计划 SHIPREP SP		船位报告 SHIPREP PR		最后报告 SHIPREP FR	
A	NONSUCH/MBCH	A	NONSUCH/MBCH	A	NONSUCH/MBCH
B	021030	B	041200	B	110500
C	纽约	C	4604N　05123W	G	伦敦
E	060	E	089		
L	GC	J	波蒂斯赫德		
I	伦敦 102145	K	061200		
J	波蒂斯赫德				
K	041200				

附注 2：在报告系统中的计划航线可用下列方式报告：

（a）按上述 C 项表示每个转向点的纬度和经度，以及在这些点之间的计划航线的类型，例如"RL"（恒向线），"GC"（大圆航线），或"沿海航线"。

（b）如果是沿海航行，则按上述 B 项的 6 位数字组表示通过近海各主要地点的预定日期和时间。

第三节　国外船舶报告制度介绍

一、美国船舶自动互助救助制度

美国船舶自动互助救助制度（AMVER）是美国海岸警卫队为促进海上人命与财产安全而建立的自愿性质的全球船舶报告制度，它始于 1958 年，最初是为了在北大西洋冬季风暴、冰山期内海上运输船舶的航行安全而设立的，因此，名为 AT-LANTIC MERCHANT VESSEL REPORT SYSTEM，简称 AMVER，即大西洋商船报告制度。到 1971 年，该制度进一步发展并走向全球，此时更名为 AUTOMATED MU-TUAL-ASSISTANCE VESSEL REPORT SYSTEM，即美国船舶自动互助救助制度，其缩写仍为 AMVER 并延续至今。

AMVER 采用计算机管理，外设"PARSER"装置，船舶向 AMVER 的报告在进入计算机之前，首先由"PARSER"进行检验以检查报文的错误内容，使计算机一直保持正确的、崭新的信息资料。到目前为止，全世界已有 124 个国家占世界商船队40% 的船舶参加过 AMVER。

由于 AMVER 是覆盖全球水域的船舶报告制度，参加对象十分广泛。根据有关法律规定,凡从事国际运输的 10 000 总吨或以上的美籍商船、凡美籍船舶运送旅客多于 6 名且离岸最近处超过 200 n mile 与两港之间航程大于 24 h 者,均必须参加 AMVER。另外,挂方便旗并且投保战争险的美国商船也必须按要求参加。除美国籍船舶之外,其他国家的船舶可自愿参加,只要两港之间航程大于 24 h 即可。

AMVER 有 130 多座海岸无线电台参加 AMVER 通信,它们有的属于营业性质,对公众开放,有的属于政府专用,但是,不论属于哪种性质的电台,都免费为参加者传送 AMVER 船舶报告。这些岸台的呼号列入每期的 AMVER 报告(AMVER BULLETIN)中,船舶可根据本船所在的区域、该区域的电波传播条件和通信密度选择哪个岸台最适合与本船建立联系。船舶也可通过未参加 AMVER 的岸台将报告传至 AMVER 中心,但不享受免费。

船舶必须用电传发送船舶报告。AMVER 中心由计算机接收处理船舶报告,计算机只能阅读电传而不能处理传真、口述或其他性质的任何电文。

参加 AMVER 的船舶(船舶公司或船舶代理)应先填写一份"搜救调查表"(简称 SAR-Q)并报 AMVER 中心,表列内容有船名、船舶呼号、主机种类、通信设备、船台值班时间表、船上医务人员情况和船舶定员数等,然后按要求发送 AMVER 报告。

AMVER 的报告种类有四种,即:

(1)航行计划报告(SP),在开航前或后数小时内发出,按规定报告两港之间航行的各项内容。

(2)船位报告(PR),离港后 24 h 之内发出,此后每隔 48 h 发一次直至到港。

(3)变更报告(DR),当航行计划有变化而可能影响到 AMVER 中心推算本船船位的精度时应尽早发送。

(4)最后报告(FR),船舶应在到达目的港时发送,以便结束对该船的跟踪标绘工作。

AMVER 的组成单元是字行。四类 AMVER 报告均由规定内容的字行按规定次序排列组成。字行有 16 种,除首行冠以 AMVER 以外,其余 15 种字行各以大写英文字母开始,每一字行中不同内容用符号"/"区分,不同字行之间用符号"//"隔开。四类 AMVER 报告都以 AMVER 字行开始,并以 Z 字行结尾。

A/ 船名/船舶呼号//

B/ 报告中 C 或 D 字行中船位的相应时间。用 6 位数字按次序分别表示日期、小时、分钟,并加后缀 Z(零时区)、GMT(格林尼治时)、UTC(世界时)//

C/ 船位,经度(4 位数字,按次序表示度和分并加后缀 N 或 S)/纬度(5 位数字,按次序表示度和分并加后缀 E 或 W)//

E/ 目前航向,用3位数字表示//

F/ 平均航速,用3位数字表示,以海里为单位,末尾数字表示十分之一海里//

G/ 离港港名/纬度/经度//

I/ 下一港港名/纬度/经度/ETA(表示方法同B字行)//

L/ 航法/分段航速/纬度/经度/港名或路标名称/ETA/EDA//

注:

(1)航法——从上一转向点至下一转向点的航法。表达方式有三种,即恒向线(RHUMB LINE,简称RL)、大圆(GREAT CIRCLE,简称GC)、沿岸(COSTAL)。

(2)分段航速——对应上述航法的预计平均航速。

(3)经度、纬度——下一转向点的经度与纬度。

(4)港口和路标的名称——转向点附近的港口和路标的名称。

(5)ETA——下一转向点的ETA。

(6)EDA——下一转向点的EDA。

M/ 目前收听的海岸电台呼号或本船卫通号码/准备收听的海岸电台呼号或备用的岸台呼号(若有)//

V/ 本次航行中在船的医务人员//

注:

(1)NONE——无医务人员。

(2)NURSE——护士。

(3)PA——护理员。

(4)MD——内科医生或外科医生。

X/ 注解(本航次中船舶要向AMVER用英文详述的意见或解释)//

Y/ 转发至指定的船舶报告制度机构的名称//

注:

AMVER与其他地区性的船舶报告制度机构进行了合作,如JASREP(日本船舶报告制度)、AUSREP(澳大利亚船舶报告制度)、MAREP(美国海运管理局报告制度)等,因此,当本船同时参加AMVER与其他船舶报告制度时,用Y字行要求AMVER转发。

Z/ EOR//

注:

Z字行是每种报告的最后一项,EOR(END OF REPORT,简称EOR)表示报告结束。该字行既可以清楚地分隔不同种类的报告,也可以省去AMVER中心航次分析员去纠正所收报文结尾处由于电台工作人员操作不当或由于通信差错而出现的与报文内容无关的用词、缩略语、记号等。

报文实例：

（1）航行计划报告

该报告由 A、B、E、F、G、I、L、Z 必选字行和 M、V、X、Y 任选字行按字母次序排列组成。

AMVER/SP//

A/ SEALAND　MARINER/KGJF//

B/ 240620Z　MAR//

E/ 45//

F/ 198//

G/ TOKYO/ 3536N/ 13946E//

I / LOS　ANGELES/ 3343N/ 11817W/ 031300Z　APR//

L/ RL/ 190/ 3448N/ 13954E/ NOJIMASAKI/ 240850Z/

L/ GC/ 10/ 4200N/ 18000E/ 280400Z//

M/ JCS//

V/ NONE//

X/ NEXT　REPORT　250800Z//

Y/ JASREP/ MAREP//

Z/ EOR//

（2）船位报告

该报告由 A、B、C、E、F、Z 必选字行和 I、M、X、Y 任选字行按字母次序排列组成。

AMVER/ PR//

A/ SEALAND　MARINER/ KGJF//

B/ 281330Z//

C/ 4200N/ 17544W//

E/ 090//

F/ 200//

I/ LOS　ANGELES/ 3343N/ 11817W/ 031300Z　APR//

M/ NMC//

Y/ MAREP//

Z EOR//

（3）变更报告

该报告由 A、B、C、E、F、Z 必选字行和 I、M、X、Y 任选字行按字母次序排列组成。

AMVER/DR//

A/ SEALAND   MARINER/KGJF//

B/ 291200Z//

C/ 4200N/16654W//

E/ 090//

F/ 175//

I/ LOS   ANGELES/3343N/12047W/040100Z   APR//

X/ REDUCED   SPEED   DUE   WEATHER//

Y/ MAREP//

Z/ EOR//

（4）最后报告

该报告由 A、K、Z 必选字行和 X、Y 任选字行按字母次序排列组成。

AMVER/ R//

A/ SEALAND   MARINER/KGJF//

K/ LOS   ANGELES/ 3343N/12047W/032200Z//

Y/ MAREP//

Z/ EOR//

AMVER 除了具有船舶报告制度的一般功能外,还具有向美国海岸警卫队（USCG）的救助协调中心（RCC）和其他为搜救目的需要此项信息的国家或单位提供标注有失事地点附近各船的位置的海面图(简称 SURPIC)。SURPIC 的半径从 50~500 n mile 内任选,形状有正方形和为搜救飞机和搜救船舶专用的扇形。负责搜救的人员在估计遇险船周围的现场情况后,可在此画面的附表上选出最近的船或最快的船或载有医务人员的船前往救助。SURPIC 不仅使发出通知至驶抵现场救援的时间大为缩短,也节省了由船舶改向、耽误船期等不合理使用造成的浪费。

二、日本船舶报告制度

日本船舶报告制度(JAPAN SHIP REPORTING SYSTEM,简称 JASREP)可提供船舶发生遇险事件及船舶动态的最新信息。JASREP 的覆盖海域为 17°N 以北和 165°E 以西至日本东海岸线所围成的海域。无论船舶吨位、船籍或类型如何,只要船舶进入该区域,均可自愿参加 JASREP 系统。

日本海上保安厅为船舶发送 JASREP 报告指定了多个海岸电台,经这些电台发送的报文是免费的。船舶也可以通过其他通信手段发送报告,如直接电传给日本海上保安厅,用电报或电话向第 11 区海上安全总署、海上安全办事处(站)或地方通信中心发送文件或报告,但由此产生的通信费用由船方自行负担。

JASREP 系统的报告种类有四种,即航行计划报告(SP)、船位报告(PR)、变更报告(DR)、最终报告(FR)。发送报告的时机和格式如下:

1. 航行计划报告(SP)

船舶离开 JASREP 覆盖区域内的港口或当船舶进入 JASREP 海域时发送 SP。若在离港前发送,船方可用书面文件形式经代理将报告传递出去。

JASREP/ SP//

A/ 船名/ 船舶呼号//

B/ 预计离港日期和时间//

G/ 离港港名/ 纬度/ 经度//

I/ 目的港/ 纬度/ 经度/ ETA//

L/ 航线信息//

V/ 船上医务人员//

Y/ AMVER//

选择字行:

E/ 目前航向//

F/ 平均速度//

M/ 当前值守的海岸电台/另一个岸台(若有)//

X/ 最多为 65 个字符的详细说明//

2. 船位报告(PR)

船舶在离港或进入 JASREP 系统区域后的 24 h 内发送首次 PR,此后每隔 24 h 发出一次,直到最终报告。如果船舶处于恶劣气象条件或其他危险条件,可适当增加报告次数。

JASREP/ PR//

B/ 报告船位的日期和时间//

C/ 纬度/ 经度//

Y/ AMVER//

选择字行:

E/ 当前航向//

F/ 平均航速//

M/ 当前值守的海岸电台/另一个岸台(若有)//

X/ 最多为 65 个字符的详细说明//

3. 变更报告(DR)

目前船位偏离原计划船位 25 n mile 及以上,或目的港改变,或其他方面变化而使航行计划发生变更时应及时发送 DR。

JASREP/ DR//

A/ 船名/ 船舶呼号//

Y/ AMVER//

选择字行：

B/ 离港日期和时间//

E/ 当前航向//

F/ 平均航速//

G/ 离港港名/纬度/经度/ETA//

L/ 航线信息//

M/ 当前值守的海岸电台/ 另一个岸台（若有）//

V/ 船上医务人员//

X/ 最多为 65 个字符的详细说明//

4. 最后报告（FR）

船舶抵港前或驶离该系统海域时发送 FR。船舶抵港后可用书面文件形式将 FR 传递出去。

JASREP/ FR//

A/ 船名/ 船舶呼号//

K/ 到港名称/ 纬度/ 经度/ ETA//

Y/ AMVER//

选择字行：

X/ 最多为 65 个字符的详细说明//

若船舶未按时发送船位报告和最后报告，日本海上保安厅将通过无线电呼叫和询问有关岸台、船东、代理和在附近航行的船舶来证实该船的位置和目前的安全状态，并视当时的情况着手进行搜寻和救助工作。

三、澳大利亚船舶报告制度

澳大利亚船舶报告制度（AUSTRALIAN SHIP REPORTING SYSTEM，简称 AUSREP）是根据《1974 年 SOLAS 公约》的要求（缔约国在特定的区域内提供海上搜救服务及建立相应的船舶报告制度）于 1973 年建立起来的，开始由作为澳大利亚海上安全局（AMSA）一部分的堪培拉海上搜救协调中心（MRCC）监控管理，现由澳大利亚联邦海上安全监视中心主管。AUSREP 的主要目的是在船舶没有发出遇险信号时，缩短从发现船舶失踪到开始搜救行动的时间；缩小搜救行动的海域；在搜救行动中，提供在该海域内其他可参与救助船舶的最新信息。

参加 AUSREP 的船舶分为三类：

（1）在澳大利亚注册的沿岸及远洋商船,当其在 AUSREP 区域内航行时。

（2）虽不在澳大利亚注册,但从事澳大利亚各口岸与某一个国外港口之间贸易或从事国外港口之间贸易的船舶,当其航行在 AUSREP 区域内时。

（3）在澳大利亚注册,但由澳大利亚租船人(指其住所或商业行为地在澳大利亚)租进的船舶,当其航行在 AUSREP 区域内时。

AUSREP 鼓励上述情形之外的外国船舶在其进入直至驶出 AUSREP 区域时使用该系统。

如图 9-1 所示为 AUSREP 报告区域。

其报告区由 075E 经线、163E 经线以及以下各点连线包围的水域组成。

a. 06-00S/075-00E　　b. 02-00S/078-00E　　c. 02-00S/092-00E

d. 12-00S/107-00E　　e. 12-00S/123-20E　　f. 09-20S/126-50E

g. 07-00S/135-00E　　h. 09-50S/139-40E　　i. 09-50S/141-00E

j. 09-37S/141-02E　　k. 09-08S/143-53E　　l. 09-24S/144-13E

m. 12-00S/144-00E　　n. 12-00S/155-00E　　o. 14-00S/155-00E

p. 14-00S/161-15E　　q. 17-40S/163-00E

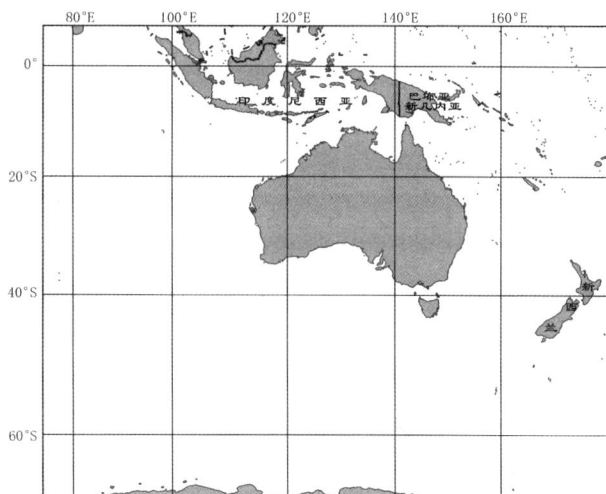

图 9-1　AUSREP 报告区域

AUSREP 报告的字行及含义如下:

A. 船舶名称/呼号。

B. 报告的日期和时间。

C. 船位(经度/纬度)。

D. 地理位置。

E. 航向。

F. 航速(至下次报告预计的平均航速)。

澳大利亚以外的上一停靠港。

H. 进入 AUSREP 海域的日期、时间和进入点。离港时该地点用澳大利亚港口名称表示,从外海进入时用航线穿入 AUSREP 区域边界交汇点的经、纬度表示。

I. 下一个国外港口的名称及预计抵达的时间。

J. 船上是否有引航员(计划在 Great Barrier Reef 水域各航道航行或穿过托雷斯海峡(Torres Strait)时,应在航行计划报告(SP)中提供该项内容。

L. 计划航线,应指明是沿岸航行(COASTAL),还是恒向线(RHUMB LINE),或是大圆航线(GREAT CIRCLE),或是有限制纬度的混合航线(COMPOSITE WITH LIMITING LATITUDE)。

M. 船舶守听的海岸电台,如装有卫星通信设备,则应包括本船的船站识别码。

N. 每天报告的时间。

O. 船舶吃水。

P. 装载的货物。

Q. (货物的)危害性及其他限制。

R. 污染(所看到的任何污染的报告)。

T. 船舶代理。

U. 船舶种类和吨位。

V. 船上医务人员。

W. 船员人数。

X. 备注。

AUSREP 的报告种类共分为四种类型,报告中的时间项均使用世界协调时(UTC)。

1. 航行计划报告(SP)

SP 要求在进入 AUSREP 区域或离开该区域内的某一个港口前 24 h 内或者之后 2 h 内发送。如果因故在 SP 发出后 2 h 内未开航,则必须重发一份 SP 以取消前一份。非澳大利亚籍船舶从某一个澳大利亚港口启航驶往他国港口如不做每日的船位报告,则必须在 SP 中表示每日船位报告发送时间的 N 项中用 NOREP 来表明。在这种情况下,除非 MRCC 收到其他特别的遇险信息;否则将放弃对该船的跟踪和通常因未按时收到船位报告而启动的搜救行动。

根据船舶航行的实际情况,SP 的编写格式如下:

(1)船舶从外海进入 AUSREP 区域

AUSREP　SP　A/ F. G. H. K. L. M. N. V. X

（2）船舶在 AUSREP 区域内某港口起航开往区域外某个港口

AUSREP SP A/ F. H. I. K. L. M. N. V. X

（3）船舶从 AUSREP 区域内某港口开往另一个港口

AUSREP SP A/ F. H. K. L. M. N. V. X

（4）船舶在 AUSREP 区域内过境

AUSREP SP A/ F. G. H. I. K. L. M. N. V. X

2. 船位报告（PR）

要求船舶按 SP 报告中第 N 项所设定的时间发送,该时间由船长选择。如果需改变每日船位报告的时间,应在前一份 PR 中的 X 项中说明,新的时间与上一份 PR 的间隔不应超过 24 h。另外,SP 与第一份 PR 的间隔也不能超过 24 h。

PR 的报告内容和格式是:

AUSREP PR A/ B. C. E. F

3. 变更报告（DR）

无论在什么情况下,如果此时的船位与按照上次报告推算船位之间的距离达到 2 h 的航程,均应立即发送 DR。导致变更的原因应在 DR 的 X 项中予以说明。

DR 的报告内容和格式是:

AUSREP DR A/ B. C. F. I. X

4. 最终报告（FR）

若船舶驶往澳大利亚某一个港口,此时的船位与目的港或引航站的距离小于 2 h 的航程,并且能够与港方或引航站通过 VHF 进行联系,就可以发送 FR。但无论如何不能在此 2 h 之前发出。船舶也可以在下锚或靠泊之后 2 h 内通过电话或其他通信方法将 FR 发往 MRCC。

当船舶从 AUSREP 区域驶出时,FR 应在 AUSREP 区域以外的某点发出。值得注意的是,FR 必须按规定发送,以免引起不必要的搜救行动。

FR 的报告内容和格式是:

AUSREP FR A/ K. X

与其他国家的船舶报告制度相比,AUSREP 非常重视对船舶延误报告的处理,其方式根据船舶延误报告时间的长短而定,并明确写在 AUSREP 手册中。例如:

（1）在延误后的头 2 h 内,系统将进行内部查询。查询对象包括海岸电台、船舶代理等可能了解船舶动态的机构。船舶将被列入通报（话）表中,要求船长提供延误报告。

（2）若延误超过 6 h,在通报（话）表中加入船舶呼号和 JJJ/REPORT IMMEDI-ATE 标识,可能开始普遍（CQ）查询,并与澳大利亚和国外海岸电台、船东代理及其他船舶进行广泛通信核查,获取最后看到或联络过该船的线索以证实其是否安全。

(3)延误超过 21 h,JJJ/REPORT IMMEDIATE 广播将升级为紧急信号 XXX/PAN 标识。MRCC 开始部署搜寻计划,其细节包括在 NAVAREA X 区的航行警告和通过 AXM 和 AXI 播发的气象传真广播图中。

(4)延误超过 24 h,MRCC 开始搜寻行动。

2012 年 7 月 1 日开始,AUSREP 开始向现代化澳大利亚船舶跟踪和报告系统(The Modernised Australian Ship Tracking and Reporting System,简称 MASTREP)过渡。

在过渡的第一阶段,澳大利亚海事部门提出了允许使用自动识别系统(Automatic Identification System,简称 AIS)技术的要求。该技术使船舶的位置报告自动化,提高了数据的时限性和准确性,能够覆盖更多在澳大利亚搜救区域内作业的船舶。

在第二阶段,即从 2013 年 7 月 1 日开始,MASTREP 正式取代 AUSREP 成为澳大利亚国际公认的船舶报告系统。船舶将被要求通过 AIS 报告,但不再需要提交航行计划(Sailing Plans)报告、变更报告(Deviation Reports)和最终报告(Final Reports),因为 AIS 数据传输包括静态和动态数据,能够提供及时、详细的信息,与此同时消除了人工报告义务。

参加该系统的船舶,按照澳大利亚联邦 2012 年《航海法》(The Commonwealth of Australia Navigation Act 2012)、《海事条例》第 63 部分(Marine Orders Part 63)、《适用于澳大利亚水域的海员手册》(Mariner's Handbook for Australian Waters)执行。

第四节 中国船舶报告制度介绍

一、中国船舶报告制度概述

中国船舶报告制度(China Ship Reporting System,简称 CHISREP)是中国为履行《1974 年 SOLAS 公约》《1979 年国际海上搜寻与救助公约》等国际公约,保障海上人命和财产安全,由交通部批准,于 1998 年建立的。它是全球海上遇险与安全系统(GMDSS)的一个重要的组成部分。报告的目的与 IMO 规定的相同。其任务是及时、准确地提供船舶动态信息,保证航行船舶的安全,提高搜救效率,防止和控制船舶造成的海洋污染。

1.CHISREP 的适用区域和对象

CHISREP 的报告区域:9°N 以北、130°E 以西的海域,但不包括其他国家的领海和内水。

CHISREP 适用船舶：

（1）所有抵离中国港口的外国籍船舶、航行于国际航线 300 总吨及以上的中国籍船舶、航行于中国沿海航线 1 600 总吨及以上的中国籍船舶强制参加。

（2）航行于中国沿海航线的 300 总吨以上 1 600 总吨以下的中国籍船舶自 2005 年 1 月 1 日起强制参加。

（3）上述航程不足 6 h 的船舶及其他中国籍船舶志愿参加。

CHISREP 由中华人民共和国海事局（交通运输部海事局）通过设在中华人民共和国上海海事局内的中国船舶报告中心进行操作。中国船舶报告中心是 CHISREP 的运行管理机构，使用上海、广州、大连 3 个海岸电台接收和传递船舶报文。

2. 加入 CHISREP 的方式

船舶可以通过下列方式加入 CHISREP：

（1）船舶进入 CHISREP 区域时，按照"CHISREP 船长指南"规定的格式向中国船舶报告中心发送报告。

（2）当船舶首次加入 CHISREP 时，可由船舶公司或其代理向中国船舶报告中心提供船舶基本概况表。

（3）如果船舶的基本概况发生变化，船舶公司、代理或船舶应当将变化的情况及时向中国船舶报告中心报告。

船舶在加入 CHISREP 后，可通过下列方式发送报文：

（1）通过 CHISREP 指定的上述三个海岸电台发送船舶报告。但应注意上海海岸电台可接收通过莫尔斯报、窄带直接印字电报或单边带无线电话方式发送的报告。广州海岸电台可接收通过莫尔斯报、窄带直接印字电报方式发送的报告。大连海岸电台可接收通过莫尔斯报方式发送的报告。CHISREP 要求船舶在进行语音报告时，应使用标准汉语普通话或标准航海英语。建议船舶避免用语音方式发送航行计划报告。

（2）如果船舶在某一个中国沿海港口，可以通过电传、传真或电子邮件的方式直接向中国船舶报告中心发送航行计划报告或最终报告。

（3）船舶可通过 INMARSAT A、B、C、M 地球站发往中国船舶报告中心。通过 INMARSAT 系统发船舶报告的船舶，应确认其 INMARSAT 设备在任何时候都处于 "LOGIN"模式。

（4）中国船舶报告中心也接收船舶公司或代理通过 E-mail 或电传方式发送的报告。

（5）由于某种原因不能发送船位报告和最终报告的船舶，可通过他船或岸上的有关机构代为报告。

船舶通过 CHISREP 指定的海岸电台发送报告是免费的。

二、CHISREP 的报告种类、格式和内容

CHISREP 共有 7 种报告类型,每一种报告类型都由若干个按规定次序排列的报告项构成。报告皆以 CHISREP 加报告类型的识别字母开头,以报告项 Z 结尾。这 7 种报告又可分为一般报告(共 4 种)和特殊报告(共 3 种)两大类。

一般报告的内容为航行计划报告(SP)、船位报告(PR)、变更报告(DR)、最终报告(FR)。

特殊报告的内容为危险货物报告(DG)、有害物质报告(HS)、海上污染物报告(MP)。

1. 航行计划报告(SP)

离开中国沿海港口或者从国外进入 CHISREP 区域,船舶应当向中国船舶报告中心发送 SP。

船舶向中国船舶报告中心发送 SP 时,须遵循以下规定:

①在进入 CHISREP 区域的划定界限前 24 h 至进入后 2 h 之内发送;

②在离开任何中国沿海港口前 2 h 之内发送。

SP 应包含作图的必要资料,并给出计划航行的大致情况,如在预定起航时间 2 h 内未能开航,应发送一份新的 SP。

(1)从国外进入 CHISREP 区域,并停靠中国港口的航行计划报告

必报项:CHISREP SP　A、F、G、H、I、L、M、Z

船长认为有必要时,可加选 E、K、N、O、S、T、U、W、X、Y 项。

如表 9-2 所示为航行计划报告 1。

表 9-2　航行计划报告 1

CHISREP 航行计划报告		CHISREP/SP//
A	船名/呼号	A/ANPING1/BPOA//
F	船速	F/150//
G	上一个挂靠的国外港口名称	G/SINGAPORE//
H	进入 CHISREP 报告区域的日期、时间和船位	H/080600UTC/0900N/11020E//
I	目的港名称和预计到达时间	I/SHANGHAI/150800UTC//
L	船舶的计划航线(由若干段航线组成)	L1/150/0900N11020E// L2/150/1900N11740E//
M	收听的海岸电台或联系方式	M/XAH/INMARSAT A 1572312//
Z	报文结束	Z//

（2）国内两个港口之间航行计划报告格式

必报项：CHISREP SP　A、F、G、H、I、L、M、Z

船长认为有必要时，可加选 E、K、N、O、S、T、U、W、X、Y 项。

如表 9-3 所示为航行计划报告 2。

表 9-3　航行计划报告 2

CHISREP 航行计划报告		CHISREP/SP//
A	船名/呼号	A/ANPING1/BPOA//
F	船速	F/150//
G	起航港名称	G/QINGDAO//
H	驶离中国沿海港口的日期、时间和进入 CHISREP 区域的船位	H/131900UTC/3602N/12018E//
I	目的港名称和预计到达时间	I/DALIAN/141900UTC//
L	船舶的计划航线（由若干段航线组成）	L1/150/3127N12218E// L2/150/3127N12247E//
M	收听的海岸电台	M/XSH//
Z	报文结束	Z//

（3）从中国港口驶往外国港口时的航行计划报告格式

必报项：CHISREP SP　A、F、H、I、K、L、M、Z

船长认为有必要时，可加选 E、G、N、O、S、T、U、W、X、Y 项。

如表 9-4 所示为航行计划报告 3。

表 9-4　航行计划报告 3

CHISREP 航行计划报告		CHISREP/SP//
A	船名/呼号	A/YUHE/BOPF//
F	船速	F/150//
H	驶离中国港口的日期、时间和船位	H/020500UTC/3127N/12218E//
I	驶往国外的港口名称和预计到达时间	I/TOKYO/170600UTC//
K	预计离开 CHISREP 报告区域的日期、时间和船位	K/040800UTC/3123N/13000E//
L	船舶的计划航线（由若干段航线组成）	L1/170/3127N12218E// L2/170/3110N12800E//
M	收听的海岸电台或联系方式	M/XSH/INMARSAT441203910//
Z	报文结束	Z//

(4)过境船(从国外某港口到国外某港口,其航线穿过 CHISREP 区域的船舶)的航行计划报告格式

必报项:CHISREP SP　A、F、G、H、I、K、L、M、Z

船长认为有必要时,可加选 E、N、O、S、T、U、W、X、Y 项。

如表9-5所示为航行计划报告4。

表9-5　航行计划报告4

CHISREP 航行计划报告		CHISREP/SP//
A	船名/呼号	A/ANPING1/BPOA//
F	船速	F/150//
G	上一个挂靠的国外港口名称	G/TOKYO//
H	进入 CHISREP 区域的日期、时间和船位	H/020500UTC/3143N/13000E//
I	下一个国外目的港的名称和预计到达日期	I/SINGAPORE/050600UTC//
K	离开 CHISREP 区域的日期、时间和船位	K/040800UTC/0900N/11210E//
L	船舶的计划航线(由若干段航线组成)	L1/150/3143N13000E// L2/150/2950N12800E//
M	收听的海岸电台或联系方式	M/XSH//
Z	报文结束	Z//

注意:如果船上有医务人员,船长必须将 V 项加入上述航行计划报告中。

2. 船位报告(PR)

为了使船舶报告中心掌握足够的船舶信息,船长应按照规定的时间或约定的报告时间向 CHISREP 发送 PR。第一份 PR 要求在航行计划报告发送后24 h 内发出,以后每隔24 h 或在每天的约定时间发出,但两个报告的时间间隔不应超过24 h,到抵达中国沿海港口或驶离 CHISREP 区域界线时为止。报告中的信息将被 CHISREP 用来更新该船舶动态的示意图。

如果在 PR 发送前2 h 发送变更报告(DR),那么下一个 PR 的发送时间应改为 DR 后24 h。

预计抵达目的港或 CHISREP 分界线的时间应当在最后一次的 PR 中得到确认。无论何时改变预计到达时间,均可在任何一个 PR 中修改。

如果航行时间小于24 h,可不发 PR,只要在开航时发 SP 并在抵港时发一份最终报告(FR)即可。

必报项:CHISREP PR　A、B、C、E、F、N、Z

船长认为有必要时,可加选 S、X、Y 项。

如表9-6所示为船位报告。

表 9-6　船位报告

CHISREP 船位报告		CHISREP/PR//
A	船名/呼号	A/ANPING1/BPOA//
B	时间(FMT 或 UTC)	B/251056UTC//
C	船位(纬度/经度)	C/3510N/12240E//
E	航向	E/045//
F	船速	F/159//
N	下一个报告的日期/时间	N/261100UTC//
Z	报文结束	Z//

注意:①船长必须保证在规定或约定的时间内发送 PR。

②船长必须在最后一个 PR 中确认预计抵达中国目的港的时间或离开 CHIS-REP 区域的时间。无论何时修改预计到达时间,均应修改相应的报告。

3. 变更报告(DR)

当船舶发生下列情况时,必须发送 DR:

(1)当船舶改变其计划航线时。

(2)船舶在任何时候的实际船位与最新的 SP 或 DR 中的预计船位相差超过 2 h 的航程。

必报项:CHISRE DR　A、B、C、E、I、L、Z

船长认为有必要时,可加选 F、K、N、S、X、Y 项。

如表 9-7 所示为船舶变更报告。

表 9-7　船舶变更报告

CHISREP 变更报告		CHISREP/DR//
A	船名/呼号	A/ANPING1/BPOA//
B	时间(GMR 或 UTC)	B/251056GMT//
C	船位(纬度/经度)	C/3310N/12238E//
E	航向	E/270//
I	下一个目的港名称和预计到达时间	I/GUANGZHOU/120800//
L	船舶的计划航线(由若干段航线组成)	L1/1500/2020N11540E// L2/1500/2220N11350E//
Z	报文结束	Z//

4. 最终报告(FR)

船舶在到达中国沿海港口或离开 CHISREP 区域的划定界线前后 2 h 内,应发送 FR。

必报项:CHISREP FR A、K、Z

如表 9-8 所示为船舶最终报告。

表 9-8 船舶最终报告

CHISREP 最终报告		CHISREP/FR//
A	船名/呼号	A/ANPING1/BPOA//
K	离开 CHISREP 区域的时间和位置或到达中国沿海港口的时间和港口名称	K/01132UTC/0900N/11220E// 或 K/01132UTC/SHANGHAI//
Z	报文结束	Z//

5. 危险货物报告(DG)

当船舶发生或可能发生包装危险货物落入海中的事故时发送。

格式:CHISREP DG A、B、C、M、Q、R、S、T、U、Z

如表 9-9 所示为船舶危险货物报告。

表 9-9 船舶危险货物报告

CHISREP 危险货物报告	
A	船名/呼号
B	时间(GMT 或 UTC)
C	船位(经度/纬度)
M	守听的海岸电台或联系方式
P	P1(1)正确的技术名称或货物名称 P2(2)货物的联合国编号 P3(3)危险品类别 P4(4)货物生产厂家或收货人或发货人的名称 P5(5)货物包装形式(包括标识的标志及运输工具形式) P6(6)货物数量及可能状况估计
Q	Q1 船舶有关情况 Q2 转驳货物、压舱水、燃油的能力

续表

	CHISREP 危险货物报告
R	R1 货物的正确技术名称 R2 货物的联合国编号 R3 危险品类别 R4 货物生产厂家或收货人或发货人的名称 R5 货物包装形式（包括标识的标志及运输工具形式） R6 货物数量及可能状况估计 R7 货物是漂浮还是下沉 R8 是否在继续损失中 R9 损失原因
S	气象情况
T	船东及代表
U	船舶尺度与类型
Z	报告结束

注意：如果船舶存在包装的危险货物有进一步损失在海中的危险状况，才应发出报告 P 项。

6. 有害物质报告（HS）

当发生或可能发生溢出《MARPOL 73/78 公约》附则Ⅰ中规定的油类或附则Ⅱ中规定的有害物质时发送。

格式：CHISREP HS　A、B、C、E、F、L、M、N、Q、R、S、T、U、X、Z，在可能溢出时，报告还应包括 P 项。

如表 9-10 所示为船舶有害物质报告。

表 9-10　船舶有害物质报告

	CHISREP 有害物质报告
A	船名/呼号
B	时间（GMT 或 UTC）
C	船位（经度/纬度）
E	航向
F	船速
L	船舶的计划航线（由若干段航线组成）
M	守听的海岸电台

续表

	CHISREP 有害物质报告
P	P1 船上的油类或液体有害物质的正确技术名称 P2 联合国编号 P3 液体有害物质的污染种类(A、B、C 或 D) P4 有害物质制造厂名称,或收货人或发货人的地址 P5 数量
Q	Q1 船舶有关情况 Q2 转驳货物、压舱水、燃油的能力
R	R1 排入海中的油类或液体有害物质的正确技术名称 R2 联合国编号 R3 液体有害物质的污染类别(A、B、C 或 D) R4 有害物制造厂名称,或收货人或发货人的地址 R5 有害物质的估计数量 R6 货物是漂浮还是下沉 R7 损失是否在继续中 R8 损失原因 R9 如果是液体有害物质,须报告排出、漏损和移动的估计 R10 估计漏损区域的范围
T	船舶的船东和代表的姓名、地址、电传和电话号码
X	X1 对于船舶排出和移动的液体有害物质采取的措施 X2 已被要求和已有他人提供的协助和救助工作 X3 协助或救助船舶的船长应报告计划中或进行中的行动细节 上述细节若暂时没有,则应在补充报告中加上
Z	报文结束

7. 海上污染物报告(MP)

当发生《国际海上危险货物运输规则》中规定为海上污染物品的包装有害物质失落或可能失落海中时发送。

格式:CHISREP MP　A、B、C、M、Q、R、S、T、U、X、Z ,在有可能泄放的情况下,报告还应包括 P 项。

如表 9-11 所示为海上污染物报告。

表 9-11　海上污染物报告

CHISREP 海上污染物报告	
A	船名/呼号
B	时间(GMT 或 UTC)
C	船位(经度/纬度)
M	守听的海岸电台
P	(本项内容参照危险货物报告)
Q	(1)船舶有关情况 (2)转驳货物、压舱水、燃油的能力
R	(1)正确的技术名称或货物名称 (2)货物的联合国编号 (3)危险品类别 (4)货物生产厂家,或收货人或发货人的名称 (5)货物包装形式(包括标识的标志及运输工具形式) (6)货物数量及可能状况估计 (7)货物是漂浮还是下沉 (8)是否在继续损失中 (9)损失原因
T	船东和代表的姓名、地址、电传和电话号码
X	(1)对于船舶排出和移动的液体有害物质采取的措施 (2)已被要求和已有他人提供的协助和救助工作 (3)协助或救助船舶的船长应报告计划中或进行中的行动细节
Z	报告结束

三、船舶延误报告处理

(1)船舶超过规定报告时间或约定报告时间 3 h,系统将自动对该船进行预报警,提醒工作人员检查中国船舶报告中心是否已收到船舶的报告,直接与配有 IN-MARSAT 设备的船舶进行联系并在海岸电台通报表上列出超期未报的船舶,提醒其发送报文。

(2)延时超过 6 h 的船舶,将在海岸电台通报表中,对这些船舶进行呼叫。

(3)延时超过 12 h 的船舶,将对船公司代理、经营人及可能见过该船或与该船联系过的其他船舶进行查询,核实该船是否安全。

(4)延时超过 18 h 的船舶,将在海岸电台通报表中进行紧急呼叫,并在该船呼号后加 PAN PAN。

(5)延时超过 24 h 的船舶,船舶报告中心制定搜救方案并报指挥端站,由指挥端站指定 RCC 进行搜救,开始搜救行动。

CHISREP 除了能够完成船舶报告所要求的基本功能外,还有许多辅助功能,这些功能围绕海上搜救工作而建立,当需要某些信息时,CHISERP 中心能够及时提供。

这些辅助功能包括:

①航线有效性检查。

②船舶超时预警。

③海上危险物。

④污染物和有害物报警。

⑤船位推算、标绘和跟踪,根据最新船舶报告数据推算船位,跟踪该区域内的指定船舶并在电子海图上动态显示其船位和航迹。

⑥自动生成搜救力量分布图和救助力量分布图,包括圆形、矩形、扇形海域搜救力量分布和航线海域搜救力量分布、预定时间段搜救力量分布,以供用户使用。

附录1　中国海上搜救中心水上
险情应急反应程序

第一条　为保证对水上人命安全和水域环境受到威胁的险情做出迅速反应并组织有效地救助,以避免或减少人命伤亡,制定本程序。

第二条　本程序适用于中国海上搜救中心对危害水上人命安全和水域环境的险情统一组织、协调和指导的搜救活动。

在中华人民共和国搜救责任区域以外发生的险情,由中国海上搜救中心组织、协调救助或参加救助的,适用本程序。

第三条　本程序下列用语的含义是:

(一)险情,是指对水上人命安全、水域环境构成威胁,需立即采取措施控制、减轻和消除的各种事件。

(二)客船,是指普通客船、滚装客船、客渡船和高速客船。

(三)一般险情是指:

1.水上遇险人员在 30 人以下的险情。

2.3 000 总吨以下非客船的船舶发生碰撞、触礁、火灾等对船舶及人员生命安全造成威胁的险情。

3.船舶溢油 10 吨以下。

4.造成或可能造成一般危害后果的水上险情。

(四)重大险情是指:

1.水上遇险人员在 30 人及以上,50 人以下的险情。

2.任何客船发生严重危及船舶及人员生命安全的险情。

3.3 000 总吨及以上,10 000 总吨以下的船舶发生碰撞、触礁、火灾等对船舶及人员生命安全造成威胁的险情。

4.船舶溢油 10 吨及以上,50 吨以下。

5.中国籍海船或有中国籍船员的外轮失踪。

6.其他造成或可能造成较大社会影响的险情。

(五)特大险情是指:

1.水上遇险人员超过 50 人及以上的险情。

2.任何客船遇险,尚不能确定人数是否超过 50 人及以上的险情。

3.10 000 总吨及以上船舶发生碰撞、触礁、火灾等对船舶及人员生命安全造成威胁的险情。

4.船舶溢油 50 吨及以上。

5.其他造成或可能造成重大社会影响的险情。

(六)省级搜救中心,是指受当地人民政府和军区领导,业务上受中国海上搜救中心指导的设立在沿海各省、自治区、直辖市的海(水)上搜救中心。

(七)搜救分中心,是指沿海各省级搜救中心下设的分支机构。

(八)应急协调小组,是指中国海上搜救中心为了及时有效地组织、协调重特大险情的救助工作而组成的临时组织。

应急协调小组的组成由中国海上搜救中心领导(交通运输部或交通运输部海事局领导)根据具体情况确定。

第四条 中国海上搜救中心负责全国海上搜救工作的统一组织、协调和搜救情况的掌握与上报。各省级搜救中心在省、自治区、直辖市人民政府和军区的领导下开展工作,业务上受中国海上搜救中心的指导。

第五条 发生在各省级搜救中心搜救责任区内的险情,由各省级搜救中心负责组织、协调搜救行动,包括请求其他搜救责任区(包括港澳地区)的救助力量的支援。

中国海上搜救中心应各省级搜救中心的请求,可以负责协调某一省级搜救中心的搜救责任区以外的救助力量,以及国外和港澳台地区的救助力量参与救助。

第六条 任何参与搜救的救助力量,由负责该搜救责任区的省级搜救中心统一组织、协调。

参与搜救的军用船只、飞机由军队派出机关实施指挥,同时接受省级海上搜救中心的现场统一协调。

第七条 中国海上搜救中心值班员(简称:值班员)接收到任何遇险报警或报告后,应严格按照《关于切实加强水上交通险情报告工作的通知》的要求执行。

值班员接收到任何遇险报警或报告时,应按《水上险情报告表》中的内容要求进行登记。

第八条 值班员可通过船舶所有人、经营人、代理人,始发港、目的港的海上搜救中心、海事部门,船旗国搜救中心,以及网站等了解报警船舶的有关资料并做好记录。

报警信息的核实和任务分配:

(一)值班员应选择合适的海图根据报警船舶的位置进行标绘,并通过报警船舶识别码确定报警船舶所属国家或地区。

（二）报警位置在中国海上搜救责任区内时,应立即(接到报警 0.5 小时内)通知该辖区的省级搜救中心和海事局。

（三）当船舶通过海事通信卫星 A、B、C、M 站或电话报警时,值班员直接通过上述通信设备与报警船舶核实遇险情况。

（四）当报警船舶为中国籍船舶时,值班员应在查出报警船舶名称后,与该船舶所有人、经营人、代理人或通过船籍港的省级海上搜救中心或海事部门核实遇险情况。

（五）当报警船舶为外国籍船舶时,值班员应与报警船舶所属国搜救部门联系核实遇险情况。

（六）报警位置不在中国海上搜救责任区内时,应立即通知该搜救责任区所属国家或地区的搜救部门,并核实遇险情况,及时掌握搜救进展情况。

（七）当中国籍船舶、飞机在中国海上搜救责任区之外发出遇险报警时,值班人员应及时与船舶所有人进行联系以便确定船舶遇险情况,并负责帮助船舶所有人与负责该搜救责任区的搜救中心建立联系,掌握救助进展情况。

（八）当搜救行动涉及多个省级搜救中心时,报经中国海上搜救中心负责人即海事局分管局领导(以下简称:分管局领导)确定一个负责的省级搜救中心,其他搜救中心协助。负责的搜救中心应是最有效、快速组织起救助的省级搜救中心。根据事态的发展,需要做出调整的亦由分管局领导决定,由值班员通知有关各方。

第九条　海上发生需要救助的险情,值班员应立即通知交通运输部救捞局值班室,并保持联系,掌握情况。

第十条　值班员接收到险情报告后,除按本程序第八条执行外,还应了解船舶遇险的性质,核实遇险人数、遇险水域的海况、水温及救助要求等情况,做好记录,并做好以下工作:

（一）值班员应保持同了解船舶遇险的机构、单位及个人的联系,跟踪了解遇险船舶自救、互救以及该辖区搜救中心采取搜救措施的情况,并做好记录。

（二）遇险信息来源于非搜救责任部门,值班员应立即(接报后 0.5 小时内)通知遇险责任区的省级搜救中心或搜救分中心进行救助行动。

（三）遇险信息来源于搜救责任部门,值班员应向搜救中心了解已采取或将采取的救助措施的详细情况。

（四）当值班员接收到由于火灾、爆炸导致的水上险情时,应向交通运输部公安局值班室通报。

（五）当值班员接收到渔船、农用船或航空器在水上遇险时,值班员还应负责将险情通报给中国渔政指挥中心或民航部门。

第十一条 值班员根据《关于切实加强水上交通险情报告工作的通知》的规定将险情评定为:一般险,重大险情,特大险情,按照不同的险情进行处理。

第十二条 值班员接到一般险情报告后,应及时(0.5小时内)向中国海上搜救中心办公室负责人即海事局通航处处长或副处长(以下简称:通航处领导)报告;遇险人员在3人以下且为非工作时间时,由值班员负责处理,不必报告。3人及以上的,值班员应立即向通航处领导报告。涉及污染水域环境或其他事故,应按照本程序第十五条、第十六条的要求处理。

通航处领导接到报告后,应根据实际需要,及时(1.5小时内)赶到值班室,了解掌握省级搜救中心组织、协调救助行动的进展情况,并适时向分管局领导报告。

值班员应对省级搜救中心或搜救分中心的救助行动进行跟踪,了解掌握险情的变化和救助行动的情况,并做好记录。

当险情发展为重特大险情时,应按重特大险情进行处理。

第十三条 接到重大险情报告后,值班员、通航处领导除应按照第十二条执行外,值班员还应提醒省级搜救中心向地方人民政府报告。同时起草《海上搜救中心值班信息》,经分管局领导批准后,传真给国家安全生产监督管理局,同时抄送交通运输部办公厅值班室。

本程序第十条(二)、(三)款的规定,不排除各省级搜救中心对其搜救责任区的险情全面负责的责任,亦不影响各省级搜救中心先期或将要采取的救助行动。

通航处领导到达值班室后,及时(0.5小时内)向分管局领导汇报,并提出应急处理建议。根据需要由分管局领导或按照分管局领导的指示由通航处领导向中国海上搜救中心领导即海事局常务副局长(以下简称:常务副局长)报告。

根据需要由常务副局长向交通运输部领导报告,或由在京主持工作的副局长向交通运输部领导报告。

分管局领导决定成立应急协调小组时,由通航处领导或值班员通知协调小组有关人员到搜救值班室。

应急协调小组有关人员接到通知后应及时(1.5小时内)到达搜救中心值班室。

值班员应及时将中国海上搜救中心对救助行动的指导性建议和协调情况传达给负责搜救行动的省级搜救中心或搜救分中心。

值班员应根据险情或救助情况的发展或通航处领导的指令,起草《海上搜救中心值班信息》续报,经分管局领导批准后,传送给国家安全生产监督管理局,同时抄送办公厅值班室。

当险情发展为特大险情时,应按特大险情进行处理。

第十四条　接到特大险情报告后,值班员、通航处领导除应按照第十条、第十三条执行外,经分管局领导或常务副局长批准后,将"海上搜救中心值班信息"发送给国务院值班室并抄送国家安全生产监督管理局,同时抄送办公厅值班室。

值班员应根据险情或救助情况的发展或通航处领导的指令,起草"海上搜救中心值班信息"续报。经分管局领导批准后,发送给国务院值班室并抄送国家安全生产监督管理局,同时抄送办公厅值班室。

第十五条　接到溢油事故报告后,值班员应按以下程序处理:

(一)水上交通事故造成 10 吨及以下的溢油污染事故,当不涉及人命救助时,值班员做好电话记录,在工作时间内,立即报通航处领导;在非工作时间内,值班员应在下一个工作日的 0900 时前报通航处领导。

(二)操作性溢油事故,造成溢油 10 吨及以下的,值班员做好电话记录,在工作时间内,立即报船舶处领导;在非工作时间内,值班员应在下一个工作日的 0900 时前报船舶处领导。

(三)水上交通事故造成 10 吨以上的溢油污染事故,值班员应做好电话记录,并应立即(0.5 小时内)向通航处领导汇报,并启动油污应急计划。

(四)操作性溢油事故(船舶在装卸货油、加装燃油,以及排压载水时引起的溢油),造成溢油 10 吨以上的,值班员做好电话记录,并应立即(0.5 小时内)向海事局船舶处领导报告,启动油污应急计划,并按船舶处领导的指令处理。

(五)水上交通事故造成的重特大溢油污染事故,由通航处领导请示海事局领导同意后,通知船舶处领导协助处理。

水上溢油事故 10 吨及以下时,各直属海事局负责按有关规定处理,不需报中国海上搜救中心(交通运输部海事局)值班室。

第十六条　水上交通事故应按照交通运输部海事局制定的《水上交通事故调查处理指南》等规定执行,并做好以下工作:

(一)值班员在工作日期间,接到搜救工作已结束的事故报告后,将事故情况报告转给交通运输部海事局安全处处理。

(二)值班员在非工作日期间,接到搜救工作已结束的事故报告后,除应按照上款的要求执行外,还应负责信息的接收和传达工作。

第十七条　值班员应将"海上搜救中心值班信息"及其续报抄送给交通运输部海事局办公室和党工部,以便编制政务信息和对外宣传,并做好以下具体工作:

（一）当船舶处、安全处了解险情发展情况和搜救行动的情况时，值班员应全面准确地提供资料。

（二）值班员在搜救过程中，应及时将搜救情况整理成书面材料。

（三）通航处应在搜救行动结束后，按照通航处领导的安排，向省级搜救中心或搜救分中心了解搜救行动的详细情况，编写《海上搜救情况简报》。

（四）通航处应在重特大险情并造成 10 人以上失踪或死亡或造成重大污染的搜救行动结束后，3 小时内起草完成搜救情况总体报告，以《搜救信息快报》的形式报交通运输部领导，抄送海事局领导。

（五）通航处只对搜救情况的准确性负责。整个搜救期间的政务信息和上网发布的管理由交通运输部海事局办公室负责，对外的宣传工作由交通运输部海事局党工部负责。值班员未经搜救中心负责人批准不得向任何单位及人员提供任何有关险情和搜救行动的情况。

第十八条 值班员应对交通运输部、海事局领导及相关人员到达值班室的时间和组织、协调搜救行动的情况及领导的指示、建议做好记录。

值班员应对有关搜救期间的电话联系内容做好记录。

值班员应对发出的"海上搜救中心值班信息"及其续报的时间及接收人员情况做好记录。

第十九条 支持性文件：

（一）《中华人民共和国海上交通安全法》。

（二）《1979 年国际海上搜寻与救助公约》。

（三）《关于成立海上安全指挥部的通知》[国发(1973)187 号]。

（四）《国务院、中央军委关于在交通部建立中国海上搜救中心的批复》[国函(1989)50 号]。

（五）《关于中华人民共和国海事局(交通部海事局)主要职责、内设机构和人员编制的通知》[交人劳发(1998)691 号]。

（六）《关于印发交通部直属海事机构设置方案的通知》[国办发(1999)90 号]。

（七）《关于切实加强水上交通险情报告工作的通知》[交海发(2000)298 号]。

（八）《关于报送有关安全生产信息的函》[安监管函字(2001)20 号]。

（九）《值班日志》。

（十）《水上险情报告表》。

（十一）《电话记录》。

（十二）《海上搜救中心值班信息》。

（十三）《搜救信息快报》。

第二十条　本程序由中国海上搜救中心负责解释。

第二十一条　本程序自发布之日 2002 年 8 月 27 日起执行。

附录 2　国家海上搜救应急预案

1.总则

1.1　编制目的

建立国家海上搜救应急反应机制,迅速、有序、高效地组织海上突发事件的应急反应行动,救助遇险人员,控制海上突发事件扩展,最大程度地减少海上突发事件造成的人员伤亡和财产损失。履行中华人民共和国缔结或参加的有关国际公约;实施双边和多边海上搜救应急反应协定。

1.2　编制依据

1.2.1　国内法律、行政法规及有关规定

《中华人民共和国海上交通安全法》《中华人民共和国安全生产法》《中华人民共和国内河交通安全管理条例》《中华人民共和国无线电管理条例》和《国家突发公共事件总体应急预案》等。

1.2.2　我国加入或缔结的国际公约、协议

《联合国海洋法公约》《1974 年国际海上人命安全公约》《国际民航公约》《1979 年国际海上搜寻救助公约》《中美海上搜救协定》《中朝海上搜救协定》等。

1.3　适用范围

1.3.1　我国管辖水域和承担的海上搜救责任区内海上突发事件的应急反应行动。

1.3.2　发生在我国管辖水域和搜救责任区外,涉及中国籍船舶、船员遇险或可能对我国造成重大影响或损害的海上突发事件的应急反应行动。

1.3.3　参与海上突发事件应急行动的单位、船舶、航空器、设施及人员。

1.4　工作原则

(1)政府领导,社会参与,依法规范。

政府领导:政府对海上搜救工作实行统一领导,形成高效应急反应机制,及时、有效地组织社会资源,形成合力。

社会参与:依照海上突发事件应急组织体系框架,形成专业力量与社会力量相结合、多部门参加、多学科技术支持、全社会参与的应对海上突发事件机制。

依法规范：依照有关法律、法规，明确各相关部门、单位、个人的责任、权利和义务，规范应急反应的组织、协调、指挥行为。

（2）统一指挥，分级管理，属地为主。

统一指挥：对海上突发事件应急反应行动实行统一指挥，保证搜救机构组织的各方应急力量行动协调，取得最佳效果。

分级管理：根据海上突发事件的发生区域、性质、程度与实施救助投入的力量所需，实施分级管理。

属地为主：由海上突发事件发生地海上搜救机构实施应急指挥，确保及时分析判断形势，正确决策，相机处置，提高应急反应行动的及时性和有效性。

（3）防应结合，资源共享，团结协作。

防应结合："防"是指做好自然灾害的预警工作，减少自然灾害引发海上突发事件的可能性；"应"是指保证海上突发事件发生后，及时对海上遇险人员进行救助，减少损失。防应并重，确保救助。

资源共享：充分利用常备资源，广泛调动各方资源，避免重复建设，发挥储备资源的作用。

团结协作：充分发挥参与救助各方力量的自身优势和整体效能，相互配合，形成合力。

（4）以人为本，科学决策，快速高效。

以人为本：充分履行政府公共服务职能，快速高效地救助人命。

科学决策：运用现代科技手段，保证信息畅通；充分发挥专家的咨询作用，果断决策，保证应急指挥的权威性。

快速高效：建立应急机制，保证指挥畅通；强化人员培训，提高从业人员素质；提高应急力量建设，提高应急反应的效能和水平。

2. 国家海上搜救应急组织指挥体系及职责任务

国家海上搜救应急组织指挥体系由应急领导机构、运行管理机构、咨询机构、应急指挥机构、现场指挥、应急救助力量等组成。

2.1　应急领导机构

建立国家海上搜救部际联席会议制度，研究、议定海上搜救重要事宜，指导全国海上搜救应急反应工作。在交通运输部设立中国海上搜救中心，作为国家海上搜救的指挥工作机构，负责国家海上搜救部际联席会议的日常工作，并承担海上搜救运行管理机构的工作。部际联席会议成员单位根据各自职责，结合海上搜救应急反应行动实际情况，发挥相应作用，承担海上搜救应急反应、抢险救灾、支持保障、善后处理等应急工作。

2.2 运行管理机构

中国海上搜救中心以交通运输部为主承担海上搜救的运行管理工作。

2.3 咨询机构

咨询机构包括海上搜救专家组和其他相关咨询机构。

2.3.1 国家海上搜救专家组

国家海上搜救专家组由航运、海事、航空、消防、医疗卫生、环保、石油化工、海洋工程、海洋地质、气象、安全管理等行业专家、专业技术人员组成,负责提供海上搜救技术咨询。

2.3.2 其他相关咨询机构

其他相关咨询机构应中国海上搜救中心要求,提供相关的海上搜救咨询服务。

2.4 应急指挥机构

应急指挥机构包括:中国海上搜救中心及地方各级政府建立的海上搜救机构。沿海及内河主要通航水域的各省(区、市)成立以省(区、市)政府领导任主任,相关部门和当地驻军组成的省级海上搜救机构。根据需要,省级海上搜救机构可设立搜救分支机构。

2.4.1 省级海上搜救机构

省级海上搜救机构承担本省(区、市)海上搜救责任区的海上应急组织指挥工作。

2.4.2 海上搜救分支机构

海上搜救分支机构是市(地)级或县级海上应急组织指挥机构,其职责由省级海上搜救机构确定。

2.5 现场指挥(员)

海上突发事件应急反应的现场指挥(员)由负责组织海上突发事件应急反应的应急指挥机构指定,按照应急指挥机构的指令承担现场协调工作。

2.6 海上应急救助力量

海上应急救助力量包括各级政府部门投资建设的专业救助力量和军队、武警救助力量,政府部门所属公务救助力量,其他可投入救助行动的民用船舶与航空器,企事业单位、社会团体、个人等社会人力和物力资源。其服从应急指挥机构的协调、指挥,参加海上应急行动及相关工作。

3. 预警和预防机制

预警和预防机制是通过分析预警信息,做出相应判断,采取预防措施,防止自然灾害造成事故或做好应急反应准备。

3.1　信息监测与报告

预警信息包括：气象、海洋、水文、地质等自然灾害预报信息；其他可能威胁海上人命、财产、环境安全或造成海上突发事件发生的信息。

预警信息监测部门根据各自职责分别通过信息播发渠道向有关方面发布气象、海洋、水文、地质等自然灾害预警信息。

3.2　预警预防行动

3.2.1　从事海上活动的有关单位、船舶和人员应注意接收预警信息，根据不同预警级别，采取相应的防范措施，防止或减少海上突发事件对人命、财产和环境造成危害。

3.2.2　各级海上搜救机构，根据风险信息，有针对性地做好应急救助准备。

3.3　预警支持系统

预警支持系统由公共信息播发系统、海上安全信息播发系统等组成，相关风险信息发布责任部门应制定预案，保证信息的及时准确播发。

4. 海上突发事件的险情分级与上报

4.1　海上突发事件险情分级

根据国家突发事件险情上报的有关规定，并结合海上突发事件的特点及突发事件对人命安全、海洋环境的危害程度和事态发展趋势，将海上突发事件险情信息分为特大、重大、较大、一般四级。

4.2　海上突发事件险情信息的处理

海上搜救机构接到海上突发事件险情信息后，对险情信息进行分析与核实，并按照有关规定和程序逐级上报。

中国海上搜救中心按照有关规定，立即向国务院报告，同时通报国务院有关部门。

5. 海上突发事件的应急响应和处置

5.1　海上遇险报警

5.1.1　发生海上突发事件时，可通过海上通信无线电话、海岸电台、卫星地面站、应急无线电示位标或公众通信网（海上救助专用电话号"12395"）等方式报警。

5.1.2　发送海上遇险信息时，应包括以下内容：

（1）事件发生的时间、位置。

（2）遇险状况。

（3）船舶、航空器或遇险者的名称、种类、国籍、呼号、联系方式。

5.1.3　报警者尽可能提供下列信息：

（1）船舶或航空器的主要尺度、所有人、代理人、经营人、承运人。

（2）遇险人员的数量及伤亡情况。

（3）载货情况,特别是危险货物,货物的名称、种类、数量。

（4）事发直接原因、已采取的措施、救助请求。

（5）事发现场的气象、海况信息,包括风力、风向、流向、流速、潮汐、水温、浪高等。

5.1.4 使用的报警设备应按规定做好相关报警与信息的预设工作。

5.2 海上遇险信息的分析与核实

海上搜救机构通过直接或间接的途径对海上遇险信息进行核实与分析。

5.3 遇险信息的处置

（1）发生海上突发事件,事发地在本责任区的,按规定启动本级预案。

（2）发生海上突发事件,事发地不在本责任区的,接警的海上搜救机构应立即直接向所在责任区海上搜救机构通报并同时向上级搜救机构报告。

（3）中国海上搜救中心直接接到的海上突发事件报警,要立即通知搜救责任区的省级海上搜救机构和相关部门。

（4）海上突发事件发生在香港特别行政区水域、澳门特别行政区水域和台湾、金门、澎湖、马祖岛屿附近水域的,可由有关省级搜救机构按照已有搜救联络协议进行通报,无联络协议的,由中国海上搜救中心予以联络。

（5）海上突发事件发生地不在我国海上搜救责任区的,中国海上搜救中心应通报有关国家的海上搜救机构。有中国籍船舶、船员遇险的,中国海上搜救中心除按上述（2）、（3）项报告外,还应及时与有关国家的海上搜救机构或我国驻外使领馆联系,通报信息,协助救助,掌握救助进展情况,并与外交部互通信息。

（6）涉及海上保安事件,按海上保安事件处置程序处理和通报。

涉及船舶造成污染的,按有关船舶油污应急反应程序处理和通报。

5.4 指挥与控制

5.4.1 最初接到海上突发事件信息的海上搜救机构自动承担应急指挥机构的职责,并启动预案反应,直至海上突发事件应急反应工作已明确移交给责任区海上搜救机构或上一级海上搜救机构指定新的应急指挥机构时为止。

5.4.2 应急指挥机构按规定程序向上一级搜救机构请示、报告和做出搜救决策。实施应急行动时,应急指挥机构可指定现场指挥。

5.5 紧急处置

5.5.1 应急指挥机构的任务

在险情确认后,承担应急指挥的机构立即进入应急救援行动状态:

（1）按照险情的级别通知有关人员进入指挥位置。

（2）在已掌握情况的基础上,确定救助区域,明确实施救助工作任务与具体救助措施。

（3）根据已制定的应急预案,调动应急力量执行救助任务。

（4）通过船舶报告系统调动事发附近水域船舶前往实施救助。

（5）建立应急通信机制。

（6）指定现场指挥。

（7）动用航空器实施救助的,及时通报空管机构。

（8）事故救助现场需实施海上交通管制的,及时由责任区海事管理机构发布航行通（警）告并组织实施管制行动。

（9）根据救助情况,及时调整救助措施。

5.5.2　搜救指令的内容

对需动用的、当时有能力进行海上搜救的救助力量,搜救机构应及时下达行动指令,明确任务。

5.5.3　海上突发事件处置保障措施

根据救助行动情况及需要,搜救机构应及时对下列事项进行布置：

（1）遇险人员的医疗救护。

（2）当险情可能对公众造成危害时,通知有关部门组织人员疏散或转移。

（3）做出维护治安的安排。

（4）指令有关部门提供海上突发事件应急反应的支持保障。

5.5.4　救助力量与现场指挥的任务

（1）专业救助力量应将值班待命的布设方案和值班计划按搜救机构的要求向搜救机构报告,值班计划临时调整的,应提前向搜救机构报告,调整到位后,要进行确认报告。

（2）救助力量与现场指挥应执行搜救机构的指令,按搜救机构的要求将出动情况、已实施的行动情况、险情现场及救助进展情况向搜救机构报告,并及时提出有利于应急行动的建议。

5.6　分级响应

海上突发事件应急反应按照海上搜救分支机构、省级海上搜救机构、中国海上搜救中心从低到高依次响应。

（1）任何海上突发事件,搜救责任区内最低一级海上搜救机构应首先进行响应。

（2）责任区海上搜救机构应急力量不足或无法控制事件扩展时,请求上一级海上搜救机构开展应急响应。

（3）上一级搜救机构应对下一级搜救机构的应急响应行动给予指导。

（4）无论何种情况,均不免除各省级搜救机构对其搜救责任区内海上突发事件全面负责的责任,亦不影响各省级搜救机构先期或将要采取的有效救助行动。

5.7 海上应急反应通信

海上搜救机构在实施海上应急行动时,可根据现场具体情况,指定参加应急活动所有部门的应急通信方式。通信方式包括:

(1)海上通信,常用海上遇险报警、海上突发事件应急反应通信方式。

(2)公众通信网,包括电话、传真、因特网。

(3)其他一切可用手段。

5.8 海上医疗援助

5.8.1 医疗援助的方式

各级海上搜救机构会同当地卫生主管部门指定当地具备一定医疗技术和条件的医疗机构承担海上医疗援助任务。

5.8.2 医疗援助的实施

海上医疗援助一般由实施救助行动所在地的医疗机构承担,力量不足时,可通过海上搜救机构逐级向上请求支援。

5.9 应急行动人员的安全防护

(1)参与海上应急行动的单位负责本单位人员的安全防护。各级海上搜救机构应对参与救援行动单位的安全防护工作提供指导。

(2)化学品应急人员进入和离开现场应先登记,进行医学检查,有人身伤害应立即采取救治措施。

(3)参与应急行动人员的安全防护装备不足时,实施救助行动的海上搜救机构可请求上一级海上搜救机构协调解决。

5.10 遇险旅客及其他人员的安全防护

在实施救助行动中,应根据险情现场与环境情况,组织做好遇险旅客及其他人员的安全防护工作,告知旅客及其他人员可能存在的危害和防护措施,及时调集应急人员和防护器材、装备、药品。

5.10.1 海上搜救机构要对海上突发事件可能次生、衍生的危害采取必要的措施,对海上突发事件可能影响的范围内船舶、设施及人员的安全防护、疏散方式做出安排。

5.10.2 在海上突发事件影响范围内可能涉及陆上人员安全的情况下,海上搜救机构应通报地方政府采取防护或疏散措施。

5.10.3 船舶、浮动设施和民用航空器的所有人、经营人应制订在紧急情况下,对遇险旅客及其他人员采取的应急防护、疏散措施;在救助行动中要服从海上搜救机构的指挥,对遇险旅客及其他人员采取应急防护、疏散措施,并做好安置工作。

5.11　社会力量动员与参与

5.11.1　社会动员

（1）各级人民政府可根据海上突发事件的等级、发展趋势、影响程度等在本行政区域内依法发布社会动员令。

（2）当应急力量不足时,由当地政府动员本地区机关、企事业单位、各类民间组织和志愿人员等社会力量参与或支援海上应急救援行动。

5.11.2　社会动员时海上搜救机构的行动

（1）指导所动员的社会力量,携带必要的器材、装备赶赴指定地点。

（2）根据参与应急行动人员的具体情况进行工作安排与布置。

5.12　救助效果评估与处置方案调整

5.12.1　目的

跟踪应急行动的进展,查明险情因素和造成事件扩展和恶化的因素,控制危险源和污染源,对措施的有效性进行分析、评价,调整应急行动方案,以便有针对性地采取有效措施,尽可能减少险情造成的损失并降低危害,提高海上突发事件应急反应效率和救助成功率。

5.12.2　方式

由海上搜救机构在指挥应急行动中组织、实施,具体包括:

（1）指导救援单位组织专人,使用专用设备、仪器进行现场检测、分析。

（2）组织专家或专业咨询机构对事件进行分析、研究。

（3）使用计算机辅助支持系统进行分析、评估。

5.12.3　内容

（1）调查险情的主要因素。

（2）判断事件的发展趋势。

（3）采取有针对性的措施对危险源进行控制、处置。

（4）对现场进行检测,分析、评价措施的有效性。

（5）针对海上突发事件衍生出的新情况、新问题,采取进一步的措施。

（6）对应急行动方案进行调整和完善。

5.13　海上应急行动的终止

负责组织指挥海上突发事件应急反应的海上搜救机构,根据下列情况决定是否终止应急行动:

（1）所有可能存在遇险人员的区域均已搜寻。

（2）幸存者在当时的气温、水温、风、浪条件下得以生存的可能性已完全不存在。

(3)海上突发事件应急反应已获得成功或紧急情况已不复存在。

(4)海上突发事件的危害已彻底消除或已控制,不再有扩展或复发的可能。

5.14　信息发布

中国海上搜救中心负责向社会发布海上突发事件的信息,必要时可授权下级海上搜救应急指挥机构向社会发布本责任区内海上突发事件的信息。

信息发布要及时、主动、客观、准确。信息发布通过新闻发布会、电视、广播、报纸、杂志等媒体作用,邀请记者现场报道的形式进行。

6.后期处置

6.1　善后处置

6.1.1　伤员的处置

当地医疗卫生部门负责获救伤病人员的救治。

6.1.2　获救人员的处置

当地政府民政部门或获救人员所在单位负责获救人员的安置;港澳台或外籍人员,由当地政府港澳台办或外事办负责安置;外籍人员由公安部门或外交部门负责遣返。

6.1.3　死亡人员的处置

当地政府民政部门或死亡人员所在单位负责死亡人员的处置;港澳台或外籍死亡人员,由当地政府港澳台办或外事办负责处置。

6.2　社会救助

对被救人员的社会救助,由当地政府民政部门负责组织。

6.3　保险

6.3.1　参加现场救助的政府公务人员由其所在单位办理人身意外伤害保险。

6.3.2　参加救助的专业救助人员由其所属单位办理人身意外伤害保险。

6.3.3　国家金融保险机构要及时介入海上突发事件的处置工作,按规定开展赔付工作。

6.4　搜救效果和应急经验总结

6.4.1　搜救效果的总结评估

(1)海上搜救机构负责搜救效果的调查工作,实行分级调查的原则。

(2)海上交通事故的调查处理,按照国家有关规定处理。

6.4.2　应急经验总结和改进建议

(1)海上搜救机构负责应急经验的总结工作,实行分级总结的原则。

(2)海上搜救分支机构负责一般和较大应急工作的总结;省级海上搜救机构负责重大应急工作的总结;中国海上搜救中心负责特大应急工作的总结。

7. 应急保障

7.1　通信与信息保障

各有关通信管理部门、单位均应按照各自的职责要求,制订有关海上应急通信线路、设备、设施等使用、管理、保养制度;落实责任制,确保海上应急通信畅通。

7.2　应急力量与应急保障

7.2.1　应急力量和装备保障

(1)省级海上搜救机构收集本地区可参与海上应急行动人员的数量、专长、通信方式和分布情况等信息。

(2)专业救助力量应按照海上搜救机构的要求配备搜救设备和救生器材。

(3)省级海上搜救机构依据《海上搜救力量指定指南》,收集本地区应急设备的类型、数量、性能和布局等信息。

7.2.2　交通运输保障

(1)建立海上应急运输保障机制,为海上应急指挥人员赶赴事发现场,以及应急器材的运送提供保障。

(2)省级海上搜救机构及其分支机构应配备应急专用交通工具,确保应急指挥人员、器材及时到位。

(3)省级海上搜救机构及其分支机构应与本地区的运输部门建立交通工具紧急征用机制,为应急行动提供保障。

7.2.3　医疗保障

建立医疗联动机制,明确海上医疗咨询、医疗援助或医疗移送和收治伤员的任务。

7.2.4　治安保障

(1)省级海上搜救机构及其分支机构与同级公安部门建立海上应急现场治安秩序保障机制,保障海上应急行动的顺利开展。

(2)相关公安部门应为海上应急现场提供治安保障。

7.2.5　资金保障

(1)应急资金保障由各级财政部门纳入财政预算,按照分级负担的原则,合理承担应由政府承担的应急保障资金。具体参照《财政应急保障预案》有关规定执行。

(2)中国海上搜救中心、省级海上搜救机构及其分支机构应按规定使用、管理搜救经费,定期向同级政府汇报经费的使用情况,接受政府部门的审计与监督。

7.2.6　社会动员保障

当应急力量不足时,由当地政府动员本地区机关、企事业单位、各类民间组织和志愿人员等社会力量参与或支援海上应急救援行动。

7.3 宣传、培训与演习

7.3.1 公众信息交流

公众信息交流的目的是使公众了解海上安全知识,提高公众的安全意识,增强应对海上突发事件的能力。

(1)海上搜救机构要组织编制海上险情预防、应急等安全知识宣传资料,通过媒体主渠道和适当方式开展海上安全知识宣传工作。

(2)海上搜救机构要通过媒体和适当方式公布海上应急预案信息,介绍应对海上突发事件的常识。

7.3.2 培训

(1)海上搜救机构工作人员应通过专业培训和在职培训,掌握履行其职责所需的相关知识。

(2)专业救助力量、有关人员的适任培训由应急指挥机构认可的机构进行,并应取得应急指挥机构颁发的相应证书。

(3)被指定为海上救援力量的相关人员的应急技能和安全知识培训,由各自单位组织,海上搜救机构负责相关指导工作。

7.3.3 演习

中国海上搜救中心应举行如下海上搜救演习:

(1)每两年举行一次综合演习。不定期与周边国家、地区海上搜救机构举行海上突发事件应急处置联合演习。

(2)每年举行一次海上搜救项目的单项演习,并将海上医疗咨询和医疗救援纳入演习内容。

(3)每半年举行一次由各成员单位和各级海上搜救机构参加的应急通信演习。

8. 附则

8.1 名词术语和缩写的定义与说明

(1)海上突发事件是指船舶、设施在海上发生火灾、爆炸、碰撞、搁浅、沉没,油类物质或危险化学品泄漏以及民用航空器海上遇险造成或可能造成人员伤亡、财产损失的事件。

(2)海上搜救责任区是指由一个搜救机构所承担的处置海上突发事件的责任区域。

(3)本预案中所指"海上"包括内河水域。

(4)本预案有关数量的表述中,"以上"含本数,"以下"不含本数。

8.2　预案管理与更新

（1）交通运输部负责国家海上搜救应急预案的编制及修改工作。

（2）本应急预案的附录，属技术指导性文件的，由中国海上搜救中心审定；属行政规章的，其修改工作由发布机关负责。

（3）省级海上搜救机构及其分支机构负责编制各自的海上应急反应预案，报同级人民政府批准，并及时报送中国海上搜救中心。

（4）专业搜救力量制定的预案应报同级应急指挥机构批准后实施，并接受应急指挥机构的监督检查。

8.3　国际协作

（1）收到周边国家或地区请求对在其搜救责任区开展的海上突发事件应急反应给予救援时，视情提供包括船舶、航空器、人员和设备的援助。

（2）在其他国家的救助机构提出外籍船舶或航空器为搜救海难人员的目的进入或越过我国领海或领空的申请时，要及时与国家有关主管部门联系，并将是否准许情况回复给提出请求的搜救机构。

（3）与周边国家共同搜救区内的海上突发事件应急反应，需协调有关国家派出搜救力量，提供必要的援助。

（4）与周边国家搜救机构一起做出搜救合作和协调的行动计划和安排。

（5）为搜寻海上突发事件发生地点和救助海上突发事件遇险人员，救助力量需进入或越过其他国家领海或领空，由中国海上搜救中心与有关国家或地区海上搜救机构联系，说明详细计划和必要性。

8.4　奖励与责任追究

8.4.1　在参加海上应急行动中牺牲的军人或其他人员，由军事部门或省、自治区、直辖市人民政府，按照《革命烈士褒扬条例》的规定批准为革命烈士。

8.4.2　军人或其他人员参加海上应急行动致残的，由民政部门按相关规定给予抚恤优待。

8.4.3　对海上应急工作做出突出贡献的人员，由中国海上搜救中心或省级海上搜救机构报交通运输部或省级人民政府按照规定给予奖励。

8.4.4　对按海上搜救机构协调参加海上搜救的船舶，由中国海上搜救中心或省级海上搜救中心给予适当的奖励、补偿或表扬。奖励、补偿或表扬的具体规定由中国海上搜救中心另行制订。

8.4.5　对推诿、故意拖延、不服从、干扰海上搜救机构协调指挥，未按本预案规定履行职责或违反本预案有关新闻发布规定的单位、责任人，由海上搜救机构予以通报，并建议其上级主管部门依照有关规定追究行政责任或给予党纪处分；对违反海事管理法律、法规的，由海事管理机关给予行政处罚；构成犯罪的，依法追究刑事责任。

8.4.6 对滥用职权、玩忽职守的搜救机构工作人员,依照有关规定给予行政和党纪处分;构成犯罪的,依法追究刑事责任。

8.5 预案实施时间

本预案自印发之日起施行。

注:本预案由国办函[2009]32号于2009年3月9日发布。

附录3 （海上）营救技术指南

1.引言

海上施救的职责。

1.1 作为一名海员,可能会突然遇到必须救起海上遇险的人员。情况可能是同船的同事或者乘客落水或者所乘船舶对他船的应急措施,例如,一艘由于发生进水或者起火而弃船的船舶或海上紧急迫降的飞机。

1.2 无论较少或者没有注意到营救人员众多的情况,都应尽可能做好准备。无论是何人,都应营救生命。

1.3 在世界上的许多地方,特别在超出岸基搜寻和救助设施范围的地方,你所在船可能是第一或者是唯一到达现场的救助力量。即使专业救助力量随后加入,职责依然重要,重大事件中尤为重要。如果有救起遇险人员的要求,能力和船舶就至关重要。或许特定救助就只有特定的方案。为了确保你能安全和有效应对,需要事先考虑常见情况。

1.4 施救过程绝非易事。例如,以下情况会增加难度和复杂性:

(1)你船和救生载具尺寸不一样,生还者可能得爬上或者需被升高相当大的距离才能进入你船。

(2)你船和靠接的救生载具相对运动不同:救生载具可能很难保持靠接和幸存者爬上救生软梯或者进入船舶开口处。

(3)被救人员的体能:如果他们体力不支,他们可能无法或几乎不能自救。

1.5 本指南讨论一些基本问题和解决方案,并提出有成功营救遇险人员验证的实用技术。

2.本指南的目的

2.1 本指南主要包括施救和完成施救的相关工作。实施营救的机会并不多见,而你船可能不是作为施救用途,可是你船会遇到这样的情况。

2.2 本指南是用作参考的文件。现在就可以学习,并在进入紧急现场期间当作施救准备工作的内容。

2.3 本指南的主要目的是帮助作为船舶的船长或船员的你:

(1)评估和决定你自己船上合适的营救手段。

（2）训练如何运用这些营救手段,以备应急之需。

（3）在实际应对紧急情况时,做好自身和你船施救准备。

2.4　本指南不违背《国际航空和海上搜寻救助手册》(IAMSAR)第三册中关于"移动设施"的相关内容,按照要求船上应做配备。相关的其他指南也应该在该册的附录中。

2.5　施救——把遇险人员救到你的船上,这只是整个救助行动的一部分。关于搜救行动的总体指导,你可以参考《国际航空和海上搜寻救助手册》。

2.6　简单地说,本指南把救生筏、救生艇等称作救生载具。你也有可能需要从其他小型船(艇)营救人员,例如,从游艇或者渔船等小型遇险船舶,或者从水里救人。总之,适用的都是相同的施救原则。

3.施救的任务

可能遇到的问题。

3.1　当赶往海上遇险现场时,关于你到达后能发现什么,你可能只掌握有限的信息。你可能会发现在救生筏或在水里的遇险人员。你应该为施救做好准备。

3.2　除非准备充分,施救可能会艰难和危险。以下是你可能将会遇到的问题:

（1）从救生载具里救人并不容易——见3.3。

（2）仓促或者失控情况下弃船过程中,遇到不是每个人都有能力进入救生载具的情况,就可能发现水中有人,或者有人紧抓漂浮的残骸等。这些人不大会帮助自己,也不能坚持太长的时间,除非他们身在救生载具里。

（3）人员如果还待在遇险的船(艇)上,可能需要采用直接施救,而不是使用救生载具。

（4）小型艇(筏)如果与你船靠得很近,则更易受损。它们的桅杆、索具或其他装置可能发生缠绕,而且当两艘船在航道航行时,存在碰撞或者其他损害的危险。

（5）在你到达之前,可能需要将人员从其他地方(譬如岩石、礁石、沙丘、靠近的海岸线、航标、系泊船等)营救上来。

（6）除了自己营救人员外,你也许还要从救助艇或者直升机上的搜救装置上接收人员。这些装置希望将人员转送到你船,而非送他们直接到岸上,从而可以接送更多的人员。从救生载具上营救人员的相关问题同样适用于从小型救助艇转送人员到大型船舶。

（7）从直升机转送人员有其特殊要求,包括船上培训和准备工作(参考IAMSAR 第 3 册第 2 节"直升机操作")。

3.3 即便可控的撤离行动完成了人员进入救生载具,此前不免还有其他复杂情况:

（1）救生载具类型不同。

①动力救生载具也许可以自己操纵靠接营救船舶（你船）,但没有动力的却不能。

②许多救生载具是有遮盖物的,而且这些遮盖物不能移除。遮盖物在等待救援时有作用,但它们会妨碍救援。航行时从封闭救生载具出来可能会很困难,特别是出口很小和很难越过时。

（2）那些等待救援的人员也许缺乏自理或协助其他人来帮助自己的能力。这可能是因为受伤、疾病（包括在救生载具里待了一段时间而晕船）或者体虚。

（3）等待营救的人员也许具有很少或者没有在小型艇（筏）（如他们的救生载具）和大型船只（如你船）之间转移人员的经历。例如,踩上软梯然后顺着爬上来对于一个经常这么做的人来说不困难,但对其他人来说就不可能那么容易了。

（4）可能有语言沟通困难。如果对指令理解不正确,后果会危险。你使用的语言可能与待救人员不一样,即便你用一样的语言,他们也许不能理解你的指令。

（5）也许有大量的人需要营救。如果是客船,这个数字可能是几百甚至几千人。这可能带来了其他问题,包括:

①规模:单是遇险人员规模之大就令人感到畏惧,压力之下会导致你失去工作重心和效率。

②优先:必须先营救谁？先营救水中人员,然后才是救生载具里面的人员,这是显而易见的。那么,受伤、体虚者和那些有能力的可被快速营救的人,先救谁不好确定。

③资源:你船上的设施可能会缺乏。被营救者将需要安置在遮蔽区域,然后是保暖、水、食品和一些医疗照顾。

④人员:你将需要足够的人员来驾驶你的船舶,救起遇险人员,并将他们护送到避难所。

4.施救计划

4.1 当你到达现场,你会发现每次现场情况是不同的,但基本的计划可以通用。

4.2 在计划如何将人员最妥当地营救到你船时,你应考虑:

（1）谁对营救进程负责。

（2）谁同时总管船舶。

(3)在实施营救前能做什么才能帮助被救人员。

(4)你可采取的营救手段。

(5)营救后被营救人员安置在船上的地方。

(6)在他们被营救上船后,怎样照顾他们。

(7)如何将要发生的事情告知你的船员和乘客。

4.3　人员有效营救仅发生在计划和准备充分的情况下:

(1)有一份计划。

(2)使每个人都清楚该计划和他们的任务。

(3)事先准备。

(4)在营救开始前,人员带齐所有设备各就各位。

4.4　遇有紧急情况,你可能没有太多时间去考虑细节;如果事先你考虑了你的能力,经过培训并能有效操作,简而言之,如果已经做好施救的准备,你将不需太多考虑的时间。

4.5　记住不能实施的计划是没有用的,除非你知道怎样实施。这需要训练,并且通过演练来检验计划和训练的效果。

5.施救前提供帮助

5.1　遇险人员在你发现他们后但没有营救上船前仍然会死亡。施救要花时间——但那些遇险人员可能不能坚持太多时间,特别是那些在水中没有保护和/或没有支援的遇险人员。在你能营救他们之前,你应该预先准备好帮助他们维持生命。

5.2　根据施救可能所需的时长,他们可能需要:

(1)救生圈、救生衣和救生筏之类的漂浮物。

(2)高清晰度探测仪器/反光物、灯、SART 和 EPIRB。

(3)遮蔽物、衣服、饮料和急救物品等救助物件。

(4)通信设备如手提无线电话。

5.3　简单浮力物件——特别是救生圈——可以从附近过往船舶上传递或投给遇险人员。如果可能,应通过传送的方式将救生物件传送给遇险人员(例如,使用火箭绳、救助抛绳或者撇缆)。记住不是所有的绳索都是漂浮的,即使遇险人员有机会寻找和抓住绳索,你也应将绳索抛在遇险人员的旁边。

5.4　当船舶周围没有障碍时,浮力物件可以漂到遇险人员位置,例如将它们和绳索一起系于救生圈上,或者拖带它们到遇险人员可以抓住的位置。

5.5　如果施救作业会拖得较久,应释放你船一个或更多的救生筏。记住,救生筏的漂移速度可能比遇险人员游的速度要快。你需要将救生筏牵引给遇险人员,这意味着在释放救生筏前必须在筏上固定一条牵引绳索;不要依赖筏本身的绳索,它可能会被拉断。

5.6　当你准备好施救作业时,你也可以操纵船舶将遇险人员处于船舶下风舷,如果可以用绳索连接遇险人员,立即拖带遇险人员远离诸如由沉船本身、泄漏的危险货物或者下风位带来的危险。

6. 施救过程

6.1　在施救过程中,有三件基本任务需要完成:

（1）将人员带到船边以便营救他们。

（2）将人员救上船。

（3）一旦他们上船,照顾他们。

6.2　上述各任务的相关信息如下。计划和准备中应该逐项细致考虑。如果你这么做了,当你必须实施营救作业时,营救过程将比较容易。

（1）在你到达现场前,准备好营救措施。

（2）在到达现场前,你自己和你的船员都要准备好。每个人都要知道他们的职责并尽可能遵守。

（3）准备好船上通信,以便瞭望人员和施救人员能便捷地与驾驶团队联系。

（4）在行动前应考虑:

①在调整下风舷给遇险人员时,确定什么是最重要的因素——风、海浪还是涌浪。

②评估现场航行风险。

③确定哪一舷作为下风舷,谨记你自己船的运动特征。

④如果时间许可,先考虑营救伤员上船会让你更好地做出评估。

⑤在最后靠近期间,考虑在离伤员一定距离停住船,并评估当船停止/低速时风、海浪和涌浪的影响。

⑥上风首舷处的重要因素（风、海浪或涌浪）有利且下风舷处营救目标有利时再靠近。

⑦当你靠近救生载具或者水中人员时,掉头避开逆风,操纵船舶使营救目标靠近你的下风舷。

⑧确保你有足够的瞭望人员跟驾驶台联系。记住在最后靠近救生载具或者水中人员的时候,从驾驶台可能看不到被救目标。

⑨确保瞭望人员清楚他们的职责。

⑩做好接收靠近的救生载具和/或落水人员的准备,准备好传递艇缆绳和其他设备（包括安全绳和浮具）。

7. 将人员带到船边

7.1　如果救生载具或者水中的人员自己无法达到一个能安全登上救生船

的位置,就必须出动一些人或者提供一些物件来接收他们。

7.2 在海上操纵一艘大型船舶给小型目标诸如救生载具或落水人员来靠泊并保持靠泊状态非常困难。

(1)主要危险是撞到或压到目标。

(2)也有可能为了防止上述风险,由于保持太远距离,无法对救生载具或者人员施救。

(3)你船和目标受风、浪和水流的影响并不一致。

7.3 可能有其他因素使施救变得更加困难,因此要做好相关准备,例如:

(1)附近通航障碍使操纵水域受限,或者有多只救生载具在现场,在操纵船舶靠近其中一只救生载具时你不得不避让其他救生载具。

(2)当你在靠近你所选择的目标时,要特别小心水下的人员(这些人可能很难发现)。在事故现场设置良好的瞭望与驾驶台直接联络。

(3)虽然动力救生载具能够自己(和它们自己拖带的单元)靠上你的船并保持靠在船边,这在海上可能比较困难。在恶劣海况下,如果靠近船边的话,救生载具或者上面的人员可能受伤害。准备好艇索,如果有碰垫的话,也需准备好。

(4)水中人员可能有能力游(短距离)到你船边。当你靠近时,虽然告知他们不能这么做,但是救生载具上面的人员有可能为了接近船边会跳入水中游过来,如果这样,至少你准备好救起他们。

7.4 克服操纵问题是船艺和准备的关键。低速操纵你的船舶,判断船舶和救生载具或者水中人员的运动是一种技能。所有船的船东和经营者应鼓励进行相应的训练。

7.5 然而,让救生载具或者水中人员直接靠到船舷可能不安全或者简直是不可能的。你可能不得不寻找接近他们的另外途径。其中一个方法是在安全的前提下从你自己的船上释放救助艇(筏)。

7.6 释放救助艇(筏)有 3 个目的:

(1)更容易最后接近目标。

(2)由于救助艇(筏)的低干舷和相对于目标的简单运动,使初始营救[进入救助艇(筏)]将更加容易。

(3)救起人员后返回船舶,使用救助艇(筏)自己的回收系统将更加容易,且要以安全的方式进行操作。

7.7 每一次施救仅能使有限人数上船,但这可能是一种比直接从水中救起人员更加安全的方式。可采取多种控制措施,赢得更多时间照顾好那些已经营救上船的人员。

7.8 形成最好的下风舷供释放和回收救助艇(筏),使船尾舷后部受浪,缓慢前行,在相对舷侧操作收放艇(筏)。

7.9 然而,对大部分船来说,释放救助艇(筏)是合理良好天气状况下的唯一办法。在中浪或更差海况,释放或者回收可能很危险,不仅自己的船员身处危险,而且难度增大。

7.10 是否使用救助艇(筏)必须由船长根据事件的具体情况决定。必须考虑的因素包括:

(1)那些遇险人员的危险程度:他们是否可以留在原位直到更合适的救助手段到达(由施救船可提供的其他方式,见下面)或者有替代的施救方式可以使用。

(2)现场天气状况:特别是海况,但也包括风力和风向、环境温度和能见度。

(3)救助艇(筏)的性能包括:

①救助艇(筏)的释放和回收设备的性能。

②救助艇(筏)船员的技能和经验。

③救助艇(筏)船员个人保护装置的可用程度。

④救助艇(筏)和施救船舶之间通信的有效性。

⑤救助艇(筏)周围的航行风险。

⑥救助艇(筏)的航行能力,不论是独立操纵的还是由船舶指挥的,都为了避免风险和定位遇险人员。

(4)施救船舶的操纵性能,你能够安全释放和回收救助艇(筏)。

(5)周围的航行风险,限制你操纵船舶的能力或者给遇险人员提供替代帮助。

7.11 释放救助艇(筏)的替代措施是抛绳索给那些需要营救的人员,以便他们可以被拉到船舷边。为此,可使用火箭救生绳、救助抛绳和撇缆,这些必须备妥。系牢船边救生载具等的绳索也会用到。

7.12 救生圈或者充气救生筏之类的浮具,可以系上绳索漂给遇险人员,然后将他们拉回。

7.13 船尾拖带漂浮缆绳也是另一种方式,还可以系上浮具和醒目的物件——譬如夜里带灯的救生圈。施救船在遇险人员附近转,以便遇险人员可以抓住绳索。一旦人员抓住了绳索,船舶可以停下来将需要营救的人员拉到船边。

8. 将人员救上船

需要考虑的因素。

8.1 一旦人员处于一个可以被救起的位置,接下来的任务是将他们救上船。这将依据:

(1)当时的天气和海况。

(2)需要营救人员的状况。

(3)你船的尺寸。

(4)你船的结构。

(5)用于施救的设备。

(6)使用这些设备人员所具备的技能。

8.2 现场的天气和海况非常重要,特别是海况。

(1)营救目标相对你船是怎样运动的?

①在海上,大型船舶与靠上船边的小艇(筏)(或人员)的运动截然不同。越小的目标受每个海浪和涌浪的作用越明显,而大型船舶却不会那么明显。

②水中的营救目标可能会被你船撞倒、压倒、倾覆或者压沉,或者抛在后面。

③从小型艇(筏)转移人员到你船可能非常困难,因为是相对垂直移动。

④你船和营救目标将受不同风压影响。船舶和目标可能被吹拢或吹开。水流对你船和目标的影响也可能不同。

(2)你船自己的运动也将是一个因素。

①船舶在海浪中运动,当人员爬上或被吊到登船点时,他们可能会相对船边摇晃。

②当人员爬进或者吊进你的船时,人员刚离开的艇(筏)可能被涌浪抬起,撞击船舷或与船分离。

③人员可能摇晃远离舷边,有发生碰撞的风险,包括撞到他们刚离开的艇(筏)。

8.3 你应该尝试减少恶劣海况引起的困难。

当计划施救作业时,考虑下述因素:

(1)操纵船舶以减少受风而产生的运动,减少船舶纵摇和横摇,并创造下风舷。(如果时间允许)通过尝试找出营救目标最合适靠拢的位置。

(2)操纵船舶慢速前行,施救目标系牢在船舷,使船后半部的另一舷受浪,虽然会带来其他风险,但可以减少相反移动。在施救期间,艇、筏可能损坏,绳索可能拉断,或者人员可能掉进水里漂移到船尾。

(3)如果可能,将救生载具系牢在船舷边,防止它们被吹开或漂到船后。

(4)当吊起人员时,吊索应与吊具系紧,并减少摆动。

(5)任何时候都要使用安全带,以防人员受伤和/或掉落。

(6)如果相对运动太激烈,你需要考虑其他方式。

(7)可将要营救的人员转移到一个中转平台,诸如漂移到他们的救生艇(筏),或者放在舷侧起碰垫作用。

(8)如果需要,可以让被救人员佩带合适浮具和系上从船舶伸出的安全绳,然后让他们入水,并从船舶和救生载具之间的安全区域拉上船。

（9）然而,最终唯一方式也许是放弃营救,停留在目标附近,提供尽可能的帮助,直到有更合适的救助力量到达或者情况得到改善。

8.4　需要营救的人员状况是另一个重要因素。在应对突发情况时,通常在你到达现场前你并不知道需要营救人员的状况。

（1）需要营救人员的状况包括身体健康人员,以及由于受伤、体虚、低温或者害怕而完全无能力自助的人员。

（2）一群需要营救的人员中,自身的能力差别很大,有些人能自己独立爬上救援船,而其他的人需要帮助。这种差异在个体上也有表现:身体健康和经验丰富的船员的能力会随时间下降,甚至急剧下降。天气状况,特别是环境温度以及营救前的保护措施都非常重要。

（3）你可能发现遇险人员中有自我帮助（和其他人）能力。或许你不得不做足所有的工作,因为他们不能或者逐渐不再有能力帮助他们自己。你也许会发现上述情况同时存在。

（4）心理恐惧是一个值得关注的因素。许多等候营救的人员将能应付恐惧,但有些不能。后者可先被救起或者（例如,担心失踪的朋友或家人,或者担心施救过程本身）可能抵触营救。不管什么情况,他们可能有危险的反应举动。对于无法预计的行为,你必须尽可能地做好准备,包括遇到有人在施救的过程中落水,此时你必须准备备用的救生设备。

总之,目的就是要让整个施救过程可控:施救中个别人员的失控行为是可以接受的,前提是个别情况没有影响到其他人员的安全。

8.5　你应该事先做好尽可能实用性的计划,应对以下情况:

（1）将有能力的人员先营救上船也许是最好的做法。相比营救没能力的人,你将有可能较快营救更多有能力的人,譬如一旦他们上船,他们有能力帮助你照顾其他获救者。另一方面,一些最有能力的人应留在最后施救,因为你将需要他们在下面帮助那些没有能力的人。

（2）因此,跟那些等待营救的人的沟通就特别重要。应建立继续可控和轻重缓急的营救程序。

8.6　如上所述,相对于你的营救目标,你船的尺寸将影响两者的相对运动。

8.7　这决定了被救起人员在多远处爬上或者被吊上船,相应地会影响到:

（1）营救需要花费的时间。

（2）多少人可被营救。

（3）他们是否暴露在额外的风险中,譬如在摇晃的船舷边。

（4）他们对施救的担心程度。

8.8　船舶的设计可能让施救变得更简单。高船舷的船舶可以利用低干舷区域或者诸如船体上的开口,如引航门、燃料口或者货舱门。

8.9　待救人员的最佳上船点需要根据当时的具体情况进行估算,以下情况需要加以考虑:

(1)梯子或者其他攀爬装置安装在哪里?

(2)哪里可以使用起吊装置? 供装置运行的电源在哪里?

(3)有没有低干舷区域? 在恶劣情况下在该区域工作能否安全? 施救能否在该区域进行? 被救人员能否在该区域被转移到避难所?

(4)船体有哪些开口? 他们可以安全进入并且能在恶劣天气或者恶劣海况中打开? 哪里需要安装营救设施? 从此地可以把被营救人员安全移到避难所吗?

(5)如果考虑使用设在尾部的舷梯,因为船尾是逐渐变尖的,在梯子底部的人员或者艇(筏)是否有被困住的危险?

(6)在船舷边是否有传动带? 如果是这样,那么对于小型艇(筏)是特别危险的,艇(筏)有会被困在下面的重大危险。营救点应设在传动带的任何开口处。

8.10　可使用的设施和有能力操作的人数也是一个重要因素。如果没有足够经过培训的人员来操作所有的施救设施,或者如果施救船有大量的人员但没有准备足够的施救设施,很明显营救效率将减弱。

(1)评估你的设施。

(2)计划其用途。

(3)指定人员操作。

(4)确保他们知道如何操作。

9.将人员救助上船

爬上和吊起。

9.1　本指南所讨论的施救方法是使用专用救助设施之外的方法。它们多为海员过去使用过的成功方法。考虑哪一种可以在你船上使用,或者你可以设计其他方式。

9.2　你可以在缺乏专用施救设施的情况下使用这些方式,或者在当时环境下不能使用这些设施。如果有很多的人员需要营救,特别是如果营救时间有限,或者黑暗或者恶劣天气来临,你可能也需要使用这些方式作为补充营救手段。

9.3　应考虑下述攀爬设施:

(1)引航软梯和吊具。

(2)生活区舷梯。

（3）你自己的救助艇（筏）登乘梯。

（4）其他软梯和网。

9.4 无论什么情况下，部分或者所有这些设备都要装妥。

下述各点要铭记在心：

（1）吊起获救人员比他们自己爬上梯子或网更好——参考下面。

（2）梯子和网应安置得使攀爬距离最小，即安置在干舷最低的地方或者船舷合适的开口处。

（3）安置在船舷平坦位置，远离船首和船尾。

（4）底端应有重量以便悬垂至水线下大约两米，确保水中人员可以爬上去。

（5）如果可能，安置的网和绳梯应悬挂在舷边，确保人员更容易抓住梯子和攀爬。

（6）引航软梯或者当前情况下能安全设置的舷梯——总是比网和绳梯更加好用。

（7）所有的软梯和网应状态良好。

（8）应在梯子上布放好带有救助环或环套的安全绳，供遇险人员使用。这些安全绳应正确系牢和状态良好。

（9）可以在梯子或网的底部布设一只艇（筏）作为转移平台。

（10）人员可能没能力攀爬，在这种情况下，施救船上应派出一名穿着个人保护装置、系安全绳的船员下去帮忙。

（11）如果人员没有能力攀爬，要将他们系牢于梯子或者网上。对于个别获救人员，这也许可用人力，或使用绞车或者其他动力源。

9.5 总之，吊起待救人员比让他们攀爬梯子要好，以下起吊设备可以考虑使用：

（1）吊杆（包括食品吊等）、龙门吊、甲板吊等。

（2）吊艇架。

（3）绞缆机和绞锚机。

（4）专用营救设备。

9.6 须记住以下各点：

（1）应装配吊具以便把被营救人员安全吊到船上。

（2）只要有可能，应将绳索系到绞缆机或者绞锚机，以便伤员能被吊上甲板边缘。

（3）吊杆的底端应系上稳索防止在船舶舷边晃荡。

（4）吊杆的底端应该至少配上一条带索或者安全环。

（5）专用或者临时提供的救助吊篮，或者专用的营救设备，通常比带索或者索环更好。

（6）落水或受伤或无体力者,应尽可能以水平或者接近水平身位吊上来(例如,在吊篮里或者用两条带索,一条穿过手臂,一条在膝盖下),从而减少突然从水中转移和低温产生的休克。

（7）穿着保护装置的船员可以沿吊杆从营救船下去,帮助那些没有能力自己进入带索、带环、吊篮或者其他设备的人。

9.7　上述所提到的救助吊篮是一种非常有用的营救工具。它可以是一个临时制作的吊篮,并不一定昂贵,建议船上备有专用救助吊篮。

9.8　救助吊篮的框架通常是金属的,四周是浮具、挡板,吊钩固定在框架的顶部,远离人员。篮子的浮板部分浸入水中,以便人员能容易进入或者被拉进篮里。在吊起过程中,篮子在船舷边摇晃时浮板兼作碰垫。一些篮子设计成折叠式方便存放。篮子的尺寸,以及一次可以吊多少人多根据吊机性能而定。

9.9　上述所提到的控制绳索——通常沿船舷系在船首和船尾,且在吊起过程中有人看护稳定吊具减少摇摆——可以给救生载具多增加绳索。该绳索有两个功能:一是可以由留在救助艇(筏)上的人员控制吊起过程中的横向运动;二是在全程连接救助艇后,吊具容易被送回进行下一次起吊。

9.10　你船的救助设施可作施救用途。

（1）在相对良好天气的情况下,救生艇和救生筏可以用作吊具。把这些设备放到水面,让人员从救生载具转移出来,而后吊到营救船的登乘甲板。

应该注意:

①不能使用任何快速释放装置。

②注意不能超过吊艇架绞车的负荷,绞车通常不是设计用来救助超过额定艇员人数的:采用这种方式每次只能救援少量的人员。

（2）配置有滑落式海上疏散系统的船舶可以进行系统布放并沿滑道营救人员。

①轻巧软梯可以沿滑道铺开确保人员独立攀爬上来,这比从垂直船边攀爬上来容易多了。

②可以装配绞车,用绳子将滑道连人一起绞上来,人员可以用带索或者安全环索固定。

9.11　如果现场有配有绞车的直升机,可以考虑另一种方案,就是将其作为转移吊具。人员可以从救生载具直接吊到施救船舶,这比将人先吊进直升机操作快捷多了。直升机作为吊机使用效率很高。

10.当人员不能被救起时,守候在附近

10.1　有时会出现不危及船舶、自己船员或者那些需要营救人员的安全就无法进行营救或者完成营救的情况。仅有施救船的船长能做出决定何时会是这种情况。

10.2 虽然你不能营救他们,但仍然可以给遇险人员提供帮助。守候在附近直到其他救助力量过来或者等状况改善:

(1)给生存者安慰,特别是在能够建立通信的情况下。

(2)由于你能提供现场更新情况或详细报告,要协助救助协调中心。

(3)帮助其他搜救力量:

①你船相比救生艇更容易被发现。

②你可以提供现场最新和详细的报告。

③虽然你不能直接营救人员,但诸如直升机可以转移获救人员到你船。

10.3 如上所述,你还可以提供更多的直接帮助。

(1)你自己的救生设备——特别是救生筏——应释放以便遇险人员特别是水中人员使用。

(2)如果绳索可以递送给救生载具,他们就可能脱离直接危险;可以尝试将其拖带到更加适合营救的地方,或者拖带到安全地带。

(3)你可以为救生载具提供下风舷,使他们避开恶劣海况,并使上面的人感觉舒服些。

(4)你可以提供更多的直接帮助,运送包括医疗用品在内的必需品给救生载具,例如,将这些用品系在救生圈上用绳运送给他们,或者将它们拖带到一个遇险人员可以抓到的地方。

11. 立即照顾获救人员

11.1 当获救人员登上你船时,施救工作并没结束。他或她需要立即的帮助,因为处在一个陌生环境中并有那么大的压力,危险仍然存在。

11.2 获救的人员需要一些简单指引,如果有陪护进入居住处,离开伤害的地方则更好。你应事先决定获救人员希望住在你船的什么地方,他们怎样到达,谁带领他们,到达后何人照顾,为迷失方向以及无法理解指令的人提供救助品,为无法在船上走动的人提供救助品。

11.3 要牢记突然从水中转移上来出现的休克风险和低温状况。那些在水中受伤或者没能力的人,应尽可能以水平方式从水中救出,并以水平或接近水平的方式转移。应尽可能快速地让他们处在并保持救援姿势。参考有关低温处理的指南。

11.4 你也应决定如何处理死者。尸体可以捞起,或救助上来的人可能在船上死亡。应立即采用一些措施,哪怕是仅仅需要把死尸从获救人员庇护场所移走。要留意有关低温处理的指南,特别是有关遭受低温、外表看起来像死人却可以复苏的救助建议。要请求医疗帮助。

11.5　有关照顾获救人员的进一步指南,可以参考 IAMSAR 第Ⅲ册(移动设施)第 2 节"照料获救者"。因为这进一步的照看是救助后的,超出本指南的范围。建议你参考 IAMSAR 手册关于救助作业的下一阶段。

12. 结语

12.1　倘若你回复遇险呼叫并遇到营救水中人员的情况,可以肯定的是救助环境是与众不同的,因此你的救助措施也可能是与众不同的。

12.2　事先考虑可能性有助于:可能出现的问题和解决办法。这有助于做好计划和准备。准备意味着评估你船上的营救设施,并训练使用。

12.3　本手册可以挽救一条生命(甚至是你自己),也可以挽救很多生命。

(1)评估你船上的营救设施。

(2)训练使用。

(3)做好挽救生命的准备。

备注:MSC. 1/Circ. 1182 31 May 2006

国际海事组织(IMO)海上安全委员会通函于 2006 年 5 月 31 日发布。

附录 4 冷水救生指南

1.引言

本指南主要适用对象为海员。它为你提供必要的信息和指导,当你不幸落入冷水中或因紧急情况而不得不进入水中或在寒冷环境下使用救生载具时有助于你。本指南还为实施紧急救援的海员提供如何救助和救护低温环境下遇险人员的必要信息。

本指南简要分析暴露于寒冷环境中的致命危害,并从最新的医疗和科学角度提出如何防止和减轻危害的发生。令人遗憾的是,由于对这些知识缺乏了解,人们不断地在海上丧命。了解身在寒冷水中将有可能发生什么,这本身就对求生有帮助。对这本小册子上的内容充分理解或可在某天挽救你的或别人的生命。

当落入寒冷水中时,你并非对自己的生存束手无策,意识到这一点最为重要。了解自己身体的反应和简单的自救技术可以延长你的生存时间。特别是你已经穿着救生衣的情况下。你可以扭转困局,本指南就是告诉你应该怎么做。

本指南内容如下:

(1)冷水中的危险及其影响。

(2)在弃船前可采取的措施以提高获救机会。

(3)求生阶段应采取的措施(包括在救生载具和在水中)。

(4)救助阶段。

(5)对从冷水中或处于寒冷环境下救生载具中营救出来的人员的处理。

(6)对表象死亡的人员的处理。

2.冷水的危险及其影响——可以提高求生机会的知识

了解你的身体暴露于冷空气或冷水中的反应,以及你能采取的有助于延缓寒冷所迫对身体造成的伤害的有关措施,将帮助你维持生命。

如果你必须弃船,你应该尽可能地避免浸入冷水中。冷水比寒冷空气更加危险,一定程度上是由于水从身体带走热量的速度快过寒冷的空气。在同样的温度下,人体在水中冷却速度是在空气中的4~5倍,水越冷,你越可能遭受下面所列举的生理反应和健康问题。因此,你应该尽可能直接进入救生载具或者救助艇(筏),而不是浸入水中。

浸入冷水中的主要威胁是:

· 溺水。

· 低温(根据医学惯例:临床体温过低是指人的体温降到35 ℃,也就是体温降低了2 ℃。随着体温逐渐下降,意识将逐渐模糊直至消失,最终将导致死亡。但是,在实际的冷水情况下,真正死于体温过低的案例很少,更大的威胁来自人体肌肉丧失温度而无法保持呼吸通道的畅通,口鼻会因呛水而最终导致溺水死亡。因此,穿着恰当并正确穿戴好合身的救生衣十分重要)。

· 在救助前、救助中或救助后累垮(昏迷)。

浸水被分成四个阶段,每一个阶段都伴随着相应的风险,了解它们有助于更好地应对。

(1)初始反应(浸入冷水)阶段

· 无法控制呼吸。

· 不由自主地喘气,伴随不受控的呼吸。

· 心脏压力增加。

这些反应是由皮肤瞬间温度降低引起的。重要的是要记住,这些反应持续时间仅3分钟左右,随后就会缓解。同样要记住,在这一阶段:

· 你身体越健康,浸入冷水中的初始反应越小,心脏产生问题的概率也越小。

· 正确穿着合适的救生衣,可以帮助你的呼吸道远离呛水的风险,并且减少你在这个关键时期做运动的需要。

· 穿着合适的保护衣物,同样可以减缓皮肤冷却的速度,减轻初始反应的程度。

· 如果你在经历初始反应,应该在入水的最初几分钟内保持不动,尽量少做运动,直到你可感觉自己又可以控制呼吸。此处,一件救生衣或者其他具有浮力的物件都可以有所助益。

· 在初始反应阶段(如果经历)后和体温过低前立刻进入可能的自救阶段。

(2)短期浸水(产生于初始反应阶段之后)

这一阶段,肌肉和靠近皮肤表层的神经(尤其是四肢)逐渐变冷,将导致身体僵硬,失去行动能力。游泳能力将明显削弱(在任何情况下游泳都将加快身体冷却速度)。

· 有效的求生行动需要双手有足够的握力和/或灵活度,例如,调整衣服或救生衣、找出救生衣上的口哨或者打开救生衣灯。初始冷水反应阶段后应尽快采取这些求生行动。

·除非你为了接近其他幸存者、岸边、筏具或者其他你能抓住或攀爬的漂浮物,否则不要尝试游泳。

·保持镇定,评估当前形势。你能否在自己的游泳能力远不如平常水平时,游到岸边或者接近一个漂浮的物体? 如果不行,停留在原地,保持体能(见下文),等待救援。

（3）长时间浸水阶段

这一阶段的影响包括身体深处温度下降(例如,心脏、肺和大脑等重要器官的冷却)至过低的程度。然而,你身体内部温度下降的速度与许多因素有关,包括你所穿着的衣服、体格以及你在水中做诸如游泳等运动。下列措施将减缓你的体温下降:

·多穿几层衣服,包括遮盖头部,特别是在穿了防浸服等外层防水服里。

·保持静止,穿着救生衣会对做到这一点非常有帮助。

（4）救助阶段

这一阶段是浸入水中你应关注的第四阶段。有相当一部分人在即将被救助前、救助期间或者刚被救助之后死亡,这可能是由于:

·被救助方式不当。

·立刻懈怠。

·失去浮力。诸如挥手等动作会使衣物中的空气流失。因此再强调,穿着救生衣可以消除此类威胁。

你应该采取下列措施:

·水中保持静止。吹动口哨或者大声呼叫以引起注意,但是不要挥动双手,除非你穿着一件救生衣或有其他浮具。

·适当进行自救(参考下文的救助阶段)。

·你始终应保持求生信念:不要太快懈怠。

3. 弃船前的行动

只要在船上还安全就尽可能避免弃船,因为"船舶是最好的救生筏"。

当不得不弃船时,可能没有足够的时间来制订计划,因此,事先仔细计划相当重要。在弃船不可避免时,须牢记:

·确认遇险警报已经发送。如果你有应急示位标,(包括个人信标)把它们打开,并保持开启状态。

·如果可能,请将应急示位标留在身边。救助力量最有可能首先发现应急示位标。

·尽可能在身上多穿几层保暖衣物,包括你的脚。确保其遮盖你的头部、颈部和手。尽可能在最外层穿着防水衣物。系紧衣服可提高衣物的隔热性并减少流入和流出衣服的冷水量。

·如果有防浸服,把它穿在衣服外面。

·穿上一件合适的救生衣并正确系牢。如果在冷水中,你的手指很快就会失去知觉。如果救生衣配有胯部和/或其他绑带,应确保它们已经全部系牢。它们可以保持救生衣处在正确的位置,增加浮力。一旦进入水中,你可能无法将其系紧。如果救生衣是自动充气式,在离开船时手动打开它。

·如果时间允许,在离开船舶之前应多喝一些饮品,温热但不含酒精的甜饮料最佳。酒精会降低人在冷水中存活的机会。如果可能,带上额外的水在身边。

·在离开船舶之前或者进入救生筏之后,应立即服用抗晕船药。

·尽可能避免进入水中。如果必须入水,应避免跳入水中。如果救生艇架施放的救生载具、海上逃生系统或者其他干燥的登船设施可以使用,可以使用舷外舷梯、绳子或者消防皮龙将自己缓慢降至水面。

·如果跳入水中是不可避免的,你应尽可能将双肘紧贴身体,一手捂住鼻子和嘴巴,另一只手抓牢这只手的肘部或者腕部。在跳水前,确认下方没有障碍物,跳时眼睛平视(注视水天线)以确保保持垂直姿势入水。避免跳到救生筏具的顶棚上(你或艇内人员都可能会受伤),船尾系有救生艇(筏)时,避免从船尾跳入水中,以防船舶会依惯性向前运动。

4. 求生阶段——在救助艇(筏)里

尽可能保持身体"干燥"地进入救助艇(筏)。但这也许不大可能,而且艇(筏)本身也可能不是"干燥"的。因此,你仍然有冷到危险程度的可能,特别是穿着湿衣服时,水分蒸发会带走你身体的热量。即使穿着防浸服或者所谓的"干爽"衣服,你仍然有被打湿的可能。此时应保持镇定,可以做一些事情来改善这一情况:

·在没有顶棚的救生艇(筏)里,如果没有合适的衣服,可以使用例如塑料布或者塑料袋等材料给自己做一个防水防风的罩子。

·从理论上讲,封闭式救助艇(筏)会给你更好的保护,但里面也可能是湿的。尽快检查附近有无其他幸存者,然后在你的双手变冷变僵之前尽快关闭艇门。

·避免坐在水中。若无其他选择,可以坐在自己的救生衣上。

·在更换衣服之前,尽量把浸满水的衣物拧干,减少水汽蒸发而带走身体的热量。

·与救助艇(筏)里的其他获救者紧挨在一起可以保存身体热量,但要确保艇(筏)的稳性没有变差。

·按照你所接受过的救生艇(筏)训练行事(如何分配水和食物等)。

· 对于生存和获救保持积极的态度,你的信念会对活着产生重要影响! 在等候救援时,"保持温暖,要活下去"应该成为你的座右铭。

5. 求生阶段——在水中

由于在水中身体将丧失大量热能,无论最初的感受如何,切勿进入水中永远是上上之策,如果无法全部脱离,那么部分离开水体应该是退而求其次的选择。

在经历初始反应阶段后,你又可以重新控制自己的呼吸,此时你应该:

· 确定方位并尝试找寻船舶、救助艇(筏)、其他幸存者或者其他漂浮物。若你在进入水中前未能准备妥当,应即刻将衣服扣紧。在冷水中你可能感受到剧烈的颤抖直至麻木。这些都是身体的本能反应,并没有危险。你必须在双手丧失行动能力前尽快采取行动。

· 不要尝试游泳,除非是为了接近幸存者同伴、附近的海岸、艇(筏)或者其他你能抓住或者爬上的漂浮物。保持冷静和静止以保留体能。

· 如果要游泳,尽可能采用双脚仰泳,因为手臂对热量丧失至关重要。不使用手臂游泳意味着你可以将手臂抱住躯干以提高隔热性。

· 如果尝试接近漂浮物,应从其下风处靠近而不是直直地朝着它游过去,风会将它带至你身边。例如,上风侧有一只救生艇(筏),而你不太可能接近它,应不断核实它的位置以及你与它之间的距离。如果你确定无法接近它,应立刻停止游泳,保持静止并保持冷静。

· 调整水中体位对保持身体热量至关重要。尽可能保持静止漂浮,双腿并拢,手肘紧夹躯干,双臂抱在胸前。这个姿势可能只有在穿着救生衣或者干式防水服的情况下才能做到,尽量减小身体表面接触冷水的面积。

· 如果救生衣配有防水帽,戴上它。在水中漂移期间,防水帽可以保护呼吸道免受水的冲击。

· 当漂浮在水上的身体朝着涌来的海浪移动时,双腿可以起到海锚的作用。如果必须划水,尽可能保持背对海浪方向的姿势。尽管这样会增加热量的损失,但你必须保护你的呼吸道免受呛水。

· 如果可以,与其他幸存者靠拢一起,这将有助于定位和搜救。

· 对生存和救助保持积极的态度。这将延长你的生存时间。你的信念会对活着产生重要影响!

6. 救助阶段——对从事搜寻和救助的工作人员的指南

在救助前会进行搜寻。记住:

· 要搜寻足够长的时间! 即使在冷水中多个小时后,遇难者仍有可能生存。

· 请求搜救协调中心给予指导,包括持续搜寻多长时间。

· 在搜寻期间,为各种可能发生的情况做好准备。参见 IMO 有关搜救指南

《水上营救技术指南》。

（1）救助——从水中营救：

·要小心船舶移动时可能对落水人员造成的危险,包括船体引起的兴波和浪损。

·尽可能确保幸存者不要尝试参与营救:他们充分和协调地使用手指与手臂几乎是不可能的,除非穿着救生衣,不然抬起手臂去抓住绳子可能会造成身体下沉和溺水。

·鼓励幸存者保持"为生存而战"的斗志,不要让他们太快懈怠。

·理想的状态下,幸存者身体应以水平或接近水平的姿势被救起。垂直救起一名体温过低的遇险人员可导致心搏骤停。在相对较高地救起一名遇险人员时(例如,吊上船甲板或者直升机),可使用两条环状吊索或带环(一条在腋下穿过,另一条在膝盖下穿过)或者采取其他接近水平方向的营救。参考《水上营救技术指南》。

·但是,如果幸存者的呼吸道正受到威胁(考虑到他可能身处任何大小船舶的一侧),即使在风平浪静的情况下,由于舷边有浪,也要以尽可能快的方式进行营救。

·在转移幸存者到安全处所期间,应始终保持其头部微微朝下。例如,营救至快速救助艇(筏)里,应将幸存者双脚朝船头放平。

·如果救助艇(筏)已经释放,在营救期间,应尽可能将被营救的幸存者安放在艇(筏)里面。

（2）救助——从救助艇(筏)中营救：

·在高海况下要谨防开启救生艇(筏)舱门时其进水造成沉没。

·注意在营救时幸存者突然昏厥的可能性,尤其会发生在那些漂流了较长时间的幸存者身上。

·为避免幸存者昏厥,应使用上述水平救助法。

7. 对从寒冷水中营救起来人员的处置

检查重要的生命体征。被救者是否有呼吸?是丧失意识(反应迟钝),还是神志清醒?

开展下述急救工作,亦可参考附录中的流程图(本处省略)。

即使幸存者没在冷水中待多长时间且神志清醒,也应保证其尽早获得医疗指导。可通过救助协调中心(RCC)联系上免费的远程医疗援助服务(TMAS)。

（1）丧失意识的幸存者——采用标准急救程序

①如果没有呼吸

·检查、清洁呼吸道;如果仍然没有呼吸,进行两次全面人工呼吸。

·根据急救培训要求,开始进行心肺复苏。

·在等待医疗指导期间,继续每分钟100次心肺复苏,每30次按压穿插2次人工呼吸。

·如果是一人施救,持续进行心肺复苏直至筋疲力尽;若能有人可以帮助,每2分钟互换一下,以免耗尽体力。

·如果不能证明心脏停搏,尚且未得到医疗指导,在短时间内也不会得到医疗指导,被救人员仍无生命体征超过30分钟的,可以停止心肺复苏,但应根据下述第9点的建议进行处理:

·如果发现心脏停搏,应继续进行心肺复苏直到力竭或者接收到后续医疗指导。

②如果有呼吸但丧失意识

·将人员转移到掩蔽场所。

·检查人员伤情。

·将人员摆放成复苏体位。

·注意呕吐情况,这在溺水后常常发生。

·寻求医疗指导。

·监控和记录幸存者的呼吸和心率(脖子/颈动脉搏)。呼吸和/或心率加快可能反映出某些溺水并发症的发作,对于严重体温过低症的幸存者,心脏停搏随时可能发生。

·如果可以,提供氧气面罩。

·提供额外的保暖措施以防止体温降低。为防止水分蒸发导致热量丧失,须使用较大的防水袋或被子包裹。

（2）神志清醒的幸存者

①短期暴露（约小于30分钟）——幸存者正在颤抖

·幸存者神志完全清醒,能回忆所遭遇的事故过程,虽然身体剧烈颤抖,但是,如果移除他们身上的湿衣服并提供毛毯等物品保暖,他们可以完全恢复。如果暴露时间短于30分钟,可以将其置于盛放热水的浴缸内或者坐在花洒下暖和过来（水温应控制在39~41 ℃,若低于此温度,幸存者体温将继续降低,但仍感觉水是"温暖"的）。如果你没有温度计,可以把你裸露的肘部放进水中:你可以接受的水温就是适合的,但不要超过它。

·作为一种可选的方法,对于颤抖和清醒的幸存者,可以通过适量的身体活动暖和起来。

·寻求医疗指导。

②长期暴露（大于30分钟）——而且/或者幸存者没有颤抖

·进行隔热处理以避免由于水分蒸发和暴露于冷风中而使身体热能继续损失。

·避免不必要的挪动,用毯子和/或塑料布包裹头部(但不包括脸)、脖子、手和脚。

·移动到温暖的掩蔽场所。

·以半水平或者半坐的姿势放下(如果出现头晕症状,水平姿势最佳)。

·如果可能,提供氧气。

·如果呛过水,鼓励其深呼吸并咳嗽。

·在最初 15 分钟内,每 5 分钟监控和记录呼吸以及心率(脖子/颈动脉搏),如果没有变化,每 15 分钟测一次。呼吸和/或心跳加快是溺水并发症发作的征兆,要记住严重的体温过低者随时可能发生心脏停搏。

·寻求医疗指导。

·如果人员恢复清醒并已暖和过来,就不再需要保持半水平或者水平姿势。

·给予热的甜饮料,但不能含有酒精。

如果幸存者情况恶化,应参考执行上述处理意识丧失人员的程序。

8. 对从救助艇(筏)中营救上来人员的处置

如果艇(筏)上被救人员身上是干的,且暴露在严寒里、暴晒和脱水的时间较短(2~3 天),且神志完全清醒,可以参照上述对浸入水中但仍然意识清醒的轻微低温症幸存者的处理方法。

如果艇(筏)上被救人员身上是湿冷的,且神志不太清醒,应以半水平姿势放置,并和同等清醒程度的浸水幸存者采取相同复苏措施。

应提供热的甜饮料。

获取医疗指导。通过搜救协调中心(RCC)联络上免费的远程医疗援助服务(TMAS)。

9. 对"表象死亡者"的处理

怎样处理营救上来的已无任何生命迹象、摸起来十分冰冷的表象死亡者,是一个难题。

他们十有八九已经死亡,尤其是其他目击证明他们保持这个状态已经好几个小时了。

但是,如果没有此类的目击证明,应假设他们可能还活着,因为受到严重的低温,心脏的跳动非常微弱而缓慢,所以感觉不到其脉搏,瞳孔放大。

无论如何都应尽快获取医疗指导。可通过搜救协调中心(RCC)联络上免费的远程医疗援助服务(TMAS)。

对表象死亡者应该:

· 如果可能,以水平姿势救起,按照情况严重的幸存者处理。

· 被救者的身体应轻轻放置在暖和且有掩蔽的舱室内,并提供充分的保暖措施。

· 如果被救者仍然活着,他的身体会自行以一个最佳的速度缓缓回温,渐渐修复体内主要液体长时间冷却带来的影响。

· 连续 12 小时,每小时监测和记录被救者的瞳孔大小和直肠温度。如果没有变化也没有出现任何生命迹象,则可以认定该人员已死亡。

· 但是,如果瞳孔变小,那么此人可能还活着。开始每隔 15 分钟监测和记录瞳孔大小和直肠温度,并检查脉搏和呼吸。

· 如果发现任何生命迹象,按照上述第 7 点对丧失意识的浸水幸存者的处理方法处理。

10. 小结

本指南中简要介绍了在寒冷环境中你的身体如何反应,你能做些什么来帮助自己避免其伤害,最后,介绍了怎样帮助从水中或救助艇(筏)中营救上来的人员。

现在,让我们概括一些有关求生的关键点。记住它们,也许有一天可以挽救你的生命。

· 事先做好你的应急行动计划。问问自己如果遇到紧急情况发生,你将如何应对? 离你最近的通往甲板的逃生口在哪里? 离你最近的防浸服、救生衣、搜救雷达应答器(SART)、应急无线电示位标(EPIRB)和救生艇(筏)在哪里? 怎样可以快速拿到抗风雨的装备、保暖衣物和手套等?

· 熟悉如何使用你的救生装备。在紧急情况下你是没有时间去学习的。

· 即使在热带地区,弃船前也要多穿几层衣服来避免寒冷的影响。如果条件允许,应穿着防浸服。

· 在紧急状况下,尽快穿上救生衣并将其调整好。

· 当弃船时,尽可能保持"干爽"地登乘救生艇(筏),不要浸入水中。

· 尽快服用抗晕船药。

· 如果不可避免浸入水中,应尽可能缓慢进入水中。

· 浸入冷水中的初始反应仅仅持续几分钟:保持镇静,直到可以重新控制自己的呼吸(初始反应并不总是发生,但在水温较低/较少防护措施时更易发生)。

· 尽可能多地将身体露出水面。

· 游泳将会增大热量消耗。只有在短时间内得到救助的概率很小,且你确信能够到达附近的安全避难处的情况下,才可以游泳。如果可能,只用双脚仰泳。

·如果试图接近一个漂浮物,从下风处游向它,让风把漂浮物带到你身旁。

·如果没有打算游向避难处,尽可能减少身体的热量损失,双腿并拢,双肘夹紧躯干,双手抱在胸前漂浮。

·如果未穿着救生衣,切勿挥手以吸引注意。在没有救生衣的情况下,这样做你可能会失去浮力。

·强迫自己保持求生的信念。生死往往存于你的一念之间。保持思维活跃,将注意力集中在眼前的目标上。

·在被营救时不要过度使用你的力量,让营救人员去做,他们的状况比你好。

·即使已经获救,也不要太快让自己懈怠。

预先了解、计划、准备和思考将对求生和营救冷水中的他人起到关键作用。

让自己对本指南的内容熟悉起来。

备注:MSC.1/Circ.1185/Rev.1 30 November 2012

国际海事组织(IMO)海上安全委员会通函,于 2012 年 11 月 30 日发布。

附录5 中、美海上搜救协定

中华人民共和国港务监督局与美利坚合众国海岸警卫队(以下简称"双方"),为保护海上人命财产的安全,促进海上搜寻救助工作,更好地发展双方之间的交流和了解,解决在搜寻救助工作中的共同问题和增进搜寻与救助能力,达成协议如下:

第一条 宗旨

一、本协议和宗旨是中华人民共和国与美利坚合众国海上搜寻与救助当局为协调双方对危及海上人命、财产安全的海难事件的应急行动进行合作而制定的准则。

二、(一)双方根据本协议进行的所有活动,均应符合各自国家的有关法律、条令和规定。

(二)双方根据本协议进行的任何活动,均不应违反双方各自所加入的有关国际公约或者呈交给国际海事组织的国际搜寻计划。

三、根据本协议,由双方共同进行的联合搜救活动,仅限于在中华人民共和国领海之外进行。

四、如果适当,并经双方同意,第三方可以参加双方所进行的海上搜寻救助合作活动。

第二条 合作的范围和方法

本协议中的合作范围和方法包括:

一、交换情报

双方应交换有助于提高海上搜救活动有效性的情报,包括:

(一)国际搜救机构的组织情况。

(二)救助协调中心的位置、责任区域、电传号码、电话号码和其他通信方法。

(三)搜救程序和现有的应急计划。

(四)救助单位和搜救设备的识别和能力。

二、搜救活动

为促进海上搜救工作的合作,双方将致力于:

（一）建立并在实际可行时机使用共同的搜救程序,包括要求和提供搜救援助的程序在内。

（二）在必要时,为了对海上遇险事件做出有效反应,协调双方有关的力量进行联合搜救行动,建立联合搜救行动的工作程序。

（三）如果可能,各方将事关相互利益的搜救活动通知另一方。

（四）在双方之间建立用于联合搜救活动和可靠的通信线路,并通过双方约定对通信线路进行通信试验。

（五）举行或支持为保持有效的海上搜救国际协调所必须召开的地区性搜救讨论会。

三、搜救设备和人员

为提高海上搜救能力,如果适当,双方应在下列技术领域进行合作:

（一）海上搜救设备。

（二）用于搜救工作的通信设备和通信方法。

（三）搜救人员的培训。

四、合作的组织工作

为有助于达到本协议的目的,双方将保持不断的合作关系,可定期或根据需要进行会晤,内容应包括:

（一）指定本协议有关事项的联络人。

（二）双方搜救人员之间的互访。

（三）就涉及共同利益的国际搜救计划进行适当合作,如国际海事组织所倡议的计划等。

五、双方商定的其他合作方法。

第三条　执行

有关本协议执行方面的具体情报和程序以及具体合作的内容和方法,将由双方搜救管理人员共同提供和制定,并作为本协议的附件。联合行动的资金,根据双方的协议提供。此外,本协议的条款是根据搜救人员、设备和资金而制定的。

在此种行动可能对保证海上人命或财产安全需要或适当时,本协议的任何规定不得妨碍任何一方进行搜寻与救助行动,或者负责某一特定的搜寻与救助行动的协调,但此种行动或协调应符合任何一方适用的国内法律、法令和有关的国际公约规定以及国际法原则。

第四条　生效、期限和修改

一、本协议自双方签字之日起生效。双方可通过书面协议对其进行修改。

二、本协议可在任何时候,根据任何一方的意见终止,但要求终止的一方必须在 6 个月前书面通知另一方。

三、除另有协议外,本协议的终止不得影响正在按照本协议进行的尚未完成的具体活动的有效性和期限。

本协议于 1987 年 1 月 20 日在华盛顿签订,一式两份,每份都用中文和英文写成,两种文体具有同等效力。

中华人民共和国港务监督局　　　　　　美利坚合众国海岸警卫队
代表　　　　　　　　　　　　　　代表

参考文献

［1］国际海事组织,国际民用航空组织.国际航空和海上搜寻救助手册.中华人
民共和国海事局译.北京:人民交通出版社,2003.

［2］交通部救助打捞局.海上救助实用指导手册.北京:人民交通出版社,2007.

［3］U. S. COAST GUARD ADDENDUM TO THE UNITED STATES NATIONAL
SEARCH AND RESCUE SUPPLEMENT (NSS) To The International Aeronauti-
cal and Maritime Search and Rescue Manual (IAMSAR) JAN 07, 2013.

［4］CANADA NATIONAL SEARCH AND RESCUE MANUAL NOVEMBER, 2000.

［5］MARINER'S HANDBOOK FOR AUSTRALIAN WATERS APRIL, 2020.